Rechtsstellung und Beteiligung der Gläubiger im französischen Insolvenzverfahren

Studien zum vergleichenden und internationalen Recht -
Comparative and International Law Studies

Herausgeber: Bernd von Hoffmann, Erik Jayme
und Heinz-Peter Mansel

Band 93

PETER LANG
Frankfurt am Main · Berlin · Bern · Bruxelles · New York · Oxford · Wien

Marc-Yngve Dietrich

Rechtsstellung und Beteiligung der Gläubiger im französischen Insolvenzverfahren

PETER LANG
Europäischer Verlag der Wissenschaften

Bibliografische Information Der Deutschen Bibliothek
Die Deutsche Bibliothek verzeichnet diese Publikation in der Deutschen Nationalbibliografie; detaillierte bibliografische Daten sind im Internet über <http://dnb.ddb.de> abrufbar.

Zugl.: Bremen, Univ., Diss., 2003

D 48
ISSN 0930-4746
ISBN 3-631-52340-8

www.peterlang.de

Meinen Eltern

Mein Dank gilt allen voran meinem Doktorvater, Herrn Prof. Dr. Ulrich Ehricke, für die Anregungen zu dieser Arbeit, die er auf vielfältige Weise gefördert hat und für die zügige Erstellung des Erstgutachtens.

Meinem Onkel, Prof. Dr. Stephan Dietrich, und meinem Vater, Hans-Jürgen Dietrich, danke ich dafür, dass sie mich überzeugt haben, eine Dissertation zu schreiben und dass sie mich bei meinem Vorhaben unterstützt und mir mit Rat zur Seite gestanden haben.

Bei meinen Freunden Dr. Elke Umbeck und Dr. Jörg Dilger bedanke ich mich herzlich für die sorgfältige und rasche Durchsicht des Manuskripts, bei Maître Sabine Hensel aus Paris für die bereichernden Gespräche über die Praxis in Frankreich.

Der größte Dank gebührt meiner Freundin Jule für ihre unermüdliche Motivation, ihre Geduld und ihr Verständnis in allen Phasen der Promotion und dafür, dass sie immer für mich da ist.

Anmerkungen und Kritik zu dieser Arbeit sind stets willkommen unter der E-Mail-Adresse: marc-yngve.dietrich@vkdp.net

Inhaltsverzeichnis

Abkürzungsverzeichnis

Abs.	Absatz
Act.proc.coll.	Actualité des procédures collectives
AGS	Association pour la gestion du régime d'assurance des créances des salariés
Anm.	Anmerkung
Art.	Artikel
Ass.nat.	Assemblée nationale
B.O.D.A.C.C.	Bulletin officiel des annonces civiles et commerciales
Bull. civ.	Bulletin des arrêts de la Cour de cassation
Bull. Joly	Bulletin Joly (mensuel d'information des sociétés)
C.civ.	Code civil
chron.	Chronique
Civ.	Cour de cassation chambre civile
Com.	Cour de cassation chambré commerciale
D.	Dekret Nr. 85-1388 vom 27.12.1985, „relatif au redressement et à la liquidation judiciaires des entreprises"
D.	Recueil Dalloz
d. h.	das heißt
ders.	Derselbe
doctr.	Doctrine
etc.	et cetera
f.	Folgende
fasc.	Fascicule
ff.	Fortfolgende
FF	Francs français
Fn.	Fußnote
Gaz.Pal.	Gazette du Palais
i.V.m.	in Verbindung mit
J.C.P.	La semaine juridique (Juris-Classeur Pérodique)
J.O.	Journal Officiel de la République Française
L.	Code de commerce (die inkorporierten Insolvenz-gesetze Nr. 85-98 u. 85-99 vom 25.01.1985, „relative au redressement et à la liquidation judiciaires des entreprises"
m.w.N.	mit weiteren Nachweisen

n°	Numéro
N.C.P.C.	Nouveau Code de procédure civile
Nr.	Nummer
Req.	Cour de cassation, chambre des requêtes
Rev.dr.banc.	Revue de droit bancaire
Rev.jurisp.com	Revue de jurisprudence commerciale
Rev.proc.coll.	Revue des procédures collectives
Rev.trim.dr.com.	Revue trimistrielle de droit commercial
Rev.trim.dr.civ.	Revue trimistrielle de droit civil
RIW	Recht der Internationalen Wirtschaft, früher Außenwirtschaftsdienst des Betriebes-Beraters
RJDA	Revue de jurisprudence de droit des affaires
Rn.	Randnummer
S.	Seite
sog.	sogenannt(e)
somm.	Sommaire
spéc.	Spezialausgabe
T.com.	Tribunal de commerce
TGI	Tribunal de grande instance
vgl.	Vergleiche
ZEuP	Zeitschrift für Europäisches Privatrecht
Ziff.	Ziffer
ZIP	Zeitschrift für Wirtschaftsrecht und Insolvenzpraxis

Einleitung

Auf dem Gebiet des Insolvenzrechts ist eine europäische Rechtsvereinheitlichung bislang nur in Ansätzen erfolgt[1]. Bis zu einer einheitlichen Lösung ist es die rechtspolitisch anspruchsvolle Aufgabe jedes Mitgliedsstaates der Europäischen Union, die widerstreitenden Interessen, namentlich das öffentliche Interesse an der Erhaltung von sanierungsfähigen Wirtschaftseinheiten, das Interesse der Arbeitnehmer am Erhalt ihres Arbeitsplatzes sowie das Interesse der Gläubiger an einer Befriedigung ihrer Forderungen, zu koordinieren und zu gewichten. Dabei lassen sich die Rettung insolventer Unternehmen und der Erhalt von Arbeitsplätzen nicht ohne weiteres mit einer zügigen und möglichst umfassenden Haftungsverwirklichung im Interesse der Gläubiger vereinbaren.

Die verschiedenen wirtschafts- und sozialpolitischen Ansätze wirken sich folglich insbesondere auf die Rechtsstellung der Gläubiger und die ihnen im Insolvenzrecht der jeweiligen Mitgliedsstaaten eingeräumten Beteiligungsrechte aus.

Gegenstand der vorliegenden Untersuchung ist das französische Insolvenzrecht, das aus deutscher Sicht auch wegen seiner höchst unterschiedlichen Zielsetzung von besonderem rechtswissenschaftlichem Interesse ist. Die Frage der Rechtsstellung und Beteiligung der Gläubiger im französischen Insolvenzverfahren erlangt darüber hinaus auch in praktischer Hinsicht eine bedeutende Rolle. Frankreich ist seit vielen Jahren der wichtigste Handelspartner Deutschlands[2]. Zwangsläufig sind daher zahlreiche deutsche Gläubiger von Insolvenzen ihrer französischen Schuldner betroffen. Die Wahrnehmung der Gläubigerinteressen gegenüber einem in die Insolvenz geratenen Schuldner oder den Verfahrensorganen, ebenso wie die Kreditsicherung im Vorfeld der Insolvenz setzt eine ge-

1 Zuletzt durch die Verordnung (EG) Nr. 1346/2000 des Rates vom 29. Mai 2000 über Insolvenzverfahren, Abl. EG 2000 L 160/1 . Sie beschränkt sich für den Fall internationaler Insolvenzen im Wesentlichen auf die Regelung der internationale Zuständigkeit, der Anerkennung von Insolvenzverfahren sowie der Unterrichtung der Gläubiger und der Forderungsanmeldung. Außerdem wurden einheitliche Kollisionsnormen geschaffen (*Deipenbrock*, Das neue europäische Internationale Insolvenzrecht, EWS 2001, 115; *Becker*, Insolvenz in der Europäischen Union, ZeuP 2002, 287, 289 ff.).

2 *Statistisches Jahrbuch 2002*, 12.11, S. 283; *Frank*, Neuere Entwicklungen im französischen GmbH-Recht, RIW 2002, 11.

naue Kenntnis der Rechtsstellung und der Beteiligungsrechte der Gläubiger im französischen Insolvenzverfahren voraus.

Im Gegensatz zum deutschen Insolvenzrecht, dessen Hauptziel gemäß § 1 InsO die Befriedigung der Gläubiger ist[3], verfolgt das französische Insolvenzrecht gemäß Art. L. 620-1 C.com. vorrangig die Rettung insolventer Unternehmen. Als weiteres Ziel wird die Aufrechterhaltung von Arbeitsplätzen genannt. Erst an letzter Stelle folgt die Schuldenbereinigung[4]. Die Formulierung macht deutlich, dass es dem französischen Gesetzgeber auch insoweit mehr um eine Befreiung des Unternehmens von seinen Verbindlichkeiten als um die Befriedigung der Gläubiger geht[5]. Die Gläubigerinteressen werden mithin den wirtschafts- und sozialpolitischen Zielen des französischen Insolvenzrechts[6] untergeordnet.

Anders als das deutsche Insolvenzrecht, das ein System einer staatlich überwachten Gläubigerselbstverwaltung vorsieht, in dem also die wirtschaftlich bedeutsamen Fragen des Verfahrens in erster Linie von den Gläubigern selbst und nicht vom Insolvenzgericht entschieden werden[7], sieht das französische Insolvenzrecht ein System der obrigkeitsstaatlichen Verfahrensabwicklung vor. Dementsprechend hat der französische Gesetzgeber alle wesentlichen Entscheidungen über den Verfahrensablauf und die Verfahrensgestaltung dem Insolvenzgericht und den Verfahrensorganen übertragen[8].

Im Hinblick auf die praktische und rechtswissenschaftliche Bedeutung des französischen Insolvenzrechts dient die vorliegende Arbeit zum einen der Untersuchung der Frage, wie sich die Unterordnung der Gläubigerinteressen unter die strukturpolitischen Aufgaben des französischen Insolvenzrechts auf die Rechtsstellung der verschiedenen Gläubigergruppen in den einzelnen Verfahrensphasen

---

3 *Smid*, Insolvenzordnung, § 1 Rn.1.

4 Art. L. 620-1 Abs. 1: „Il est institué une procédure de redressement judiciaire destinée à permettre la sauvegarde de l'entreprise, le maintien de l'activité et de l'emploi et l'apurement du passif".

5 *Mallet*, Gaz.Pal. 18./19.3.1988, S. 10 ff. ; *Campana*, La société civile, S. 180 ; Dict.perm.diff. des entreprises, 15.02.1985, bulletin 1,9870, Art. 1 Abs. 1.

6 *Niggemann*, Das französische Unternehmenssanierungsgesetz, 5; *Böckenhoff*, Reform des französischen Insolvenzrechts, RIW 1994, 1053; *Dammann*, Das neue französische Insolvenzrecht, ZIP 1996, 300; *Smid*, Insolvenzordnung, § 1 Rn. 30.

7 *Pape*, Gläubigerbeteiligung im Insolvenzverfahren, Rn. 122.

8 *Zierau*, Stellung der Gläubiger im französischen Sanierungsverfahren, S. 77 ; *Campana*, La situation des créanciers, in: Les innovations de la loi sur le redressement judiciaire des entreprises, Band 1, Rev.trim.dr.com, numéro spécial Paris 1986, S. 171 – 186 ; *Derrida/Godé/Sortais*, Redressement et liquidation judiciaire des entreprises, Rn ; *Saint-Alary-Houin*, La réforme des plans de redressement, Les Petites affiches 14.09.1994, S. 107.

auswirkt. Zum anderen soll vor diesem Hintergrund der Stellenwert der Beteiligung der Gläubiger im französischen Insolvenzverfahren bestimmt werden.

Im Zuge der nachfolgenden Darstellung wird daher zunächst der Ablauf des Insolvenzverfahrens skizziert und eine Einteilung der Gläubiger vorgenommen. Im Anschluss hieran folgt die Untersuchung der Rechtsstellung der verschiedenen Gläubigergruppen in der Beobachtungsphase und in der sich anschließenden Ausführungsphase, die eine Unternehmensfortführung, eine Unternehmensveräußerung oder die Unternehmensliquidation zum Gegenstand haben kann. Der letzte Teil der Arbeit setzt sich mit den Beteiligungsrechten der Gläubiger und ihrer Interessenvertreter auseinander. Es ist der Frage nachzugehen, welche Wege den Gläubigern und ihren Interessenvertretern zur Wahrnehmung ihrer Rechte im französischen Insolvenzverfahren offen stehen, und welche Einflussmöglichkeiten sie im Hinblick auf einzelne Verfahrensgegenstände haben.

Teil 1 - Die Rechtsstellung und Beteiligung der Gläubiger im Überblick

A. Der Ablauf des Insolvenzverfahrens

Das französische Insolvenzverfahren ist in den Art. 620-1 ff. und 811-1 ff. C.com.[9] und den Anwendungsdekreten n° 85-1388 und n° 85-1389 vom 27.12.1985 in der Fassung des Dekrets n° 94-910 vom 21.10.1994 geregelt[10].

Es gliedert sich in zwei große Abschnitte: Die Beobachtungsphase (*période d'observation*) und die sich anschließende Ausführungsphase (*phase définitive*[11]).

Eröffnet wird das Insolvenzverfahren auf Antrag[12] oder von Amts wegen bei Zahlungseinstellung in Folge Zahlungsunfähigkeit (*cessation des paiements*[13]) des Schuldners, Art. L. 621-1 u. L. 621-2.

Im Eröffnungsurteil werden der Gläubigervertreter (*représentant des créanciers*)[14], der *juge commissaire*[15] und der Insolvenzverwalter eingesetzt[16].

---

9 Durch die Verordnung n° 2000-912 vom 18.09.2000 wurden die Insolvenzgesetze n° 85-98 und n° 85-99 vom 25.01.1985 in der Fassung des Gesetzes vom 10.06.1994 im Code de commerce inkorporiert.

10 Daneben finden sich Regelungen zur Vergütung und zur Berufsausübung der Verfahrensorgane in den Dekreten n° 85-1390 vom 27.12.1985, n° 86-1176 vom 05.11.1986, n° 93-892 vom 06.07.1993 und n° 93-1112 vom 20.09.1993. Schließlich enthalten folgende Gesetze vereinzelte Regelungen zum Insolvenzverfahren: Code de la consommation, Code monétaire et financier, Code de l'organisation judiciaire, Code rural, Code du travail, Nouveau Code de procédure civile.

11 Als solche von einem Autor bezeichnet: *Guyon*, Entreprises en difficultés, Rn. 1262.

12 Gemäß Art. L. 621-1 Abs. 2 ist der Schuldner verpflichtet, innerhalb von zwei Wochen nach Eintritt der Zahlungsunfähigkeit einen Antrag auf Eröffnung des Insolvenzverfahrens zu stellen. Zum Antrag der Gläubiger vgl. unten Teil 3 A II 1 S.101.

13 Zu den Voraussetzungen der *cessation des paiements* vgl. Glossar S.149 ff.

14 Zum Gläubigervertreter und den übrigen Interessenvertretern der Gläubiger vgl. unten Teil 3 S.111 ff.

15 Der „*juge commissaire*" wird teilweise mit „verfahrensleitender Richter" übersetzt (Sonnenberger/ Schweinberger, Einführung in das französische Recht, S. 149); vgl. im übrigen Glossar S.149 ff.

16 Im vereinfachten Verfahrens wird grundsätzlich kein Insolvenzverwalter bestellt wird, es sei denn, es erscheint dem Gericht als notwendig, Art. L. 621-137. Im Übrigen vgl. zum Insolvenzverwalter Glossar S.149 ff.

Mit Verkündung des Eröffnungsurteils beginnt grundsätzlich die Beobachtungsphase. Hat der Schuldner jedoch seine geschäftlichen Aktivitäten zu diesem Zeitpunkt bereits eingestellt oder ist eine Sanierung offensichtlich unmöglich, ordnet das Insolvenzgericht die sofortige Liquidation an, Art. L. 620-1 Abs. 3.

Die Dauer der Beobachtungsphase hängt davon ab, ob das Standardverfahren (*régime général*) oder das vereinfachte Verfahren (*procédure simplifiée*) zur Anwendung kommt[17].

Im Standardverfahren dauert sie bis zu sechs Monaten. Eine Verlängerung ist bis zur Grenze von 20 Monaten in Ausnahmefällen jedoch möglich, Art. L. 621-6 Abs. 2 i.V.m. Art. D. 20 Abs. 1. Im vereinfachten Verfahren ist die Dauer auf vier Monate festgelegt, kann aber einmal um vier weitere Monate verlängert werden. Art. L. 621-136 Abs. 1 i.V.m. Art. D. 111 Abs. 1[18].

Die Beobachtungsphase dient zum einen der Analyse der wirtschaftlichen und sozialen Verhältnisse des Gemeinschuldners, zum anderen der Verhandlung mit den Gläubigern, Investoren und potentielle Erwerbern als Voraussetzung für die angestrebte Sanierung des Gemeinschuldners[19].

Während dieser Zeit werden die Geschäfte des Gemeinschuldners fortgeführt, Art. L. 621-22 ff., L. 621-127. Dies geschieht im Wege einer einzelfallbezogenen beschränkten Eigenverwaltung[20]. Um dies gewährleisten zu können,

17 Gemäß Art. L. 620-2 Abs. 2 i. V. m. Art. 1 des Dekrets n° 85-1387 vom 27.12.1985 findet das vereinfachte Verfahren Anwendung, wenn der Gemeinschuldner nicht mehr als 50 Arbeitnehmer zum Zeitpunkt der Verfahrenseröffnung beschäftigt und sein Umsatz vor Steuern 3.100.000,00 EUR nicht übersteigt. Ist eines der vorgenannten Kriterien nicht erfüllt, kommt das Standardverfahren zur Anwendung (CA Amiens 15.09.1986, D. 1987, IR, 6, Anm. Derrida; CA Douai 11.12.1986, Rev.proc.coll. 1987-2, 15, Anm. Cadiet). Es ist darauf hinzuweisen, obwohl als Ausnahme dargestellt, dass 1990 in mehr als 90 % der Fälle eine vereinfachtes Verfahren durchgeführt wurde (*Infostat Justice* n° 18, 11-12.1990).

18 Die Beobachtungsphase kann auf Antrag des Insolvenzverwalters, des Schuldners, des Staatsanwalts (*procureur de la République*) oder von Amts wegen einmal verlängert werden. Im *régime général* kann eine Verlängerung um weitere acht Monate nur auf Antrag des Staatsanwalts gewährt werden. Voraussetzung ist, dass die Erstellung eines Sanierungsplans innerhalb der ursprünglichen Frist nicht möglich erscheint (*Le Corre*, Pratique des procédures collectives Rn. 125).

19 *Guyon*, Entreprises en difficulté, Rn. 1180, *Saint-Alary-Houin*, Droit des entreprises en difficulté, Rn. 462.

20 Für das Standardverfahren sieht Art. L. 621-22 Abs. 2 folgende Möglichkeiten vor: 1. Eigenverwaltung unter Aufsicht des Insolvenzverwalters (*surveillance*), 2. Eigenverwaltung mit Assistenz bei allen oder bestimmten Geschäftsführungsmaßnahmen (*assistance*) und 3. Ersetzung des Schuldners durch den Insolvenzverwalter (*représentation*). Im vereinfachten Verfahren erfolgt die Führung des Unternehmens grundsätzlich im Wege der uneingeschränkten Eigenverwaltung, nur ausnahmsweise wird die *assistance* oder die *représentation* angeordnet, Art. L. 137 Abs. 1.

wird der Gemeinschuldner den Maßnahmen seiner (Insolvenz)Gläubiger entzogen[21].

Am Ende der Beobachtungsphase fertigt der Insolvenzverwalter bzw. der Schuldner einen Bericht (*rapport*) an, den er dem Insolvenzgericht zur Entscheidung vorlegt. Der Bericht enthält zum einen das Ergebnis seiner Analyse, die sog. Wirtschaftliche und soziale Bilanz (*bilan économique et social)* und zum anderen einen Sanierungsplanentwurf (*projet de plan*) oder den Vorschlag, das Liquidationsverfahren zu eröffnen, Art. L. 621-54, L. 621-139[22].

Durch ein die Ausführungsphase einleitendes Urteil[23] beschließt das Gericht entweder einen Sanierungsplan (*plan de redressement*) oder ordnet die Liquidation des Gemeinschuldners an. Dabei ist es nicht an den Vorschlag des Insolvenzverwalters bzw. des Schuldners gebunden[24] [25], Art. L. 621-62.

Im Fall einer Sanierung legt der Plan die konkrete Art und Weise der Sanierung fest, indem er entweder die Bedingung der Fortführung des Unternehmens durch den bisherigen Rechtsinhaber bestimmt (Fortführungsplan) oder die Veräußerung des Unternehmens an einen Dritten anordnet (Veräußerungsplan) oder die Fortführung des Unternehmens durch den bisherigen Rechtsinhabers, verbunden mit einer Teilveräußerung an einen Dritten, Art. L. 621-62 Abs. 2. Der Unternehmensveräußerung kann zudem eine Unternehmenspacht (*location-gérance*) vorgeschaltet werden, Art. L. 621-62 Abs. 3.

---

21 Zu den allgemeinen Auswirkungen der Eröffnungsentscheidung auf die Gläubiger siehe unten Teil 2 A I S.36 ff.

22 Im vereinfachten Verfahren entwirft grundsätzlich der Schuldner den Sanierungsplan, es sei denn, ein Insolvenzverwalter ist eingesetzt worden. Zum genauen Inhalt des „*bilan économique et social*" vgl. Glossar S.149 ff. Zum Inhalt des „*projet de plan*" vgl. Glossar S.149 ff.

23 Vor der Entscheidung sind der Schuldner und ein Vertreter des Betriebsrats *(comité d'entreprise)* oder ein Belegschaftsvertreter (*délégué du* personnel) anzuhören, Art. L. 621-4 Abs. 1 anzuhören.

24 Com. 10.07.1990, Bull.civ. IV, n° 208 ; Com. 21.01.1992, Bull.civ. IV, n° 28; Com. 02.02.1993, Bull.civ. IV, n° 41; Com. 09.06.1998, Rev.trim.dr.com. 1998, 927, Anm. Saint-Alary-Houin.

25 Die Unterordnung der Gläubigerinteressen unter die wirtschafts- und sozialpolitischen Ziele des Insolvenzrechts wirkt sich insbesondere dann aus, wenn dem Gericht das Erwerbsangebot eines Dritten vorliegt. Haben die Gläubiger bei Erlass eines Fortführungsplans eine höhere Befriedigungsquote zu erwarten als bei Erlass eines Veräußerungsplans, bietet die Übernahme durch einen Dritten jedoch bessere Chancen für eine dauerhaften Fortbestand des Unternehmens, wird das Gericht den Veräußerungsplan erlassen (*Kremer*, Unternehmenssanierung in Frankreich, S. 158).

Hinsichtlich der inhaltlichen Ausgestaltung des Sanierungsplans verfügt das Insolvenzgericht über sehr weitgehende Gestaltungsbefugnisse[26].

Art. L. 621-66 S. 3 begrenzt die Laufzeit eines Sanierungsplans auf zehn Jahre[27]. Die ordnungsgemäße Erfüllung des Sanierungsplans wird durch den im Planfeststellungsurteil eingesetzten Plandurchführungsbeauftragten (*commissaire à l'exécution du plan*[28]) überwacht, Art. L. 621-68 Abs. 1 Satz 1.

Ergeben sich aus dem Bericht des Insolvenzverwalters bzw. des Schuldners keine Sanierungschancen, ordnet das Insolvenzgericht die Eröffnung des Liquidationsverfahrens an, Art. L. 621-62 Abs. 1[29].

Mit dem Eröffnungsurteil wird dem Gemeinschuldner die gesamte Verwaltungs- und Verfügungsbefugnis über sein Vermögen entzogen, einschließlich während der Verfahrensdauer noch hinzukommender Vermögenswerte, Art. L. 622-9. Der vom Gericht eingesetzte Liquidator (*liquidateur*) verwertet das Vermögen des Gemeinschuldners, Art. L. 622-16 ff.

Das Insolvenzverfahren endet im Fall der Unternehmensfortführung mit Ablauf der im Plan vorgesehenen Dauer. Im Übrigen endet es durch einen Einstellungsbeschluss des Insolvenzgerichts (*jugement de clôture*). Bei der Unternehmensveräußerung nach vollständiger Übertragung des Unternehmens bzw. nach Verwertung des nicht vom Veräußerungsplan erfassten Restvermögens, im Fall der Unternehmensliquidation nach Verwertung sämtlicher Vermögensgegenstände, sowohl wenn keine zu befriedigenden Verbindlichkeiten mehr vorliegen, als auch wenn zur Befriedigung aller Verbindlichkeiten die Masse nicht ausreicht, Art. L. 621-95, L. 622-30.

Mit Beendigung des Verfahrens tritt eine Restschuldbefreiung in Form eines Vollstreckungshindernisses ein. Selbst wenn das Verfahren mangels Masse eingestellt wird, ist es den Gläubigern grundsätzlich unmöglich, ihre unbefriedigt gebliebenen Forderung durchzusetzen. Hiervon ausgenommen sind Forderungen, die aus einer Verurteilung wegen berufsfremder Straftaten oder aus privaten

26 Zu den gläubigerrelevanten Regelungen im Fortführungsplan siehe unten Teil 2 B I 1 S.80 ff.; zu den gläubigerrelevanten Regelungen im Veräußerungsplan siehe unten Teil 2 B II 1 S.89 ff.

27 Im Fall landwirtschaftlicher Betriebe 15 Jahre, Art. L. 621-66 Satz 4.

28 Zum *commissaire à l'exécution du plan* vgl. unten Glossar S.149 ff.

29 Das Liquidationsverfahren kann auch schon während der Beobachtungsphase von Amts wegen oder auf Antrag eröffnet werden, wenn eine Sanierung nicht (mehr) möglich erscheint, Art. L. 621-27 Abs. 1. Während der Beobachtungsphase kann die Liquidation auch als Sanktion der Nichterfüllung eines laufenden Vertrags durch den Insolvenzverwalter bzw. den Schuldner ausgesprochen werden, Art. L. 621-28 Abs. 3. Schließlich kann ein Liquidationsverfahren als eine Sanktion der Nichterfüllung der Verpflichtung aus einem Fortführungsplan gemäß Art. L. 621-82 Abs. 1 eröffnet werden.

Verbindlichkeiten des Schuldners resultieren, Art. L. 622-32 Abs. 1. Das Vollstreckungshindernis gilt auch nicht zugunsten von Schuldnern, die bereits ein Insolvenzverfahren durchgemacht haben, das ebenfalls mangels Masse eingestellt wurde und in einigen Fällen der Unredlichkeit im Geschäftsverkehr (Betrugshandlung gegenüber den Insolvenzgläubigern, *faillite personnelle, banqueroute*), Art. L. 622-32 Abs. 3. Die Möglichkeit der Rechtsverfolgung gegenüber dem Schuldner nach Verfahrensbeendigung ist dem Bürgen und dem Gesamtschuldner, die für den Schuldner eingestanden sind, hingegen ausdrücklich eingeräumt, Art. L. 622-32 Abs. 2.

B. Einteilung der Gläubiger

Das Französische Insolvenzrecht unterscheidet bezüglich der Rechtsstellung der Gläubiger im Insolvenzverfahren insbesondere zwischen Insolvenzgläubigern (*créanciers antérieurs*) und Massegläubigern (*créanciers postérieurs*). Daneben gibt es noch die Gruppe der Neugläubiger. Schließlich sind noch spezielle Gläubigergruppen zu nennen, die sowohl Insolvenzgläubiger als auch Massegläubiger sein können, die aber bezüglich ihrer Rechtsstellung einen Sonderstatus genießen.

Diese Einteilung ist wesentlich für die Zuordnung etwaiger Beteiligungsrechte. Auch für die Rechtsstellung ist die Zugehörigkeit zu den vorgenannten Gläubigergruppen von großer Bedeutung.

I. Insolvenzgläubiger (créanciers antérieurs)

Eine Legaldefinition des Insolvenzgläubigers gibt es nicht. Art. L.621-43 Abs. 1 und Art. L.621-40 Abs. 1 sprechen von Gläubigern, deren Forderung ihren Ursprung (*origine*) vor dem Eröffnungsurteil haben. Zur negativen Abgrenzung kann Art. L.621-32 herangezogen werden, der die Gläubiger nennt, deren Forderungen nach dem Eröffnungsurteil ordnungsgemäß entstanden sind (*créances nées régulièrement après le jugement d'ouverture*). Die Formulierung in Art. L.621-40 und Art. L.621-43 stimmt nicht genau mit der in Art. L.621-32 genannten Formulierung überein. Dennoch ist der Begriff des Ursprungs (*origine*) dem der Entstehung (*naissance*) gleichzusetzen[30]. Entscheidendes Kriterium zur

30 *Le Corre*, Pratique des procédures collectives, Rn. 596.

Abgrenzung zwischen Insolvenz und Masseforderung ist damit die Entstehung der Forderung vor oder nach dem Eröffnungsurteil[31].

Ohne Einfluss auf die Qualifizierung als Insolvenzforderung ist der Zeitpunkt der Fälligkeit. Eine Forderung, die vor dem Eröffnungsurteil entstanden, aber erst nach dem Eröffnungsurteil fällig wird, bleibt eine Insolvenzforderung[32].

Bei der Bestimmung des Entstehungszeitpunkts ist zunächst zwischen vertraglichen und nicht vertraglichen Forderungen zu unterscheiden.

Die Bestimmung des Entstehungszeitpunkts vertraglicher Forderungen ist unproblematisch in den Fällen, in denen sowohl Vertragsschluss als auch die Leistung des Gläubigers vor oder nach Erlass des Eröffnungsurteils liegen.

Schwierigkeiten bereitet jedoch die Einordnung in den Fällen, in denen die Parteien den Vertrag vor Erlass des Eröffnungsurteils geschlossen haben, der Gläubiger die geschuldete Leistung jedoch erst nach Erlass des Eröffnungsurteils erbringt.

Dies betrifft insbesondere Dauerschuldverhältnisse. In diesen Fällen entsteht die Schuld mit dem Erbringen der jeweils geschuldeten Leistung. Sobald also die Leistung nach dem Eröffnungsurteil erbracht wird, handelt es sich insoweit um Masseforderungen (*créances postérieures*)[33].

Ebenso gelten Forderungen aus im Sinne von Art. L.621-28 fortgesetzten Verträgen[34] als Masseforderung[35]. Setzt der Insolvenzverwalter einen laufenden

---

31 Allerdings können unter Umständen Masseforderungen zu Insolvenzforderungen werden, wenn beispielsweise ein Fortführungsplan aufgehoben und ein vom ursprünglichen Verfahren unabhängiges neues (Liquidations-) Verfahren gemäß Art. L. 621-82 eröffnet wird. Die ursprünglichen Masseforderungen sind vor dem neuen Eröffnungsurteil entstanden und werden daher zu Insolvenzforderungen des neuen Verfahrens: Com. 20.6.2000, Dict.perm.diff. des enterprises, Bull. 202, 4.9.2000, S.6238, siehe „*Déclaration et vérification des créances*" n°28.

32 Com. 8.11.1988, D. 1989, S. 36, Anm. A. Honorat ; JCP éd. E 1989, II. 15648, Anm. M.Tabrillac/M. Vivant; Rev.proc.coll. 1990, 235, Anm. C.Saint-Alary-Houin ; Rev.trim.dr. com. 1989, S. 137, Anm. Martin-Serf; RJ com. 1989, 187, Anm. C.H. Gallet; Com. 5.4.1994, Rev.proc.coll. 1995, 224, Nr. 2, Anm. Dureuil; Rev.proc.coll. 1995, 303, Nr. 7, Anm. C. Saint-Alary-Houin.

33 CA Paris, 1.12.1994, Rev.proc.coll. 1996, 76, Nr. 13, Anm. C. Saint-Alary-Houin ; Com. 19.5.1992, Bull. civ. IV, Nr. 193; Soc. 2.6.1992, JCP éd. E 1992, I, 195, Nr. 14, Anm. P. Pétel ; Com. 15.2.2000, D. 2000, 260, Anm. A. Lienhard ; V.S. Sabathier, Le droit des obligations à l'épreuve des prodédures collectives, Thèse dactyl. Toulouse, 2000 ; Baron, La date de naissance des créances contractuelles à l'épreuve du droit des procédures collectives, in : Rev.trim.dr.com. 2001, 1; Le Corre, Pratique des procédures collectives, Rn. 601 ; Pérochon-Bonhomme, Entreprises en difficulté, Rn. 210.

34 Vgl. unten Teil 2 A III S. 62.

35 Com. 16.10.1990, RJDA. 1991, Nr. 56.

Vertrag nicht fort, so fällt die Forderung für die Zeit vom Erlass des Eröffnungsurteils bis zum Zeitpunkt der Auflösung des Vertrages wegen Nichtfortsetzung unter Art. L.621-32, wird also insoweit als Masseforderung behandelt[36].

Fraglich ist, wie Schadensersatzforderungen, die aus der Auflösung eines Vertrages nach der Eröffnung des Verfahrens resultieren, zu behandeln sind. Entstehungsursache des Schadensersatzanspruches ist entweder die Nichterfüllung eines fortgesetzten Vertrages oder die Auflösung des Vertrages gemäß Art. L.621-28. Beide Ursachen liegen zeitlich nach Erlass des Eröffnungsurteils, so dass diese Schadensersatzforderungen nach dem Vorgenannten als Masseforderungen behandelt werden müssten.

Sinn und Zweck der Privilegierung der Masseforderungen durch die Vorschrift des Art. L.621-32 ist jedoch, die Finanzierung des Sanierungsverfahrens sicher zu stellen. Eine Sanierung des Unternehmens setzt voraus, dass insbesondere in der Beobachtungsphase dem Schuldnerunternehmen Kredite gewährt und durch den Abschluss von Verträgen eine Fortsetzung der Unternehmenstätigkeit in dieser Zeit ermöglicht wird. Nur wenn ein Gläubiger aufgrund einer Regelung wie in Art. L. 621-40 davon ausgehen kann, dass sein Kredit zurückgezahlt oder seine Kaufpreisforderung erfüllt wird, wird er mit einem in der Sanierung befindlichen Unternehmen Verträge schließen[37].

Diesen Sinn erfüllen Schadensersatzforderungen wegen Nichterfüllung oder Auflösung des Vertrags nicht. Dementsprechend hat der Gesetzgeber entschieden, dass Schadensersatzansprüche, die aus der Nichtfortsetzung von Verträgen durch den Insolvenzverwalter entstehen, gemäß Art. L. 621-28 Abs. 4 und 5 zur Forderungstabelle anzumelden sind. Diese Schadensersatzforderungen werden also als Insolvenzforderungen behandelt und unterliegen nicht dem Privileg der Masseforderungen. Ähnliches gilt für Schadensersatzforderungen, die aus der Nichterfüllung eines durch den Insolvenzverwalter fortgesetzten Vertrages resultieren. Gemäß Art. L.621-32 Abs. 3 Ziff. 3 und Art. D.66 sind auch diese zur Forderungstabelle anzumelden und werden somit also als Insolvenzforderung behandelt[38].

---

36 Com. 16.10.1990, Bull.civ. IV, Nr. 240 ; JCP éd. E 1992, jur. 100, Anm. P.M. le Corre ; Com. 15.10.1991, BRDA 15. November 1991, 9 ; Com. 27.10. 1998, Rev.proc.coll. 1999, 157, Nr. 6, Anm. C. Saint-Alary-Houin ;

37 *Le Corre*, Pratique des procédures collectives, Rn. 612 ; *Saint-Alary-Houin*, Droit des entreprises en difficulté, Rn. 582 ; *Pérochon-Bonhomme*, Entreprises en difficulté, Rn. 208 ; *Guyon*, Entreprises en difficulté, Rn. 1245 .

38 *Le Corre*, Pratique des procédures collectives, Rn. 612.

Bei Ansprüchen aus ungerechtfertigter Bereicherung wird auf den Zeitpunkt der nicht geschuldeten Leistung abgestellt[39].

Bei deliktischen Ansprüchen wiederum, kommt es auf den Zeitpunkt der schädigenden Handlung an[40].

II. Massegläubiger (créanciers postérieurs)

Massegläubiger genießen bezüglich der Befriedigung ihrer Forderungen gegenüber Insolvenzgläubigern in den meisten Fällen eine privilegierte Rechtsstellung[41]. Diese Gläubiger stehen in einem „regulären" Gläubiger-Schuldner-Verhältnis zur Masse, das eine dieser Gläubiger am Verfahren ausschließt.

Massegläubiger sind Gläubiger von Forderungen, die nach Verkündung des Eröffnungsurteils entstehen.

Fraglich ist jedoch, bis zu welchem äußersten Zeitpunkt solche Forderungen entstanden sein müssen, damit sie noch in den Anwendungsbereich des Art. L.621-32 fallen.

Der Wortlaut der Vorschrift ist nicht eindeutig, da er nur von Forderungen spricht, die nach Verkündung des Eröffnungsurteils entstehen. Daraus könnte geschlossen werden, dass neben Forderungen, die während der Beobachtungsphase entstehen, auch solche Forderungen dem Privileg des Art. L.621-32 unterfallen, die zu einem späteren Zeitpunkt, also während der Plandurchführungsphase oder der Liquidation entstehen.

Für den Fall der Liquidation bestimmt Art. L. 622-10, dass Forderungen, die im Verlauf einer angeordneten Fortführung der Unternehmenstätigkeit während der Liquidationsphase begründet werden, unter die Vorschrift des Art. L.621-32 fallen

Für Forderungen, die nach Erlass eines Fortführungs- oder Veräußerungsplans entstehen, fehlt eine entsprechende Regelung. Umstritten ist, ob Art. L. 621-32 dennoch anzuwenden ist.

Eine Mindermeinung in der Literatur hält Art. L. 621-32 auch für solche Forderungen mit der Begründung für anwendbar, dass eine Nichtprivilegierung dieser Forderungen eine Sanierung des Unternehmens gefährden würde, da

---

39 Com. 24.11.1998, RJDA 1999-1, 60, Nr. 68; Com. 16.4.1996, Rev.proc.coll. 1998, 294, Nr. 12, Anm. C. Saint-Alary-Houin.

40 Ca Paris 21.9.1999, D. 1999, Nr. 39; Com. 12.5.1998, Act.proc.coll. 1998-4, Nr. 51; Crim. 5.2.1998, JCP éd. E 1998, 1411, Nr. 19, Anm. M. Cabrillac und P. Pétel .

41 Vgl. unten Teil 2 A. VIII. S. 76, Teil 2 B I 2 b S.84, Teil 2 B II 2 a S.91, Teil 2 A III 2 b S.96.

Dritte bei einem in der Sanierung befindlichen Unternehmen Zurückhaltung beispielsweise bei Investitionsentscheidungen üben könnten[42].

Gegen diese Ansicht spricht zunächst die Systematik. Die Vorschrift des Art. L.621-32 befindet sich im Kapitel „Das Unternehmen in der Beobachtungsphase“[43]. Zudem fehlt für die Plandurchführungsphase eine Art. L. 622-10 entsprechende Vorschrift. In Kenntnis dieser Regelung für die Liquidation, hat der Gesetzgeber davon abgesehen, im Reformgesetz vom 10. Juni 1994 eine entsprechende Regelung auch für den Fortführungs- und den Veräußerungsplan mit aufzunehmen. Daraus kann auf einen Willen des Gesetzgebers geschlossen werden, Forderungen, die während der Sanierungsphase entstehen, nicht durch Anwendung des Art. L.621-32 zu privilegieren. Die Insolvenzgläubiger wären schließlich gegenüber den anderen Gläubigern unverhältnismäßig benachteiligt. Der Kassationshof hat in einer Entscheidung vom 3. April 1990 bereits im Sinne der letztgenannten Ansicht entschieden[44].

III. Spezielle Gläubigergruppen

Die folgenden Gläubigergruppen genießen eine besondere Stellung im französischen Insolvenzverfahren.

1. Arbeitnehmer

Die Sonderstellung der Arbeitnehmer drückt sich zum einen in den ihnen eingeräumten Beteiligungsrechten aus[45]. Auch wenn die unmittelbare Beteiligung der Arbeitnehmer am Insolvenzverfahren gering ist, verfügen sie über eigene Interessenvertreter. So werden zum einen der ihnen vertraute *comité d'entreprise* oder die *délégués du personnel* in großem Umfang am Verfahren beteiligt[46]. Daneben wird ihnen ein Arbeitnehmervertreter zur Seite gestellt, den sie im Gegensatz zu den übrigen Gläubigern wählen und auch wieder absetzen können[47].

---

42 *Saint-Alary-Houin*, Droit des entreprises en difficulté, Rn. 593; *dieselbe*, La situation des créanciers postérieurs à l'ouverture de la procédure, Ann. Toulouse, T; 34, S. 86, 209, Nr. 20.

43 „*De l'entreprise au cours de la période d'observation*“.

44 Com. 3.4.1990, D. 1990, 385, Anm. Jeantin ; Rev.trim.dr. com 1990, 497, Nr. 3, Anm. A. Martin-Serf ; TGI Neort, 12.9.1994, Rev.proc.coll. 1995, 299, Nr. 2, Anm. C. Saint-Alary-Houin.

45 Zu den Beteiligungsrechten der Arbeitnehmer im Einzelnen vgl. unten Teil 3 A V S.110.

46 Vgl. hierzu im einzelnen unten Teil 3 E S.139.

47 Vgl. hierzu unten Teil 3 D S.134.

Eine Sonderstellung besteht zum anderen hinsichtlich der Anmeldung und Überprüfung[48] sowie der Befriedigung[49] ihrer Insolvenz- und Masseforderungen.

2. Justiz

Die Forderungen der Justiz, namentlich Kosten des Verfahrens - insbesondere die der mandataires de justice - werden bevorzugt befriedigt. Das gilt sowohl für Insolvenz- als auch Masseforderungen[50].

3. Inhaber von Sicherungsrechten

Ferner sieht das französische Insolvenzrecht eine Vielzahl von Sonderregelungen für Insolvenzgläubiger vor, die Inhaber bestimmter Sicherungsrechte sind. In diesem Zusammenhang ist insbesondere auf die Inhaber von Pfandrechten an beweglichen Sachen und die Hypothekengläubiger einzugehen.

a. Pfandrechtsgläubiger beweglicher Sachen - ‚créanciers gagistes'

Hinsichtlich der Rechtstellung der Pfandrechtsgläubiger unterscheidet das französische Insolvenzrecht zwischen Besitzpfandrechten einerseits und besitzlosen Pfandrechten andererseits.
Allen Pfandrechtsgläubigern beweglicher Sachen ist gemein, dass sie im Fall der Liquidation bevorzugt befriedigt werden[51].

(1) Besitzpfandrecht (gage sans dépossession)

Inhaber von Besitzpfandrechten[52] genießen eine starke Stellung im französischen Zivilrecht.

Gemäß Art. 2082 Abs. 1 C.civ. hat der Pfandgläubiger bis zur vollständigen Zahlung der gesicherten Forderung ein Zurückbehaltungsrecht. Überdies kann

48 Vgl. hierzu unten Teil 2 A II 1 a (2) S.54.
49 Vgl. hierzu im einzelnen unten Teil 2 B I 2 c (2) S.85; Teil 2 B II 2 a S.91.; Teil 2 B III 2 b und 4 S.98.
50 Vgl. hierzu unten Teil 2 B I 2 c (2) S.85.; Teil 2 B II 2 a S.91; Teil 3 B III 2 b S.96.
51 Siehe hierzu Teil 3 B, I, 2, c, (2) d, 1, Teil B. III. 3. b., Teil 3 B. III. 3.
52 Das Besitzpfandrecht an einer beweglichen Sache wird wie im deutschen Recht durch Einigung und Übergabe der Pfandsache begründet, Art. 2072 C. civ.

der Pfandrechtsgläubiger die Verwertung der Sache betreiben[53], wenn die gesicherte Forderung bei Fälligkeit nicht befriedigt wird, Art. 2078 C.civ. Schließlich kann der Pfandgläubiger im Fall der Nichtbefriedigung bei Fälligkeit sich das Eigentum an der Sache durch Urteil übertragen lassen, Art. 2078 C.civ[54].

Im Insolvenzverfahren bleibt das Zurückbehaltungsrecht bestehen[55], während die Verwertung durch den Gläubiger selbst ausgeschlossen ist. Die Übereignung an sich selbst ist schließlich nur im Rahmen der Liquidation zulässig[56]. Die starke Stellung des Besitzpfandgläubigers bleibt somit während des Insolvenzverfahrens - abhängig von der jeweiligen Verfahrensphase - weitgehend erhalten.

(2) Besitzlose Pfandrechte (gage avec dépossession)

Daneben gibt es eine Reihe besitzloser Pfandrechte im französischen Recht[57]. Zu den bedeutsamsten zählen das Pfandrecht an Handelsgeschäften (*nantissement des fonds de commerce*), das Pfandrecht an Betriebsmitteln und Maschinen (*nantissement de l'outillage et de matériel d' équipement*) sowie das Pfandrecht des Kfz-Verkäufers (*gage automobile*).

Inhaber von Pfandrechten ohne Besitzrecht haben kein Zurückbehaltungsrecht. Entsprechend ist ihre Rechtsstellung insbesondere in der Beobachtungs- und Sanierungsphase erheblich schwächer, als die der Besitzpfandgläubiger[58].

---

53 Die Verwertung erfolgt durch Betreiben der Versteigerung. Handelt es sich um ein handelsrechtliches Pfandrecht, kann der Pfandrechtsgläubiger gemäß L.621-3 C.com. die Verwertung durch eigenhändigen Verkauf vornehmen.

54 Der Wert der Pfandsache wird von Experten geschätzt und mit dem Wert der gesicherten Forderung verrechnet. Deckt dieser den Wert der gesicherten Forderung nicht ab, so bleibt der Gläubiger hinsichtlich der Restforderung ungesichert. Im umgekehrten Fall muss er die Differenz an den Schuldner auszahlen.

55 Vgl. unten Teil 2 A I 1 b (2) S.40; Teil 2 A VI S.74; Teil 2 B I 2 c (2) S.85; Teil 2 B II 2 a (3) S.92; Teil 2 B III 3 a S.97.

56 Vgl. Teil 3 B III 3 b S.98.

57 L. 30.4.1906 sur les warrants agricoles; L. 17.3.1909 relative à la vente et au nantissement des fonds de commerce, L. 8.8.1913 relative au warrant hôtelier ; L. 21.4.1932 relative au warrant pétrolier ; L. 12.9.1940 relative au warrant industriel ; L. 18.1.1951 relative au nantissement de l'outillage et du matériel d'équipement ; L. 31.12.1953 relative au développement des crédits affectés aux dépenses du ministère de la reconstruction; D. 30.9.1953 relatif à la vente à crédit des véhicules automobiles.

58 Vgl. unten Teil 2 A I 1 b (2) S.40; Teil 2 A VI S.74; Teil 2 B I 2 c (2) S.85.; Teil 2 B II 2 a (2) S.92; Im Fall der Liquidation stehen ihnen soweit es nicht auf ein Zurückbehaltungsrecht ankommt die gleichen Rechte zu: Teil 3 B III 3 b S.98.

Eine Besonderheit besteht beim Pfandrecht des Kfz-Verkäufers (*gage automobile*). Obwohl zu den besitzlosen Pfandrechten gehörend, wird diesem gemäß Art. 2 des Dekrets n°53-968 du 30 septembre 1953 ein fiktives Besitzrecht und damit ein fiktives Zurückbehaltungsrecht eingeräumt[59].

b. Hypothekengläubiger – ,créanciers hypothécaires'

Die Hypothek wurde lange Zeit als „*reine des sûretés*" (Königin der Sicherungsrechte) angesehen, verlor jedoch im Zuge der Insolvenzrechtsreformen bis zu derjenigen aus dem Jahr 1985 immer mehr an Effektivität[60]. Mit der Reform von 1994 wurde die Rechtsstellung der Hypothekengläubiger wieder verbessert, insbesondere im Fall einer Unternehmensliquidation[61].

4. Zur Zurückbehaltung berechtigte Gläubiger

Im Übrigen gibt es eine Vielzahl von Fällen, in denen das französische Recht den Gläubigern ein Zurückbehaltungsrecht gewährt. Wichtigstes Beispiel ist die Einrede der Nichterfüllung (*exception d'inexécution)* gestützt auf Art. 1131 C.civ[62].

Obwohl es sich hierbei nicht um ein Sicherungsrecht handelt, ist die Rechtsstellung eines zur Zurückbehaltung berechtigten Gläubigers der eines Sicherungsinhabers vergleichbar, teilweise sogar besser[63].

5. Eigentümer – ,le propriétaire'

Eine Sonderstellung genießt im französischen Insolvenzverfahren der Eigentümer. Die Anerkennung seines Eigentums und dessen Aussonderung (*action en revendication et en restitution*) wurde durch die Reform von 1994 erleichtert[64]. Das Eigentum hat im Insolvenzverfahren den Rang eines „außergewöhnlichen

---

59 Zur Frage, inwieweit diese den Besitzpfandgläubigern gleichgestellt werden vgl. unten Teil 2 A I 1 b (2) S.40; Teil 2 B I 2 c (2) S.85; Teil 2 B II 2 a (3) S.92; Teil 3 B III 3 S.97.

60 *Guyon,* Entreprises en difficulté, Rn.1343.

61 Zur Auswirkung der Hypothek als Sicherung im Insolvenzverfahren vgl. unten Teil 2 A I 1 b (5) S.42; Teil 2 A II 1 d (2) S.56; Teil 2 A VII S.75; Teil 2 B I 2 c (2) S.85; Teil 2 B II 2 a (2) S.92; Teil 2 B III 2 b S.96.

62 Req. 17.5.1938, DH 1938, 419.

63 Vgl. unten Teil 2 A I 1 b (2) S.40; Teil 2 A V 1 S.71; Teil 2 B I 2 c (2) S.85; Teil 2 B II 2 a (3) S.92; Teil 2 B III 3 a S.97.

64 Zur Rechtsstellung der zur Zurückbehaltung berechtigten Gläubiger vgl. unten Teil 2 A IV S.66; zur Stellung des Verkäufers als Eigentümer siehe unten Teil 2 A V S.70.

Sicherungsmittels", ohne jedoch den mit „echten" Sicherungsmitteln verbundenen Nachteilen ausgesetzt zu sein[65].

6. Leasinggeber – ‚le crédit bailleur'

Die Besonderheit des Leasinggebers liegt in seiner Doppelrolle. Er ist Vertragspartner eines Leasingvertrags und gleichzeitig Eigentümer[66] des Leasingguts. Seine Rechtsstellung als Vertragspartner wurde durch das Reformgesetz vom 10. Juni 1994 verbessert. Erstmals wurden eigene, den Leasingvertrag betreffende Regelungen in das französische Insolvenzgesetz vom 25.1.1985 aufgenommen.

7. Der Verkäufer beweglicher Sachen

Auch der Verkäufer hat eine besondere Stellung im französischen Insolvenzverfahren. Insbesondere der Eigentumsvorbehaltsverkäufer hat bessere Chance auf eine vollständige Befriedigung seiner Forderung als jeder andere Gläubiger[67].

IV. Neugläubiger

Neugläubiger, also Gläubiger, deren Forderungen nach Erlass eines Sanierungsplans oder nach Eröffnung eines Liquidationsverfahrens entstehen[68], stehen „außerhalb" des Insolvenzverfahrens und werden in keiner Weise am Verfahren beteiligt.

Ihre Forderungen stehen in einem „regulären" Gläubiger-Schuldner-Verhältnis, wobei Schuldner auch der Erwerber des Schuldnerunternehmens oder der Liquidator sein kann. Ihre Forderungen werden nach allgemeinen zivilrechtlichen Grundsätzen befriedigt.

---

65 So entgeht der Eigentümer jeder Rangordnung. Anders als andere „privilegierte" Gläubiger geht der Befriedigung seiner Forderung – der Herausgabe – keine andere Forderung vor. Die Befriedigung ist auch unabhängig von jeder Anmeldung seiner Forderung: *Pérochon,* Le vendeur de meubles, propriétaire, in: La situation des créanciers d'une entreprise en difficulté, S. 77.

66 Insoweit sei auf die Ausführungen zur Rechtsstellung des Eigentümers verwiesen.

67 Siehe ausführlich hierzu unten Teil 2 A I 1 b (4) S.42; Teil 2 A II 1 d (2) S.56; Teil 2 A V S.70.

68 Ausgenommen der Forderungen, die zwischen Erlass eines Veräußerungsplans und Realisierung der Veräußerung bzw. solcher i.S.v. Art. L. 622-10, vgl. oben Teil 1 A II S.28.

Teil 2 - Die Rechtsstellung der Gläubiger

A. Die Rechtsstellung der Gläubiger in der Beobachtungsphase

In der Beobachtungsphase werden die ökonomischen und sozialen Verhältnisse des Gemeinschuldners analysiert, um eine adäquate Entscheidung über das weitere Schicksal des Unternehmens wählen zu können. Entsprechend dem vorrangigen Ziel des französischen Insolvenzverfahrens, den Erhalt des Unternehmens sicherzustellen, dient die Beobachtungsphase nicht in erster Linie der Wahrung der Gläubigerinteressen, sondern der Feststellung und Erhaltung der Substanz des Unternehmens. Zu diesem Zweck werden die Geschäfte des Schuldnerunternehmens fortgeführt.

Um eine Unternehmensfortführung gewährleisten zu können, wird das Unternehmen den Maßnahmen seiner Gläubiger entzogen, hinsichtlich der Insolvenzforderungen wird dem Unternehmen in der Beobachtungsphase Ruhe gewährt.

Mit der Eröffnung des Insolvenzverfahrens wird den Insolvenzgläubigern der Zugriff auf das Schuldnervermögen entzogen. Die Insolvenzforderungen können zur Prüfung angemeldet werden, eine Befriedigung erfolgt während der Beobachtungsphase jedoch grundsätzlich nicht. Das Gesetz verbietet daher:

- Auf Insolvenzforderungen Zahlungen zu leisten, Art. L. 621-24,
- Forderungen fällig zu stellen, Art. L. 621-49,
- Sicherheiten für Insolvenzforderungen zu bestellen, Art. L. 621-50.

Darüber hinaus werden Gerichtsverfahren, welche auf Zahlung oder Auflösung des Vertrags wegen Nichterfüllung gerichtet sind, ebenso ausgesetzt wie Zwangsvollstreckungsmaßnahmen, die vor der Eröffnung des Insolvenzverfahrens eingeleitet wurden.

I. Allgemeine Auswirkungen der Eröffnungsentscheidung auf die Gläubiger

1. Verbot der Zahlung von Insolvenzforderungen

Gemäß Art. L. 621-24 Abs. 1 löst das Eröffnungsurteil ein grundsätzliches Verbot von Zahlungen auf solche Forderungen aus, die vor dem Eröffnungsurteil entstanden sind aus. Dieses Prinzip kennt jedoch einige Ausnahmeregelungen.

a. Das Prinzip des Art. L. 621-24

Vom Zahlungsverbot des Art. L. 621-24 sind nur Insolvenzforderungen betroffen. Dabei wird nicht zwischen gesicherten und ungesicherten[69] oder fälligen und nicht fälligen[70] Forderungen unterschieden.

(1) Der Begriff des Zahlungsverbots

In Literatur und Rechtssprechung umstritten ist die Auslegung des Begriffs des Zahlungsverbots (*interdiction de paiement*) in Art. L. 621-24.

Eine Mindermeinung in der Literatur verlangt eine weite Auslegung der Vorschrift. Das Verbot beziehe sich nicht nur auf Geldzahlungen, sondern auch auf die Lieferung einer Sache, die Eigentumsübertragung und sonstige Verpflichtungen zur Vornahme einer Handlung[71]. Dafür spreche der Sinn und Zweck der Regelung. Durch das Zahlungsverbot solle die Fortsetzung der Unternehmenstätigkeit mit Blick auf eine Sanierung des Unternehmens sichergestellt werden, was im Fall eines Abzugs der letzten Vermögenswerte gefährdet sein könnte[72]. Eine Fortsetzung der Unternehmenstätigkeit könne jedoch auch dadurch gefährdet werden, wenn das verbleibende Vermögen größtenteils aus einem vorhande-

69 Com. 9.4.1991, JCP éd. E 1991, I, 102, Nr. 19, Anm. Cabrillac/Pétel; JCP éd. E 1991, II, 232, Anm. Le Corre; Com. 11.4.1995, Bull. civ. IV, Nr. 124; JCP éd. *Guyon,* Entreprises en difficulté, 1996, I, 3896, Nr. 4, Anm. Pétel; Com. 24.10.1995, JCP éd. E. 1996, II, 782, Anm. E. Putman; Com. 9.7.1996, D. Affaires 1996, S. 1037;; Com. 26.5.1999, RJDA 8-9/99, Nr. 961; *Le Corre,* Pratique des procédures collectives, Rn. 676 ; *Saint-Alary-Houin,* Droit des entreprises en difficulté, Rn. 740.

70 Com. 8.7.1993, Bull. civ. IV, Nr. 233; *Le Cannu/Lucheux/Pitron/Senechal,* Entreprises en difficulté, Rn. 642 ; *Pérochon-Bonhomme,* Entreprises en difficulté, Rn. 176-2 ; *Le Corre,* Pratique des procédures collectives, Rn. 676.

71 *Soinne,* Traité théorique et pratique des procédures collectives, *Rn. 1305.*

72 *Derrida/Godé/Sortais,* Redressement et liquidation judiciaire des entreprises, Rn. 31 f. ; *Ripert/Roblot,* Procédures collectives de redressement et de liquidation, Rn. 3038 ; *Pérochon-Bonhomme,* Entreprises en difficulté, Rn. 176-1 ; *Le Corre,* Pratique des procédures collectives, Rn. 676.

nen Warenlager bestehe und die Ware ausgeliefert werde, insbesondere wenn der Verkäufer bereits bezahlt habe[73]. Außerdem spreche für eine weite Auslegung des Wortlauts der im französischen Insolvenzverfahren geltende Gläubigergleichbehandlungsgrundsatz (*principe d'égalité entre les créanciers*) (Prinzip der Gleichheit zwischen den Gläubigern). Es sei nicht einzusehen, warum ein Kunde, der auf die Lieferung einer von ihm bereits gezahlten Ware wartet, besser behandelt werde als derjenige, der seinerseits geliefert habe und nun auf die Zahlung warte[74].

Nach herrschender Meinung in Literatur und Rechtsprechung bezieht sich das Verbot des Art. L. 621-24 Abs. 1 ausschließlich auf Geldzahlungen, sei es in bar, mit Scheck oder Indossament eines Wechsels[75]. Zulässig ist nach dieser Ansicht demnach die Erfüllung aller Ansprüche, solange sie nicht auf Zahlung einer Geldsumme gerichtet sind. Für diese Ansicht spricht insbesondere der eindeutige Wortlaut des Art. L. 621-24 Abs. 1[76].

Allerdings hat die *Cour de cassation* den Begriff der „Zahlung" in zwei Entscheidungen auf solche Handlungen ausgedehnt, die nur mittelbar zur Zahlung eines Geldbetrages führen. Angenommen wurde dies für den Fall, in dem der Schuldner die Handlung nicht selbst vornehmen kann, sondern seinerseits einen Dritten gegen Geldzahlung zur Vornahme beauftragt[77].

Von dem Zahlungsverbot erfasst sind jedoch nur Zahlungen durch den Schuldner mit (unmittelbarer) Rechtswirkung für bzw. gegen diesen. Handelt er dagegen als Vertreter[78] oder zahlt ein Bürge oder sonst eine dritte Person[79], greift Art. L. 621-24 Abs. 1 Satz 1 nicht.

---

73 *Soinne*, Traité théorique et pratique des procédures collectives, Rn. 1305.

74 *Soinne*, Traité théorique et pratique des procédures collectives, Rn. 1305.

75 Com. 28.3.1995, Bull. civ. IV, Nr. 103-104; Rev.trim.dr. Com. 1996, 338, Anm. A. Martin-Serf; Com. 5.10.1993, RJDA 1994, Nr. 206; *Derrida/Godé/Sortais*, Redressement et liquidation judiciaire des entreprises, Rn. 379 ; *Saint-Alary-Houin*, Droit des entreprises en difficulté, Rn. 740 ; *Le Corre*, Pratique des procédures collectives, Rn. 676 ; *Pérochon-Bonhomme*, Entreprises en difficulté, Rn. 676-3 ; *Vallansan*, Redressement et liquidation judiciaire, 86.

76 Art. L. 621-24 Abs. 1 S.1: „Le jugement ouvrant la procédure emporte, de plein droit, interdiction de payer toute créance née antérieurement au jugement d'ouverture".

77 Es ging in den Fällen um die Errichtung bzw. den Abriss eines Bauwerks: Com. 9.7.1996, Bull. civ., IV, Nr. 210; JCP éd. E 1997, I. 623, Nr. 2, Anm. M. Cabrillac; Rev.proc.coll. 1997, 67, Nr. 20, Anm. M.-H. Monsèrié; Rev.trim.dr.com. 1997, 684, Anm. A. Martin-Serf; Com. 17.6.1997, Bull. civ., IV, Nr. 192; D. 1997, Somm. 311, Anm. Honorat; Rev.proc.coll. 1998, 282, Anm. Macorig-Venier.

78 Com. 5.10.1993, RJDA 1994, 331.

79 Com. 21.11.1995, RJDA 1996, Nr. 554 ; Com. 24.11.1998, JCP éd. E 1998, pan. 1946 ; CA Paris 20.9.1992, D. 1993, IR, 39.

(2) Rechtsfolgen der Nichtbeachtung des Zahlungsverbots

Die Nichtbeachtung eines Zahlungsverbots führt zu folgenden Sanktionen:

- Jede Zahlung entgegen Art. L. 621-24 Abs. 1 kann innerhalb von drei Jahren seit Vornahme der Zahlung auf Antrag eines jeden *intéressé*[80] annulliert werden. Der gezahlte Betrag ist zurück zu zahlen und wird der Masse zugeschlagen[81].
- Gemäß Art. L. 625-5 kann ein Verstoß gegen das Zahlungsverbot zur *faillite personnelle* führen[82]. Ist der Schuldner Kaufmann, kann er sich wegen *banqueroute* strafbar machen[83].
- Auch für den Gläubigervertreter kann die Missachtung des Verbots schwere Folgen auslösen. Gemäß Art. 314-1 Code pénal wird derjenige, der sich nach Verkündung des Eröffnungsurteils einen persönlichen Vorteil einräumen lässt, mit bis zu drei Jahren Freiheitsstrafe und einer Geldstrafe von bis zu 2,5 Mio. FF bestraft.
- Gemäß Art. L. 626-8 Ziff. 1 ist die Zuwiderhandlung gegen das Zahlungsverbot des Art. L. 621-24 mit einer Geldstrafe von € 30.000,- oder mit zwei Jahren Freiheitsstrafe strafbar.

b. Ausnahmeregelungen

Vom Verbot, auf Insolvenzforderungen Zahlungen zu leisten, sieht das Insolvenzgesetz einige Ausnahmen vor.

(1) compensation

Gemäß Art. L. 621-24 Abs. 1 Satz 2 bleibt vom Zahlungsverbot die Zulässigkeit einer Aufrechnung (*compensation)*[84] konnexer Forderungen unberührt, obwohl

---

80 Intéressé ist jeder von der Zahlung Betroffene, insbesondere also die Gläubiger und der Schuldner.

81 Com. 19.1.1999, Act.proc.coll. 1999, Nr. 65. ; *Saint-Alary-Houin*, Droit des entreprises en difficulté, Rn. 741.

82 Vgl. zur *faillite personnelle* Glossar S.149 ff.

83 Gemäß Art. L. 626-3 ist die *banqueroute* mit einer Freiheitsstrafe von bis zu fünf Jahren und einer Geldstrafe von bis zu 500.000,00 FF bedroht.

84 Die *compensation* ist in Art. 1289 ff. C. Civ. geregelt. Die *compensation* entspricht im Wesentlichen der Aufrechnung im deutschen Recht. Der Hauptunterschied zur Aufrechnung nach deutschem Recht ist, dass es keiner Aufrechnungserklärung bedarf und eine Aufrechnung gemäß Art. 1290 C. Civ. auch in Unkenntnis der Schuldner erfolgen kann.

die *compensation* im französischen Recht als eine Zahlungsmodalität angesehen wird[85].

Voraussetzung für eine Aufrechnung gemäß Art. L. 621-24 Abs. 1 Satz 2 ist, dass die Forderung des Gläubigers unbestritten[86], fällig[87], gegenseitig[88], zur Forderungstabelle angemeldet ist[89] und zwischen ihr und der Gegenforderung eine Konnexität[90] besteht[91].

Der Begriff der Konnexität im Sinne von Art. L. 621-24 Abs. 1 Satz 2 wird im Gesetz nicht definiert. Der französische Gesetzgeber hat mit dieser Vorschrift lediglich die Rechtsprechung des französischen Kassationshofs festgeschrieben. Damit behalten die in diesem Zusammenhang ergangenen Urteile weiter Geltung[92].

Danach liegt Konnexität vor, wenn der Anspruch des Gläubigers und der Gegenanspruch des Schuldners auf demselben rechtlichen Verhältnis beruhen[93]. Dies wird im Einzelnen sehr großzügig gehandhabt[94].

---

85 *Sain-Alary-Houin*, Droit des entreprises en difficulté, Rn. 745; *Pérochon-Bonhomme*, Entreprises en difficulté, Rn. 178-1, die auf den Wortlaut des Art. L. 621-24 Abs. 1 S.2 verweisen: „paiement par compensation“ – „paiement“=Zahlung.

86 Com. 19.3.1991, Rev.proc.coll. 1991-2, 211, Anm. C. Saint-Alary-Houin; Com. 21.1.1992, RJDA. 4/92, Nr. 392; Com. 25.5.1993, BRDA. 12/93, Nr. 1082; Com. 6.2.1996, Bull. civ. IV. Nr. 34.

87 Com. 27.10.1998, RJDA 1999, Nr. 206, *Chaput,* Droit des entreprises en difficulté, Rn. 336 ; *Saint-Alary-Houin*, Droit des entreprises en difficulté, Rn. 748.

88 Com. 27.4.1993, Les Petites affiches, 28.9.1994, 23, Anm. Honorat/Romani; Com. 28.3.1995, Rev.trim.dr.com. 1996, 127, Anm. Martin-Serf.

89 Com. 8.11.1988, Rev.proc.coll. 1989, Nr. 2, 159; Com. 20.2.1994, JCP. 1994, II, 22267; Com. 6.2.1996, JCP 1996, IV, 755; Com. 25.11.1997, RJDA. 4/98, Nr. 466, 434; Com. 26.10.1999, RJDA 1/00, Nr. 46 ; Com. 14.11.2000, Act.proc.coll. 2001/1, Nr. 7, Anm. J. Vallansan; Com. 21.11.2000, Gaz. Pal./6.1.2001, pan. 21.

90 Wortlaut des Art. L. 621-24 Abs. 1 Satz 2. Diese Vorschrift, eingefügt durch das Reformgesetz vom 10. Juni 1994 bestätigt die Rechtsprechung des Kassationshofs, der durch sein Grundsatzurteil vom 19.3.1991 (Rev.proc.coll. 1991-2, S. 211, Anm. C. Sain-Alary-Houin) die *compensation* nach Eröffnung des Insolvenzverfahrens zwischen Forderungen für zulässig erklärt hat, wenn zwischen ihnen eine Konnexität besteht.

91 Die Zulassung einer *compensation* in bestimmten Fällen war in Rechtsprechung und Literatur lange umstritten (siehe hierzu *Saint-Alary-Houin*, Droit des entreprises en difficulté, Rn. 746 m. w. N.). Erst im Zuge der Reform vom 10 Juni 1994 wurde der Streit zugunsten einer Zulassung endgültig entschieden.

92 *Le Corre*, Pratique des procédures collectives, Rn. 707.

93 Com. 19.3.1991, JCP E 1991, II, 174.

94 *Pérochon-Bonhomme*, Entreprises en difficulté, Rn. 178-1, *Saint-Alary-Houin*, Droit des entreprises en difficulté, Rn. 748 ; *Calendini*, La compensation des créances connexes dans le redressement judiciaire, Banque et droit, 1992, S. 76, Spéc. Nr. 15 ff.; *Calendini,* Commercial, fasc. 2372, Redressement et liquidation judiciaires – Si-

So wird Konnexität in folgenden Fällen bejaht:

- wenn Forderung und Gegenforderung im selben Vertrag oder Schuldverhältnis ihre Grundlage haben[95];
- wenn Anspruch und Gegenanspruch in einem inneren natürlichen und wirtschaftlichen Zusammenhang stehen[96].

Dagegen genügt es nicht, dass Anspruch und Gegenanspruch in einer ständigen Geschäftsverbindung begründet sind, sofern die verschiedenen Verträge nicht als eine natürliche Einheit erscheinen[97].

Außerhalb der vorgenannten Fälle stellt sich die Rechtsprechung bei einer Bejahung der Konnexität als sehr restriktiv dar[98].

(2) Zahlung auf Forderungen von Besitzpfandrechtsgläu-bigern und zur Zurückbehaltung Berechtigten

Eine weitere Ausnahme vom allgemeinen Zahlungsverbot sieht der Gesetzgeber in Art. L. 621-24 Abs. 3 vor. Danach darf mit Genehmigung des *juge commissaire* auf eine vor Verfahrenseröffnung entstandene und durch ein Besitzpfandrecht gesicherte Forderung gezahlt werden, wenn die Pfandsache zur Fortfüh-

---

tuation des créanciers – Compensation, Nr. 62 ; *Reifegerste*, Petites affiches, 4. April 2000, S. 6, *Nedjaoui*, Petites affiches, 22. Januar 1996, S. 7.

95 Civ. 11.7.1958, D. 1958, somm., 561, Com. 13.2.1979 Bull. civ. IV, Nr. 58; Com. 29.2.2000, Dict.perm.Diff.entreprises, Bull. 199, 6285, Compensation, Nr. 38 ; Com. 14.11.2000, Act.proc.coll. 2001/1, Nr. 7, Anm. J. Vallansan.

96 Com., 6.2.1996, Bull. civ. IV, Nr. 34; Com. 6.1.1998, D. Aff. 1998, 382 ; Com. 9.5.1995, Bull. civ. IV, Nr. 130; Com. 9.11.1982, D. 1983, 466, Anm. A. Honorat; Com. 10.9.1989, Bull. civ. IV, Nr. 153; Com. 19.3.1991, Bull. civ. IV, Nr. 105; Com. 12.12.1995, Bull. civ. IV, Nr. 293, RD Bancaire et Bourse 1996, 64, Anm. Campana/Calendini ; Com. 4.6.1996, Rev.trim.dr. civ. 1997, 135, Anm. J. Mestre; Com. 1.4.1997, Dr. Sociétés 1997, comm. 102, Anm. Y. Chaput ; Com. 6.5.1997, JCP éd. G, 1997, IV, 1351 ; Com. 13.10.1989, Dict.perm.diff. des entreprises, Bull. 177, 10. November 1998, 6640, Compensation, Nr. 53 ; Com. 23.11.1999, Act.proc.coll. 2000/1, Nr. 8.

97 CA Lyon, 13.10.1995, D 1995, IR S. 257; Com. 7.7.1998, Bull. civ., IV, Nr. 220; CA Lyon 11.2.2000, Rev.trim.dr. com. 2001, 147, Anm. J. P. Chazal/Y. Reinhardt.

98 *Le Corre*, Pratique des procédures collectives, Rn. 709, *Pérochon-Bonhomme*, Entreprises en difficulté, Rn. 178-1, S. 171 f. m.w.N. So wurde in einer neueren Entscheidung die Konnexität zwischen einem Anspruch aus Vertrag und einem Schadensersatzanspruch wegen Nichterfüllung aus demselben Vertrag verneint: Com. 6.1.1998, D. Aff. 1998, 382, Anm. Pérochon-Bonhomme ; Com. 22.4.1997, Quot. Jur. 22.5.1997, 5; Com. 14.5.1996, Bull civ., IV, Nr. 133.

rung der Geschäftstätigkeit erforderlich ist. Dies gilt auch für Insolvenzgläubiger, die sich berechtigterweise auf ein Zurückbehaltungsrecht berufen[99]. Art. L. 621-24 Abs. 3 gilt jedoch nur für Besitzpfandrechte[100].

Obwohl weder dem Pfandgläubiger selbst noch dem Gläubigervertreter, sondern nur dem Insolvenzverwalter bzw. dem Schuldner die Möglichkeit eingeräumt wird, einen Antrag gemäß Art. L. 621-24 Abs. 3 beim *juge-commissaire* zu stellen[101] verdeutlicht die Vorschrift dennoch, dass der Inhaber eines Besitzpfandrechts und der zur Zurückbehaltung Berechtigte bereits in einem frühen Stadium des Insolvenzverfahrens gute Aussichten haben, dass ihre Forderungen vollständig erfüllt werden[102].

(3) Zahlung rückständiger Arbeitnehmerforderungen

Auch die Zahlungen auf im Zeitpunkt der Eröffnung des Insolvenzverfahrens rückständige Löhne und Gehälter unterliegen nicht dem allgemeinen Zahlungsverbot des Art. L. 621-24 Abs. 1 Satz 1.

Es besteht sogar ein Zahlungsgebot. Gemäß Art. L. 621-131 i.V.m. Art. L. 143-10, L. 143-11, L. 742-6 und L. 741-15 des Code du travail sind innerhalb von 10 Tagen rückständige, vor Eröffnung des Verfahrens entstandene Lohn- oder Gehaltsansprüche zu zahlen, wenn für diese ein sog. *superprivilège* besteht[103]. Soweit darüber hinaus noch Lohn- oder Gehaltsforderungen bestehen,

---

99 Zu den Pfandrechten und Zurückbehaltungsrechten nach französischem Recht siehe oben Teil 1 B III S.30 und 32, Teil 2 A VI S.74.

100 CA Nancy 20.5.1986, Rev.proc.coll. 1986, Nr. 4, 59; T.com. Nancy 22.5.1988, Les Petites affiches, Nr. 94, 48; Com. 9.4.1991, Bull.civ. IV, Nr. 131; *B. Soinne*, Traité théorique et pratique des procédures collectives, Rn. 1307 ; *Saint-Alary-Houin*, Droit des entreprises en difficulté, Rn. 525 ; *Pourquier*, Faculté de rétention et procédures collectives, D. Aff. 1998, 936 ; *Derrida/Godé/Sortais*, Redressement et liquidation judiciaire des entreprises, Rn. 381 ; *Le Maigat*, L'efficacité du droit de rétention du créancier gagiste dans les procédures collectives, Petites affiches, 6. Dezember 1999, Nr. 242, S. 10 ; Eine Mindermeinung in der Literatur möchte auch besitzlose Pfandrechte mit einem fiktiven Besitzrecht mit einbeziehen: *Guyon*, Entreprises en difficulté ,Rn. 1299 ; *Pérochon-Bonhomme*, Entreprises en difficulté, Rn. 178-2.

101 CA Dijon, 23.5.1995, Gaz.Pal. 1998, 1, Somm. 380; Com., 2.3.1999, Act.proc.coll. 1999, Nr. 90.

102 Vgl. im Übrigen zur Stellung des Pfandrechtsgläubigers unten Teil 2 A VI S. 74.

103 Ein sog. „superprivilège" besteht für Lohn- und Gehaltsansprüche der letzten 60 Arbeitstage vor Verkündung des Eröffnungsurteils, Art. L. 143-10 Code de Travail. Allerdings ist zum Schutz der insolventen Unternehmen die Höhe auf den zweifachen Höchstsatz der *sécurité sociale* gemäß Art. L. 143-10 Abs. 2 i.V.m. Art. D. 143-1-2 und 3 Code du travail begrenzt.

sind diese gemäß Art. L. 621-31 i.V.m. Art. L. 143-11-7 innerhalb von drei Monaten ab Eröffnung des Insolvenzverfahrens, also regelmäßig während der Beobachtungsphase, zu befriedigen.

Gemäß Art. L. 621-131 Abs. 2 ist jedenfalls ein Monatsgehalt als Vorschuss auf die ausstehenden Löhne und Gehälter auszuzahlen.

(4) Befriedigung des Eigentumsvorbehaltsverkäufers

Gemäß Art. L. 621-122 kann der Verkäufer einer unter Eigentumsvorbehalt gelieferten Sache im Falle der Insolvenz die Herausgabe der Sache verlangen. Um diesen Anspruch abzuwenden, kann der Insolvenzverwalter bzw. der Schuldner die Kaufpreisforderung entgegen dem allgemeinen Zahlungsverbot gemäß Art. L. 621-24 Abs. 1 Satz 1 befriedigen[104].

(5) Provisorische Zahlungen

Gemäß Art. L. 621-25 Abs. 2 kann der *juge commissaire* im Fall der Veräußerung eines mit einem *privilège spécial*, einem besitzlosen Pfandrecht oder einer Hypothek belasteten Sache eine provisorische (Teil-)Zahlung an die Inhaber dieser Rechte anordnen. Jeder dieser Rechtsinhaber kann gemäß Art. D. 55-1 Abs. 2 einen entsprechenden Antrag stellen. Der *juge commissaire* entscheidet nach Anhörung des Insolvenzverwalters bzw. des Schuldners und des Gläubigervertreters auf Grundlage der Forderungsanmeldung und der vom Gläubiger beigefügten Nachweise. Allerdings ist der Gläubiger grundsätzlich verpflichtet, eine sog. *garantie bancaire* beizubringen, Art. L. 621-25 Abs. 2 Satz 2[105].

2. Nichtigkeit von Fälligkeitsvereinbarungen

Art. L. 621-49 Satz 1 bestimmt, dass mit Eröffnung des Insolvenzverfahrens nicht fällige Forderungen nicht automatisch fällig gestellt werden. Gemäß Art. L. 621-49 Satz 2 ist ferner jede entgegen Art. L. 621-49 Satz 1 getroffene Vereinbarung nichtig. Für die Insolvenzgläubiger hat die Vorschrift unmittelbar nur eine untergeordnete Bedeutung, da der Schuldner auf fällige Forderungen der Insolvenzgläubiger gemäß Art. L. 621-24 nicht zahlen darf[106].

---

104 Zu den Einzelheiten vergleiche unten Teil 2 A V S.70.

105 Die *garantie bancaire* entspricht einer Bankbürgschaft. Siehe hierzu auch unten „Die Rechtsstellung des Hypothekengläubigers Teil 3 A VII S.75.

106 Vgl. oben Teil 2 A I 1 a S.36; Etwas anderes gilt aber in den Fällen eines Veräußerungsplans und der Liquidation, siehe unten Teil 2 B II 2 und III 1 S.91 u. S.94.

Von Bedeutung ist die Regelung jedoch insofern, als die Gläubiger mangels Fälligkeit auch die Bürgen nicht in Anspruch nehmen können[107]. Vereinbarungen im Bürgschaftsvertrag, wonach der Bürge im Falle der Insolvenz des Schuldners sofort, also unabhängig davon, ob die Hauptforderung fällig ist oder nicht, in Anspruch genommen werden kann, sind unwirksam[108].

3. Verbot bzw. Aussetzung von Einzelverfolgungsmaßnahmen

Mit Erlass des Eröffnungsurteils sind Einzelverfolgungsmaßnahmen wegen solcher Insolvenzforderungen verboten bzw. auszusetzen.

a. Verbot bzw. Aussetzung von Gerichtsverfahren

Gemäß Art. L. 621-40 Abs. 1, der für alle Verfahrensarten gilt[109], ist die Eröffnung eines Gerichtsverfahrens gegen das Schuldnerunternehmen verboten bzw. werden laufende Gerichtsverfahren ausgesetzt, wenn sie mit dem Ziel geführt werden, den Schuldner zur Zahlung zu verurteilen oder die Vertragsauflösung wegen Nichterfüllung einer Geldschuld festzustellen[110].

(1) Tragweite

Nach dem Wortlaut des Gesetzes werden nur solche Verfahren erfasst, die eine Geldschuld zum Gegenstand haben. Damit sind Verfahren gegen den Gemeinschuldner, die die Vornahme oder das Unterlassen einer bestimmten Handlung zum Gegenstand haben, zulässig[111]. Etwas anderes gilt nach einem Grundsatzurteil des Kassationshofs vom 17.7.1997, wenn die Handlung, deren Vornahme

---

107 Com. 14.11.1992, Bull. civ., IV, n°285; Com. 2.3.1993, Bull. civ., IV, n°79; Com. 3.1.1995, Rev.proc.coll 1995, 324, Anm. E. Kerckhove; Com. 20.6.1995, D. 1996, 426, Anm. E. Bazin; Com. 3.3.1998, RJDA 7/98, S.648, n°893.

108 Com. 14.11.1989, Rev.trim.dr.com. 1990, 494, Anm. A. Martin-Serf; Com. 2.3.1993, D. 1993, IR., 91.

109 *Saint-Alary-Houin*, Droit des entreprises en difficulté, Rn. 754, *Le Corre*, Pratique des procédures collectives, Rn. 639, *Guyon*, Entreprises en difficulté, Rn. 1240.

110 Unter bestimmten Voraussetzungen ist der Verkäufer beweglicher Sachen berechtigt, die Auflösung des Kaufvertrags wegen Nichterfüllung zu verlangen, vgl. unten Teil 2 A V 2 b (2) S.72.

111 Soc. 17.10.1989, Rev.proc.coll., 1990-3, 226, Anm. Saint-Alary-Houin ; Com. 26.10.1999, RJDA 12/99, Nr. 1352; Com. 1.2.2000, RJDA 5/00, Nr. 557; CA Paris 13.3.1998, RJDA 8-9/98, Nr. 1005; CA Toulouse 13.2.1991, Rev.proc.coll. 1991-2, 207, Anm. Saint-Alary-Houin ; Com. 28.3.1995, Bull.civ. IV, Nr. 103 ; Com. 12.5.1992, Rev.trim.dr.com. 1992, S. 683, Anm. Y. Chaput.

eingeklagt wird, mittelbar eine Zahlungsverpflichtung des Schuldners begründet. Dies ist dann der Fall, wenn er die eingeklagte Handlung nicht selbst vornehmen kann, sondern seinerseits einen Dritten beauftragen muss[112].

(2) Schicksal der ausgesetzten Verfahren

Gemäß Art. L. 621-41 werden Verfahren, welche gemäß Art. L. 621-40 Abs. 1 ausgesetzt wurden, wieder aufgenommen, sobald der Insolvenzgläubiger seine eingeklagte Forderung angemeldet hat. Im weiteren Fortlauf des Verfahrens kann jedoch nur noch der Bestand und die Höhe der Forderung festgestellt werden.

(3) Fortführung des Verfahrens gegen Dritte

Das Verbot bzw. die Aussetzung von Gerichtsverfahren gemäß Art. L. 621-40 Abs. 1 bezieht sich grundsätzlich nur auf Verfahren gegen den Schuldner bzw. das Schuldnerunternehmen[113]. Damit bleiben Verfahren gegen Gesamtschuldner[114], gegen den Geschäftsführer des Schuldnerunternehmens[115] und gegen Dritte möglich[116].

Eine Sonderregelung besteht jedoch im Falle der Geltendmachung von Ansprüchen gegenüber dem Bürgen. Vorab ist darauf hinzuweisen, dass es dem Insolvenzgläubiger – ungeachtet der Bürgschaft – obliegt, seine Forderung gegen den Schuldner anzumelden, da andernfalls die Bürgschaft aufgrund ihrer Akzessorietät ebenfalls untergeht[117]. Im Übrigen differenziert Art. L. 621-48 Abs. 2

112 Com., 17.6.1997, Bull. civ. IV, Nr. 192 ; Rev.dr.banc 1997, Nr. 62, 176, Anm. Campana/Calendini; In dem Fall ging es um die Verpflichtung eines Unternehmens zur Errichtung einer Stützmauer.

113 *Saint-Alary-Houin*, Droit des entreprises en difficulté, Rn. 758 ; *Le Corre*, Pratique des procédures collectives, Rn. 629 ; *Pérochon-Bonhomme*, Entreprises en difficulté, Rn. 185 ; *Alix*, Les poursuites individuelles non suspendues par l'ouverture d'une procédure de redressement judiciaire, Gaz. Pal. 1996, I, doct. 412.

114 Civ., 22.11.1978, JCP 1980, II, 19296; Civ. 14.11.1989, Rev.proc.coll. 1990-3, 226, Nr. 6, Anm. Saint-Alary-Houin.

115 Com., 15.2.1995, BRDA 5/95, Nr. 643 ; Com. 21.6.1994, RJDA 1994, 1208; Crim. 24.1.1994, RJDA 1994, Nr. 590.

116 CA Paris 27.11.1990, JCP 1992, éd. G, II, 21782, Anm. Ph. Dubois (Subunternehmer gegen Bauherrn); Com. 18.4.1989/18.7.1989, Rev.proc.coll. 1990-3, 226, Anm. Saint-Alary-Houin; Com. 15.2.2000, éd. Juris-classeur, Procédures, 2000, Nr. 124 (Opfer gegen Unfallversicherung).

117 Com. 17.7.1990, JCP 1991, éd. E II, 101, Anm. Amlon; Siehe hierzu unten Teil 2 A II 1 d S.55.

Satz 1 danach, ob es sich beim Bürgen um eine natürliche oder eine juristische Person handelt.

Verfahren gegen den Bürgen sind, soweit es sich um eine natürliche Person handelt, zwischen Eröffnung des Insolvenzverfahrens bis zum Ende der Beobachtungsphase auszusetzen, Art. L. 621-48 Abs. 2 Satz 1.

Klagen gegen Bürgen, soweit es sich um juristische Personen handelt, bleiben demgegenüber zulässig[118], e contrario Art. L. 621-48 Abs. 2 Satz 1.

b. Verbot bzw. Aussetzung von Zwangsvollstreckungsmaßnahmen

Gemäß Art. L. 621-40 Abs. 2 sind mit dem Eröffnungsurteil ferner Zwangsvollstreckungsmaßnahmen in das bewegliche und unbewegliche Vermögen des Schuldners verboten bzw. auszusetzen. Auch diese Regel bezieht sich nur auf Insolvenzgläubiger einschließlich der Arbeitnehmer[119]. Diese Regel gilt unabhängig von der Art des zu vollstreckenden Titels[120] und betrifft alle Arten von Zwangsvollstreckungsmaßnahmen einschließlich solcher, die lediglich sichernden und/oder vorläufigen Charakter haben[121]. Auch diese Vorschrift dient der Wahrung des Grundsatzes der Gleichbehandlung der Insolvenzgläubiger[122].

Das Gebot, Zwangsvollstreckungsmaßnahmen auszusetzen, verpflichtet den Insolvenzgläubiger zur *mainlevée*[123]. Verweigert er diese, wird seine Erklärung durch die Gerichte ersetzt[124]. Die Kosten der *mainlevée* trägt der Gläubiger[125].

---

118 *Chaput*, Droit des entreprises en difficulté, Rn. 586 ; *Pérochon-Bonhomme*, Entreprises en difficulté, Rn. 184.

119 TA Limoges 20.5.1997 und CA Toulouse 5.5.1998, Rev.proc.coll. 1999, 107, Nr. 19, Anm. P. Canet.

120 Com. 23.6.1998, Act.proc.coll. 1998/11, Nr. 147.

121 Com. 13.10.1998, D. aff. 1998, Nr. 142, 2018; Civ. 19.5.1998, BRDA 18/98, 7; Com. 2.2.1998, RJDA 3/99, 258, Nr. 310; Com. 22.4.1997, BRDA 9/97, 11; Com. 19.5.1999, JCP 1999, I, S. 1531; Com. 2.2.1999, Act.proc.coll. 1999, Nr. 5, 1, Anm. M. Cadiou; *Tastevin*, Le principe de "l'effet attributif immédiat" des saisies et le droit des entreprises en difficulté, Les Petites affiches 1999, n°207,6.

122 *Pérochon-Bonhomme*, Entreprises en difficulté Rn. 185; *Campana*, D. 1996, 147, *Sénéchal*, Procédures civiles d'exécution et procedures collectives, Les Petites affiches 22.12.1999, Nr. 254, S. 34;. *Canet*, Les voies d'exécution issues de loi du 9. juillet 1991 relative au redressement et à la liquidation judiciaires, Rev.proc.coll. 1995, 265.

123 Die *mainlevée* ist die Freigabe gepfändeter Gegenstände; CA Paris 12.12.1995, Rev.proc.coll. 1996, 221, Nr. 6, Anm. P. Canet; Com. 4.1.2000, Act.proc.coll. 2000/5, Nr. 48.

124 Com. 2.2.1999, JCP, E, 1999, pan. 553, Anm. M. Cadiou.

125 *B. Soinne*, Traité théorique et pratique des procédures collectives, Rn. 1045.

Art. L. 621-40 Abs. 2 erstreckt sich nur auf Zwangsvollstreckungsmaßnahmen, die im Zeitpunkt des Eröffnungsurteils noch laufen bzw. noch nicht eingeleitet sind. E contrario nicht erfasst werden Zwangsvollstreckungsmaßnahmen, die bereits vor dem Eröffnungsurteil beendet worden sind; hier bleiben die Rechte des Vollstreckungsgläubigers auch nach der Eröffnung des Insolvenzverfahrens erhalten[126].

4. Unterbrechung des Zinslaufes

Gemäß Art. L. 621-48 Abs. 1 wird mit dem Eröffnungsurteil der Zinslauf endgültig[127] unterbrochen. Dies betrifft gleichermaßen gesetzliche und vertragliche Zinsen, Verzugszinsen sowie Zuschläge.

Mit dieser Regelung werden im Interesse einer Sanierung des Schuldnerunternehmens die Rechte der Insolvenzgläubiger nachhaltig eingeschränkt[128]. Zum einen wird eine Erhöhung der bestehenden Verbindlichkeiten durch auflaufende Zinsen verhindert. Zum anderen wird dadurch die Feststellung der bestehenden Verbindlichkeiten durch den Insolvenzverwalter erleichtert[129].

Andererseits soll mit dieser Regelung die Gleichheit unter den Gläubigern gewahrt werden[130].

Masseforderungen bleiben hiervon ausgenommen[131].

---

126 Zur Frage, wann welche Vollstreckungsmaßnahme als vor dem Eröffnungsurteil beendet gilt, vgl. *Saint-Alary-Houin*, Droit des entreprises en difficulté, Rn. 757 m.w.N.

127 Soc. 10.12.1996, Bull.civ., V, n°434.

128 *Ripert/Roblot,* Procédures collectives de redressement judiciaire et de liquidation judiciaire, Rn. 2987 ; *Boizard,* Les intérêts bancaires débiteurs et la procédure de redressement judiciaire ou de liquidation judiciaire, *JCP éd. E 1988, Cah.dr.entr., Nr. 18, 26; Kornmann,* Intérêts garantis et procédures collectives, Gaz.pal. 1990, 1, Doc., 332 *; Legras de Grandcourt,* Les intérêts des créances bancaires et les procédures de redressement ou de liquidation judiciaire, Rev.proc.coll. 1990, Nr. 1, 45 *;Soinne, Rev.proc.coll. 1988, 213.*

129 *Soinne*, Traité théorique et pratique des procédures collectives, Rn.1986 ; *Pétel*, Procédures collectives, Rn.208 ; *Pérochon-Bonhomme,* Entreprises en difficulté, Rn.186 ; *Kerckhove*, Procédures collectives, Rn. 538.

130 *Ripert/Roblot,* Procédure collectives de redressement et de liquidation, S. 902, Rn. 2987 ; *Pétel,* Procédures collectives, Rn. 208 ; *Pérochon-Bonhomme*, Entreprises en difficulté, Rn. 186 ; *Saint-Alary-Houin,* Droit des entreprises en difficulté, Rn. 773.

131 Com. 20.6.2000, RJDA 11/00, n°1008.

a. Die Folgen für die Bürgschaft

Vor der Gesetzesreform von 1994 war in Literatur und Rechtsprechung umstritten, ob sich Bürgen auf den Untergang der Zinsforderung für die Zeit ab Eröffnung des Insolvenzverfahrens gemäß Art. L. 621-48 berufen können[132].

Der Gesetzgeber hat diesbezüglich mit Einführung des Art. L. 621-48 Abs. 1 Satz 2 mehr Klarheit geschaffen. Danach kann sich nur noch der Schuldner, nicht jedoch der Bürge auf Art. L. 621-48 Abs. 1 Satz 1 berufen. Auch wenn dies dem akzessorischen Charakter der Bürgschaft zuwider läuft, kommt diese Vorschrift den Interessen der Gläubiger entgegen. Fallen diese mit ihrer Forderung aus, können sie die Bürgen einschließlich der Zinsen in Anspruch nehmen.

b. Ausnahmeregelungen

Art. L. 621-48 Abs. 1 Satz 1 enthält zwei Fälle, in denen der Zinslauf durch die Eröffnung des Insolvenzverfahrens nicht unterbrochen wird:

- für die Dauer von einem Fahr oder länger geschlossene Darlehensverträge,
- sonstige Verträge, die einen Zahlungsaufschub von einem Jahr oder mehr vorsehen.

Damit bleiben grundsätzlich Leasingverträge (*crédit-bail*) wie auch unbefristete Überziehungskredite vom Anwendungsbereich der Vorschrift ausgeschlossen[133].

5. Verbot der Bestellung von Sicherheiten

a. Grundsatz

Gemäß Art. L. 621-50 Abs. 1 können Hypotheken (*hypothèques*), Pfandrechte (*nantissements*) und Vorzugsrechte (*privilèges*) nach Eröffnung des Insolvenzverfahrens nicht mehr eingetragen werden[134]. Diese gilt jedoch nur für die vor-

---

132 *Saint-Alary-Houin*, Droit des entreprises en difficulté, Rn. 780 m.w.N.

133 CA Aix en provence 8.7.1991, Juris-Data Nr. 049220; CA Paris 22.10.1993, Juris-Data Nr. 024116 ; CA Paris 9.10.1997, RJDA 1998/1, Nr. 72; Com. 6.5.1997, JCP éd., E 1997, II, 996, Anm. D. Legeais; anders im Fall eines befristeten Überziehungskredits: Com. 9.1.2001, D. 2001, 923, Anm. V. Avena-Robardet.

134 Zu den Begriffen *hypothèques*, *nantissements* und *privilèges* siehe oben Teil 1 B III 3. S.30.

genannten Kreditsicherungsmittel, soweit sie vor dem Eröffnungsurteil vereinbart wurden[135].

Diese Regelung schränkt die Rechte der betroffenen Insolvenzgläubiger erheblich ein, da diese entgegen der ursprünglichen Vereinbarung nur eine ungesicherte Forderung haben[136].

Aber auch diese Regelung dient der Wahrung des Grundsatzes der Gleichheit zwischen den Insolvenzgläubigern, indem verhindert wird, dass ein ungesicherter Insolvenzgläubiger zum *créancier privilégié* wird[137].

Allerdings führt dies zu einer weiteren Benachteiligung gegenüber den Massegläubigern. Gemäß Art. L. 621-24 können zu Gunsten des Massegläubigers mit Genehmigung des *juge commissaire* auch nach Eröffnung des Insolvenzverfahrens Sicherheiten bestellt und eintragen werden.

Eine zu Unrecht erfolgte Eintragung eines Sicherungsmittels ist unwirksam[138]. Jeder mit berechtigtem Interesse und damit jeder Gläubiger kann sich auf die Unwirksamkeit berufen und die Löschung der Eintragung beantragen[139].

b. Ausnahmeregelungen

Gemäß Art. L. 621-50 Abs. 2 kann die Staatskasse (*Trésor public)* entgegen Art. L. 621-50 Abs. 1 Kreditsicherungsmittel eintragen lassen, sofern er selbst Forderungen angemeldet hat und keine Verpflichtung zur Eintragung des Sicherungsmittels vor dem Eröffnungsurteil bestand.

Neben dieser gesetzlichen Ausnahme existieren folgende ungeschriebene Ausnahmen:

---

135 *Pétel*, Procédures collectives, Rn. 203 ; *Soinne*, Traité théorique et pratique des procédures collectives, Rn. 1077 ; *Pérochon-Bonhomme*, Entreprises en difficulté, Rn. 187, *Le Corre*, Pratique des procédures collectives, Rn. 734.

136 Dies wirkt sich bei der Befriedigung der Gläubiger während der Ausführungsphase aus. Die Befriedigungsaussichten der ungesicherten Insolvenzgläubiger sind sehr gering. Vgl. hierzu unten Teil 2 B I 2. S.84, Teil 2 B II 2 a S.91 und Teil 2 B III 3 S.95.

137 *Saint-Alary-Houin/Macorig-Venier*, Juris-Classeur Commercial, fasc. 2365, „Redressement et liquidation judiciaires – Situation des créanciers – Interdiction des inscriptions“, Nr. 6.

138 *Ripert/Roblot*, Procédure collectives de redressement et de liquidation, Rn. 2977 ; *Derrida/Godé/Sortais*, Redressement et liquidation judiciaire des entreprises, Rn. 536 ; *Saint-Alary-Houin*, Droit des entreprises en difficulté, Rn. 770 ; *B. Soinne*, Traité théorique et pratique des procédures collectives, Rn. 1077.

139 TGI Lyon 20.9.1994, JCP 1994, ban., 1184 ; *Ripert/Roblot*, Procédure collectives de redressement et de liquidation, Rn. 2977 ; *Saint-Alary-Houin*, Droit des entreprises en difficulté, Rn. 770 ; *Le Corre*, Pratiques des procédures collectives, Rn. 738 ;

- Als zulässig erachtet wird zunächst eine sog. *inscription complémentaire*[140]. Die *inscription complémentaire* ersetzt rückwirkend die vorläufige Eintragung und erfolgt damit zeitlich vor der Eröffnung des Insolvenzverfahrens. Voraussetzung ist jedoch, dass die vorläufige Eintragung nicht in der *période suspecte*[141] erfolgt ist[142].
- Auch sog. *renouvellements d'inscription*[143] fallen nicht unter das Eintragungsverbot des Art. L. 621-50 Abs. 1, da sie weder zu einer Verschlechterung der Vermögenssituation des Schuldnerunternehmens führen noch einen Verstoß gegen den Grundsatz der Gleichheit der Gläubiger begründen[144].

6. *Nichtigkeit von Rechtsgeschäften innerhalb der Sperrfrist (nullité de la période suspecte)*

Das Gesetz sieht in Art. L. 621-107 f. die Nichtigkeit bestimmter Rechtshandlungen vor, die der Schuldner in der Zeit zwischen der Zahlungseinstellung (*cessation des paiements*)[145] und Eröffnung des Insolvenzverfahrens vorgenommen hat.

Mangels Festlegung des Datums der *cessation des paiements* wird gemäß Art. L. 621-7 Abs. 1 Satz 2 vermutet, dass Zeitpunkt der *cessation des paiements* und Datum des Eröffnungsurteils zusammenfallen. Damit kann eine *période suspecte* im Sinne von Art. L. 621-107 f. nur dann vorliegen, wenn das Insol-

---

140 Erwirkt ein Gläubiger im Weg der einstweiligen Verfügung einen Titel, der ihn dazu berechtigt, sich zu seinen Gunsten ein Kreditsicherungsmittel bestellen zu lassen, bedarf es einer doppelten Eintragung: zunächst einer vorläufigen und nach der Entscheidung in der Hauptsache einer endgültigen, die sog. *inscription complémentaire.*

141 Siehe hierzu unten Teil 2 A I 6 S.49.

142 Com. 17.11.1992, D. 1993, 96, Anm. F. Derrida; Toulouse 10.2.1994 u. Aix-en-Provence 23.7.1994, Rev.proc.coll. 1996, 76, Nr. 12, Anm. F. Macorig-Venier.

143 Dabei handelt es sich um eine Erneuerung einer vor Eröffnung des Insolvenzverfahrens erfolgten Eintragung.

144 *Saint-Alary-Houin/Macorig-Venier*, Juris-Classeur, fasc. 2365, Nr. 105 ff ; *Saint-Alary-Houin*, Droit des entreprises en difficulté, Rn. 768 ; *Soinne*, Traité théorique et pratique des procédures collectives, Rn. 1090 ; *Cannu/ Lucheux/ Pitron/ Sénéchal*, Entreprises en difficulté, Rn. 909 ; *Ripert/Roblot*, Procédure collective de redressement et de liquidation, Rn. 2978, *Derrida/Godé/Sortais*, Redressement et liquidation judiciaire des entreprises, Rn. 536 ; *Kerckhoven*, Procédures collectives, Rn. 543, *Pérochon-Bonhomme*, Entreprises en difficulté, Rn. 187 ; *P. Pétel*, Procédures collectives, *Rn. 206.*

145 Vgl. hierzu Glossar S.149 ff.

venzgericht gemäß Art. L. 621-7 Satz 1 feststellt, dass der Zeitpunkt der *cessation des paiements* vor Eröffnung des Insolvenzverfahrens lag[146].

Sinn und Zweck der Vorschrift ist zum einen die Verbesserung der Vermögenssituation des Schuldnerunternehmens durch Rückführung bestimmter Vermögenswerte, zum anderen die Wahrung des Grundsatzes der Gleichbehandlung der Insolvenzgläubiger. Dieser Grundsatz wird verletzt, wenn der in wirtschaftliche Schwierigkeiten geratene Schuldner bestimmte Gläubiger zu Lasten anderer begünstigt[147].

Die in Art. L. 621-110 vorgesehene *action en nullité* führt letztlich zu einer Verbesserung der Rechtsstellung der Insolvenzgläubiger, da sich im Fall einer größeren Vermögensmasse die Chancen dieser Gläubiger auf eine höhere Befriedigungsquote vergrößert[148].

a. Nichtigkeitsgründe

Gemäß Art. L. 621-107 Abs. 1 sind folgende Rechtshandlungen bzw. Rechtsgeschäfte zwingend für nichtig zu erklären[149]:

- Schenkungen, Art. L. 621-107 Abs. 1 N°1
- Stark unausgewogene Austauschverträge, Art. L. 621-107 Abs. 1 N°2;
- Zahlungen auf nicht fällige Forderungen, Art. L. 621-107 Abs. 1 N°3;
- Zahlungen mit im allgemeinen Geschäftsverkehr nicht üblichen Zahlungsmitteln, Art. L. 621-107 Abs. 1 N°4;
- Auf nicht rechtskräftige Urteile erfolgte Hinterlegungen, Art. L. 621-107 Abs. 1 N°5;

146 Gemäß Art. L. 621-7 kann das Gericht von Amts wegen oder auf Antrag unter anderem des Gläubigervertreters das Datum der „cessation des paiements" bis 15 Tage nach Niederlegung des „rapport" im Sinne von Art. L. 621-54 oder des „projet de plan" im Sinne von Art. L. 621-141 oder im Fall der Liquidation bis zur Niederlegung des „état des créances" bis zu 18 Monaten vorverlagern. Zum Antrag des Gläubigervertreters vgl. unten Teil 3 B IV 2 c S.121.

147 *Saint-Alary-Houin*, Droit des entreprises en difficulté, Rn. 654 ; *Pérochon-Bonhomme*, Entreprises en difficulté, Rn. 249 ; *V. Calendini*, Le principe de proportionnalité en droit des procédures collectives, Les Petites affiches, 30.9.1998, Nr. 117, 50 f., spéc. Nr. 6.

148 *Calendini*, Le principe de proportionnalité en droit des procédures collectives, Les Petites affiches, 30.9.1998, n° 117, 50 f., spéc. n° 6.

149 Zu den Nichtigkeitsgründen im einzelnen vergleiche : *Saint-Alary-Houin/M. H. Monsérié*, Nullités de droit et nullité facultatives, Jurisclasseur com., fasc. Rn. 2506-2515.

- Bestellung dinglicher Sicherheiten für bestehende Forderungen, Art. L. 621-107 Abs. 1 N°6
- Vorläufige sonstige Sicherungsmaßnahmen, bei denen die Eintragung oder die Beschlagnahme innerhalb der Sperrfrist erfolgt ist, Art. L. 621-107 Abs. 1 N°7

Gemäß Art. L. 621-107 Abs. 2, 621-108 steht es im Ermessen des Gerichts, folgende Rechtshandlungen bzw. Rechtsgeschäfte für nichtig zu erklären:

- Schenkungen im Sinne von Art. L. 621-107 Abs. 1 N° 1, die in den sechs Monaten vor der festgestellten *cessation des paiements* erfolgt sind,
- Sonstige unentgeltliche Rechtshandlungen des Schuldners und Zahlungen des Gläubigers auf fällige Forderungen, wenn letzterer positive Kenntnis von den eine *cessation des paiements* begründenden Tatsachen hatte[150].

b. Antragsbefugnis

Antragsbefugt sind gemäß Art. L. 621-110 der Insolvenzverwalter, der Gläubigervertreter, der Liquidator und der *commissaire à l'exécution du plan*[151]. Eine solche Befugnis wird dem einzelnen Gläubiger, unabhängig vom Bestehen eines berechtigten Interesses ebenso wenig wie dem *créancier contrôleur*[152] eingeräumt[153].

c. Rechtsfolgen der ,action en nullité'

Der durch eine im Sinne von L. 621-107 erfolgende nichtige Rechtshandlung Bereicherte muss das Erlangte an das Schuldnerunternehmen herausgeben und, im Fall der Unmöglichkeit der Herausgabe, Wertersatz leisten[154]. Geldschulden sind für die Zeit seit Erhalt der Zahlung zu verzinsen[155].

---

150 CA Paris 13.1.1987, Rev.proc.coll. 1988, Nr. 1, 78, Anm. Y. Goyon, CA Dijon 07.6.1989, Rev.proc.coll. 1991-1, 106, Anm. Y. Goyon; Com. 08.3.1994, Rev.proc.coll. 1995, 67, Nr. 7, Anm. B. Lemister.

151 Zum „commissaire à l'exécution du plan" vergleiche Glossar S.149 ff.

152 Zum *créancier contrôleur* vgl. Glossar S.149 ff und Teil 3 C S.125 ff.

153 Com. 5.10.1993, Rev.proc.coll. 1994, 256, Nr. 12, Anm. B. Lemistre; Com. 1.4.1997, D. Affaires 1997, 611; Com. 26.4.2000, Bull. civ. IV, Nr. 83.

154 *B. Soinne*, Traité théorique et pratique des procédures collectives, Rn. 868 .

155 Com. 2.4.1996, Rev.trim.dr.com. 1997, 334, Anm. A. Martin-Serf; Com. 30.10.2000, Rev.trim.dr. com 2001, Anm. A. Martin-Serf.

Die Forderung gegen den Schuldner lebt wieder auf, so dass der betroffene Gläubiger nachträglich zum Insolvenzgläubiger wird und es ihm obliegt, seine Forderung anzumelden. Betrifft die *action en nullité* die Bestellung einer Sicherheit, wird der Gläubiger nachträglich zum ungesicherten Gläubiger[156].

II. Anmeldung, Überprüfung und Zulassung der Insolvenzforderungen

Die Beobachtungsphase dient der Analyse der wirtschaftlichen und sozialen Situation des Schuldners bei gleichzeitiger Aufrechterhaltung der Unternehmensaktivität. Die Ergebnisse der Analyse werden im sog. *bilan économique et social*[157] festgehalten. Auf dieser Grundlage schlägt der Insolvenzverwalter im sog. *rapport* (Bericht) einen Sanierungsplan oder gegebenenfalls die Liquidation des Unternehmens vor.

Die Suche nach einer Sanierungsmöglichkeit setzt die Kenntnis aller Verbindlichkeiten im Zeitpunkt der Eröffnung des Insolvenzverfahrens voraus. Aus diesem Grund sieht das Gesetz die Anmeldung der Insolvenzforderungen vor. Nur solche Forderungen, die form- und fristgerecht angemeldet wurden, werden im Falle einer Sanierung oder Liquidation des Schuldnerunternehmens berücksichtigt. Alle anderen Forderungen erlöschen[158].

Damit stellt sich die Forderungsanmeldung als eine wesentliche Obliegenheit der Insolvenzgläubiger dar.

1. Die Anmeldung der Forderung – eine Obliegenheit der Insolvenzgläubiger

Gemäß Art. L. 621-45 übergibt der Schuldner dem Gläubigervertreter eine Aufstellung der im Zeitpunkt der Verfahrenseröffnung bestehenden Verbindlichkeiten[159].

Genauen Aufschluss über die bestehenden Verbindlichkeiten ergibt allerdings erst die Anmeldung der Forderungen der Insolvenzgläubiger gemäß Art. L. 621-43 und 621-44.

---

156 Rennes 17.11.1993, Rev.proc.coll 1995, 450, Anm. B. Lemistre.

157 Zum *bilan économique et social* vgl. Glossar S.149 ff.

158 Es sei darauf hingewiesen, dass diese Forderungen auch nicht nach Abschluß des Verfahrens wieder aufleben.

159 Die Liste enthält gemäß Art. D. 69 unter anderem folgende Angeben: Name, (Wohn)Sitz, Höhe der Forderung, Fälligkeitsdatum und bestehende Sicherungsrechte.

a. Anwendungsbereich

(1) Grundsatz: Anmeldung aller Insolvenzforderungen

Gemäß Art. L. 621-43 Abs. 1 Satz 1 melden grundsätzlich alle Gläubiger ihre Forderungen, die vor der Verkündung des Eröffnungsurteils entstanden sind, an[160]. Die Obliegenheit der Forderungsanmeldung trifft somit ausschließlich Insolvenz-gläubiger[161].

Anzumelden sind nur Forderungen, die auf Zahlung gerichtet sind. Auch wenn Art. L. 621-43 eine solche Einschränkung nicht formuliert, ergibt sich dies aus der Systematik der Art. L. 621-39 ff. Notwendig ist lediglich die Anmeldung von Forderungen, die Einzelvollstreckungsverbot des Art. L. 621-40 unterliegen, also Forderungen, die auf Zahlung gerichtet sind[162].

Der Grundsatz gilt auch für Ansprüche, die unter einer auflösenden oder aufschiebenden Bedingung stehen und für sog. *créances éventuelles*[163] [164].

Ferner gilt der Grundsatz für alle Insolvenzforderungen, ob gesichert oder ungesichert, fällig oder nicht, zivil- oder handelsrechtlicher Natur[165].

---

160 Zur Entstehung der Forderung vor Verkündung des Eröffnungsurteils (*créance antérieure*) vgl. oben Teil 1 A I S.25.

161 Es sei hier noch einmal darauf hingewiesen, dass im Fall der Aufhebung eines Fortführungsplans ein Liquidationsverfahren eröffnet wird, in dem die ursprünglichen Masseforderungen nunmehr als Insolvenzforderungen des neuen Verfahrens angesehen werden und die ursprünglichen Massegläubiger zu Insolvenzgläubigern mit de Obliegenheit zur Forderungsanmeldung werden: vgl. hierzu oben Teil 2 B I 3 b S.87.

162 *Derrida/Godé/Sortais*, Redressement et liquidation judiciaire des entreprises, Rn. 205, *Pétel*, Procédures collectives, Rn. 387 ; *Saint-Alary-Houin*, Droit des entreprises en difficulté, Rn. 795 ; *Le Corre*, Pratique des procédures collectives, Rn. 779.

163 Dabei handelt es sich um zukünftige, unbestimmte Forderungen. Als Beispiel wird hier der Anspruch gemäß Art. 1142 C. Civ. genannt, nach dessen Wortlaut sich jeder Anspruch auf Vornahme oder Unterlassen einer Handlung in einem Schadensersatzanspruch „auflöst“, wenn dieser unerfüllt bleibt (vgl. etwa *Pérochon-Bonhomme*, Entreprises en difficulté, Rn. 266).

164 Le *Cannu/ Lucheux/ Pitron/ Sénéchal*, Entreprises en difficulté, Rn. 811 ; *Chaput*, Droit des entreprises en difficulté, Rn. 553 ; *Soinne*, Traité théorique et pratique des procédures collectives, Rn. 2165 ; *Guyon*, Entreprises en difficulté, Rn. 1226 ; *Pérochon-Bonhomme*, Entreprises en difficulté, Rn. 266.

165 *Pérochon-Bonhomme*, Entreprises en difficulté, Rn. 266 ; *Saint-Alary-Houin*, Droit des entreprises en difficulté, Rn. 795 .

(2) Ausnahmeregelungen

Vom Grundsatz der Forderungsanmeldung gemäß Art. L. 621-43 gibt es folgende Ausnahmeregelungen:

- Gemäß Art. L. 621-43 Abs. 1 Satz 1 sind die Arbeitnehmer nicht verpflichtet, ihre Insolvenzforderungen anzumelden[166].
- Der Eigentümer braucht seine Forderung nicht anmelden, wenn er einen Herausgabeanspruch geltend macht[167].

b. Inhalt und Form der Forderungsanmeldung

Die Anmeldung erfolgt schriftlich durch den Gläubiger selbst oder durch einen Bevollmächtigten oder gesetzlichen Vertreter gegenüber dem Gläubigervertreter, Art. L. 621-43 Abs. 1 Satz 1, Abs. 2. Sie enthält gemäß Art. L. 621-44 i.V.m. Art. D. 67 folgende Angaben:

- Höhe der Hauptforderung unter Nennung des Fälligkeitsdatums;
- die Berechnungsgrundlage der Zinsen, Art. D. 67 Abs. 1 Nr. 1, zukünftige Zinsen nur, soweit sie überhaupt entstehen können[168];
- bestehende Sicherheiten[169];
- soweit kein vollstreckbarer Titel vorliegt, fügt der Gläubiger eine Erklärung bei, in der er die Richtigkeit seiner Angaben versichert (*certifié sincère*), Art. L. 621-44 Abs. 3 i.V.m. Art. D. 67 Abs. 1 Nr. 1.
- Bezeichnung des Gerichts, wenn ein Rechtsstreit über Bestand und Höhe der angemeldeten Forderung anhängig ist, Art. D. 67 Abs. 1 Nr. 3.

---

166 Soweit die sog. „AGS“ (vgl. Glossar S.149 ff.) die Zahlungsverpflichtungen des Schuldners gegenüber den Arbeitnehmern übernommen hat, gehen deren Ansprüche auf die „AGS“ über. Allerdings bleibt diese zur Anmeldung der Forderungen verpflichtet; siehe im Übrigen zur Übernahme durch die „AGS“ unten Teil 2 A IX 1 c S.78.

167 Com. 09.1.1996, D. 1996, 184, Anm. F. Derrida; *Larroumet*, Le Vendeur bénéficiaire d'une clause de réserve de propriété peut-il revendiquer sans avoir déclaré sa créance à la procédure collective de l'acheteur ?, *D. aff., 1996, Nr. 20, 603*; *Pérochon-Bonhomme*, Les créanciers et la clause de réserve de propriété, Les Petites affiches, 1991, Nr. 88, 32 und 10.

168 Siehe oben Teil 2 A I 4 b S.47.

169 Andernfalls erlischt die Sicherheit und der gesicherte Gläubiger wird zum ungesicherten Gläubiger: Com. 2.5.1990, Rev.proc.coll. 1991-3, 352, Anm. Dureuil; Com. 27.10.1998, Act.proc.coll. 1998, Nr. 13, Nr. 172, Com. 8.6.1999, Rev.trim.dr.com. 1999, 968, Anm. Martin-Serf.

c. Anmeldefrist

Die Frist zur Anmeldung der Forderung beträgt gemäß Art. D. 66 Abs. 1 zwei Monate bzw. vier Monate für im Ausland ansässige Gläubiger[170].

Der Fristlauf beginnt grundsätzlich mit der Veröffentlichung des Eröffnungsurteils im B.O.D.A.C.C., Art. D. 66 Abs. 1 Satz 1[171]. Für den Gläubiger, der gemäß Art. L. 621-43 Abs. 1 i.V.m. Art. D. 66 über die Eröffnung des Insolvenzverfahrens zu unterrichten war, beginnt die Frist (erst) mit dem Zugang der Mitteilung zu laufen[172]. Bei der Frist handelt es sich um einen sog. *délai préfix*[173/174].

Zur Einhaltung der Frist kommt es auf die rechtzeitige Versendung der Forderungsanmeldung, nicht auf deren Zugang beim Gläubigervertreter an[175].

Die Beweislast für das rechtzeitige Absenden und den Zugang der Anmeldung beim Gläubigervertreter trägt der Gläubiger[176].

d. Folgen der Obliegenheitsverletzung

(1) Grundsatz: Untergang der Forderung

Unterbleibt die Anmeldung oder erfolgt sie nicht fristgerecht, erlischt die Forderung gemäß Art. L. 621-46 Abs. 1 und 4. Auf ein Verschulden kommt es dabei nicht an[177].

Geht die Forderung unter, erlischt auch eine bestehende Bürgschaft[178]. Der Gläubiger setzt sich sogar Schadensersatzansprüchen des Bürgen aus, wenn dieser den Gläubiger zwischenzeitlich befriedigt hat, ihm aber aufgrund der unter-

170 Eine Verlängerung ist möglich im Fall einer Verlängerung der Beobachtungsphase (Art. D. 20 Abs. 5), im Falle der Einstellung der Beobachtungsphase und der Eröffnung eines Liquidationsverfahrens (Art. D. 119) und im Fall der Auflösung eines zunächst durch den Insolvenzverwalter fortgeführten Vertrags (Art. D. 66 Abs. 2).

171 Andernfalls beginnt keine Frist zu laufen: Com. 09.1.2001, Bull. civ. IV, Nr. 5, 4.

172 Com. 14.3.2000, RJDA 6/00, Nr. 690, siehe im Übrigen zur Benachrichtigung unten Teil 3 A III 2 S.119.

173 Der *délai préfix* entspricht der Ausschlussfrist im deutschen Recht.

174 Com. 28.1.1997, D. 1997, 214, Anm. A. Honorat

175 Com. 28.4.1998, D. Aff. 1998, 1004.

176 Civ. 7.10.1998, D. Aff. 1998, 106.

177 Com. 23.10.1990, D. 1992, somm. 250, Anm. F. Derrida.

178 Com. 17.7.1990, Rev.trim.dr.com. 1990, 643, n°2, Anm. Y. Chaput; Com. 5.3.1996, RJDA 12/96, n°1546, 1078.

lassenen Forderungsanmeldung ein Rückgriff auf den Schuldner verwehrt bleibt[179].

(2) Ausnahme: Öffentlich bekannt gemachte Sicherungsrechte und Leasingverträge

Eine Besonderheit gilt jedoch im Fall von Gläubigern, die Inhaber von Sicherungsrechten sind, die öffentlich bekannt gemacht worden sind sowie für Leasingverträge. Gemäß Art. L. 621-43 Abs. 1 Satz 2 werden sie vom Gläubigervertreter schriftlich aufgefordert, ihre Forderungen anzumelden[180]. Gemäß Art. L. 621-46 Abs. 2 kann diesen Gläubigern für den Fall, dass eine entsprechende Benachrichtigung nicht erfolgt ist, die Fristversäumung nicht entgegengehalten werden[181].

Davon zu unterscheiden ist der Fall der dem Gläubigervertreter bekannten Gläubiger[182]. Gemäß Art. D. 66 sind auch diese vom Gläubigervertreter schriftlich aufzufordern, ihre Forderung anzumelden. Mangels einer Regelung entsprechend Art. L. 621-46 Abs. 2 können sich diese Gläubiger nicht auf die unterlassene Benachrichtigung berufen.

e. Wiedereinsetzung in den vorigen Stand

Gemäß Art. L. 621-46 Abs. 1 Satz 1, Abs. 3 Satz 1 kann der Gläubiger innerhalb eines Jahres seit Eröffnung des Insolvenzverfahrens beim *juge commissaire* einen Antrag auf Wiedereinsetzung in den vorigen Stand (*relevé de forclusion*)[183] stellen.

Voraussetzung für eine Wiedereinsetzung in den vorigen Stand ist gemäß Art. L. 621-46 Abs. 1 Satz 1 der Nachweis, dass die Säumnis nicht auf seinem eigenen Verhalten beruht. Die Entscheidung über die mangelnde Vorwerfbarkeit der Säumnis liegt im Ermessen des Gerichts[184]. Eine Wiedereinsetzung wird re-

---

179 Com. 19.12.2000, RJDA 4/01, n°474.

180 Siehe hierzu unten Teil 3 A III 2 S.107.

181 *Calendini*, La modification de L'article 53 de la loi du 25. janvier 1985 le régime de l'absence de déclaration consécutive à on défaut d'information du créancier titulaire d'une sûreté publiée, Petites affiches, 31. Januar 1996, Nr. 14, S. 15 ; *Le Corre*, L'inopposabilité de la forclusion issue de la loi du 10. juin 1994 réformant la loi du 25. janvier 1985, Petites affiches 1998, Nr. 90, S. 8.

182 Das sind insbesondere die Gläubiger, die der Schuldner in der an den Gläubigervertreter ausgehändigten Liste i.S.v. Art. L. 621-45 benannt hat.

183 Der *relevé de forclusion* entspricht der Antrag auf Wiedereinsetzung in den vorigen Stand im deutschen Recht.

184 Com. 23.1.2001, Act.proc.coll. 2001, Nr. 86; Com. 17.2.1998, RJDA 6/98, Nr. 765.

gelmäßig nur dann gewährt, wenn der Gläubiger nachweist, dass die Säumnis auf einem Verschulden eines Dritten oder höherer Gewalt beruht[185].

Der Antrag auf Wiedereinsetzung in den vorigen Stand ist gemäß Art. D. 79 beim *juge commissaire* zu stellen, solange dieser im Amt ist, andernfalls beim Insolvenzgericht.

Die Kosten trägt der Gläubiger gemäß Art. D. 70 Abs. 2. Gegen die Entscheidung des *juge commissaire* ist gemäß Art. L. 621-46 Abs. 3 das Rechtsmittel der Berufung (*appel*) möglich[186].

2. Überprüfung und Zulassung der angemeldeten Insolvenzforderungen

Oftmals sind die angemeldeten Insolvenzforderungen in Grund und/oder Höhe zumindest teilweise bestreitbar. Dies liegt nicht zuletzt daran, dass die Gläubiger zur Erhaltung ihrer Rechte gezwungen sind, die Höhe ihrer Forderungen zu schätzen[187]. Der in der Anmeldung angegebene Betrag ist das maximale dessen, was der Gläubiger im Zuge des Insolvenzverfahrens an Zahlung erhalten kann. Es ist also im Interesse des Gläubigers, im Zweifel die Forderung zu hoch anzusetzen.

Zur Ermittlung der bestehenden Verbindlichkeiten wird deshalb zunächst eine Überprüfung der angemeldeten Forderungen vorgenommen, bevor der *juge commissaire* endgültig über ihre Anerkennung entscheidet.

Art. L. 621-102 bestimmt, dass eine Überprüfung der ungesicherten Insolvenzforderungen nicht vorzunehmen ist, wenn im Fall einer Unternehmensveräußerung oder einer Liquidation absehbar ist, dass der Verkaufs- bzw. Liquidationserlös vollständig zur Deckung der Verfahrenskosten und Befriedigung der privilegierten Forderungen (*créances privilégiées*)[188] Forderungen verbraucht wird.

a. Überprüfung der angemeldeten Insolvenzforderungen

Gemäß Art. L. 621-103 Abs. 1 Satz 1 i. V. m. Art. D. 72 Abs. 1 erfolgt die Überprüfung der angemeldeten Forderungen durch den Gläubigervertreter in Anwesenheit des Schuldner, des Insolvenzverwalters und des *créancier contrôleur*[189].

---

185 CA Paris 30.9.1999, RJDA 1999, Nr. 1355.

186 Siehe beispielhaft: CA 19.2.1999, RJDA 7/99, Nr. 816, 656.

187 So z. B. bei Zins- und Schadensersatzforderungen, vgl. oben Teil 2 A II 1 a (1) S.53.

188 Zum Begriff *créances privilégiées* vgl. Glossar S.149 ff.

189 Zum Interesse der *créancier contrôleur* an einer Assistenz des Gläubigervertreters bei der Forderungsüberprüfung vgl. unten Teil 3 C IV 1 S.130.

Die Prüfung ist innerhalb der vom Insolvenzgericht festgesetzten Frist vorzunehmen[190], Art. L. 621-103 Abs. 1. Mit dieser durch das Reformgesetz vom 10. Juni 1994 eingeführten Frist soll die Rechtsstellung der Gläubiger verbessert werden, die in der Vergangenheit oftmals der Untätigkeit des Gläubigervertreters ausgesetzt waren[191]. Gemäß Art. L. 621-103 Abs. 2 erhält er für die nach Fristablauf in die Liste aufgenommenen Forderungen keine Vergütung[192].

Bestreitet der Gläubigervertreter eine Insolvenzforderung dem Grunde nach oder in ihrer Höhe, unterrichtet er den betroffenen Gläubiger per Einschreiben mit Rückschein und fordert ihn zur Stellungnahme innerhalb von 30 Tagen ab Zugang auf, Art. L. 621-47 Satz 1 i.V.m. Art. D. 72 Abs. 3[193]. Äußert sich der betroffene Gläubiger hierzu nicht oder nicht fristgerecht, verliert er sein Recht, gegen die Entscheidung des *juge commissaire* Rechtsmittel einzulegen[194].

Der Gläubigervertreter erstellt eine Liste der von ihm geprüften Forderungen, Art. L. 621-103 Abs. 1. Darin enthalten sind seine Vorschläge zur Zulassung oder Ablehnung der einzelnen Forderungen, eine Stellungnahme des Schuldners zu den Vorschlägen sowie die vom Gläubiger gelieferten Angaben im Zuge der Anmeldung der Forderungen und dessen Stellungnahme im Falle eines Bestreitens der Forderung durch den Gläubigervertreter, Art. L. 621-103 Abs. 1 i.V.m. Art. D. 73. Anschließend übermittelt der Gläubigervertreter die Liste gemäß Art. D. 73 Abs. 1 Satz 1 an den *juge commissaire* zur endgültigen Entscheidung über die Zulassung der angemeldeten Insolvenzforderungen.

b. Zulassungsentscheidung durch den ‚juge commissaire'

Gemäß Art. L. 621-104 hat der *juge commissaire* vier Möglichkeiten zu entscheiden:

- Zulassung der Forderung,
- (teilweise) Nichtzulassung der Forderung,

190 Gemäß Art. D. 72 Abs. 2 beträgt die Frist mindestens sechs Monate ab Ablauf der Anmeldefrist.

191 *Monsérié, Marie-Hélène / Macorig, Francine*, La situation des partenaires, in: La réforme du droit des entreprises en difficulté, S. 76; *Saint-Alary-Houin*, Droit des entreprises en difficulté, Rn. 810.

192 Die Vergütung des Gläubigervertreters besteht aus einem Grundbetrag und einem Betrag für jede überprüfte und in die Liste aufgenommene Forderung zusammen; siehe hierzu unten Teil 3 B III 4 S.115.

193 Vgl. hierzu unten Teil 3 A III 2 S.107.

194 Com. 30.3.1993, Bull. civ. IV, n°128; Com. 28.3.2000, Act.proc.coll. 2000, n°132.

- Feststellung anderweitiger Rechtshängigkeit,
- Erklärung seiner Unzuständigkeit.

Dabei ist der *juge commissaire* jedoch nicht an die Vorschläge des Gläubigervertreters gebunden[195].

(1) Zulassungsentscheidung

Ist eine Forderung nicht bestritten oder lässt der *juge commissaire* eine vom Gläubigervertreter bestrittene Forderung zu, unterrichtet er gemäß Art. D. 73 Abs. 4 hiervon den Gläubiger oder dessen Vertreter unter Ausweisung des genauen Betrags und etwaiger Sicherungsmittel. Er erklärt, ob dem Grunde nach ein Zinsanspruch besteht, ohne diesen jedoch zu berechnen[196].

(2) Nichtzulassungsentscheidung und Erklärung der Unzuständigkeit

Vor einer Nichtzulassungsentscheidung oder der Erklärung seiner Unzuständigkeit hört der *juge commissaire* gemäß Art. D. 73 Abs. 2 Satz 1 den betroffenen Gläubiger an. Dies gilt jedoch nur dann, wenn der Gläubiger sich gegenüber dem Gläubigervertreter zur bestrittenen Forderung erklärt hat[197]. Gemäß Art. D. 73 Abs. 2 Satz 2 sind der Insolvenzverwalter und der Gläubigervertreter hiervon zu unterrichten.

Die anschließende Entscheidung ist dem Gläubiger gemäß Art. D. 73 Abs. 3 Satz 1 per Einschreiben und Rückschein zuzustellen.

(3) Forderungsverzeichnis

Die Entscheidung des *juge commissaire* über die Zulassung oder Nichtzulassung wird in einem sog. *état des créances*[198] aufgenommen. Der *état de créances* wird beim *greffe* hinterlegt und im B.O.D.A.C.C. veröffentlicht, Art. D. 82 und 83.

---

195 Com. 8.3.1994, Bull., civ. IV., Nr. 99 ; Com. 19.5.1998, D. Affairs 1998, Nr. 121, 1036.

196 Com. 26.10.1999 in: Dictionnaire permanent du Droit Difficultés des entreprises, Bull. 191, 13.12.1999, S. 6379, „juge commissaire", Nr. 115.

197 Com. 30.3.1993, Bull. civ. IV, n°128; Com. 28.3.2000, Act.proc.coll. 2000, n°132.

198 Der *état de créances* ist ein Forderungsverzeichnis ähnlich wie die „Insolvenztabelle".

(4) Rechtsmittel

Gegen die Zulassungs- und Nichtzulassungsentscheidung des *juge commissaire* gibt es das Rechtsmittel der Berufung (*appel*).

Die Zulässigkeit der Berufung hängt jedoch von der Höhe der streitigen Forderung ab. Würde sie in einem gedachten Rechtsstreit vor dem Insolvenzgericht nicht zur Berufung berechtigen, entscheidet der *juge commissaire* gemäß Art. L. 621-106 in letzter Instanz.

Rechtsmittelbefugt sind gemäß Art. L. 621-105 Abs. 1 der Gläubiger, der Schuldner, der Insolvenzverwalter und der Gläubigervertreter. Die Berufung ist gemäß Art. D. 157 innerhalb von 10 Tagen ab Zustellung der Entscheidung des *juge commissaire* einzulegen[199].

(5) Réclamation eines Dritten

Dritte können, soweit sie durch die Feststellung des *état des créances* in ihren Rechten beeinträchtigt sind, insbesondere also die in einem Verfahren beteiligten Gläubiger, *réclamation* einlegen, Art. D. 84[200]. Diese ist binnen einer Frist von 15 Tagen ab Veröffentlichung des *état des créances* im BODACC einzulegen, Art. D. 83. Vor der Entscheidung sind der „Beschwerdeführer" und der unmittelbar von der fraglichen Entscheidung Betroffene anzuhören, und auch der Gläubigervertreter sowie gegebenenfalls der Insolvenzverwalter sind von dem *réclamation*-Verfahren zu unterrichten, Art. D. 84 Abs. 1.

Die Entscheidung des *juge commissaire* ist den Parteien gemäß Art. D. 84 Abs. 2 innerhalb von acht Tagen zuzustellen, und der Gläubigervertreter und gegebenenfalls der Insolvenzverwalter sind über die ergangene Entscheidung zu informieren.

Gegen die Entscheidung gibt es das Rechtsmittel der Berufung[201].

---

199 Wie bereits dargestellt, ist der Gläubiger ausgeschlossen, der sich nicht innerhalb der 30-Tages-Frist gegenüber dem Gläubigervertreter erklärt hat, vgl. oben Teil 2 A II 1 d (1) S.55.

200 Die *réclamation* entspricht weitgehend dem Rechtsbehelf der Beschwerde im deutschen Recht.

201 Insoweit sei auf die Ausführungen zur Berufung gegen die Zulassungs- oder Nichtzulassungsentscheidung des *juge commissaire* verwiesen; vgl. oben Teil 2 A II 2 b (4) S.60.

3. Überprüfung der Arbeitnehmerforderungen

Die Überprüfung und Zulassung der Arbeitnehmerforderungen erfolgt durch den Gläubigervertreter, Art. L. 621-125 Abs. 1 i.V.m. Art. D. 76 Abs. 1 bzw. im Falle der sofortigen Liquidation durch den Liquidator, Art. L. 622-4.

Im Gegensatz zu den übrigen Gläubigerforderungen umfasst die Prüfung sowohl Insolvenz- als auch Masseforderungen[202]. Dies geschieht, mangels Forderungsanmeldung durch die Arbeitnehmer[203], auf Grundlage von Informationen der Arbeitnehmer, des Schuldners, des Insolvenzverwalters und des Arbeitnehmervertreters, Art. D. 76 Abs. 1.

Im Anschluss an die Überprüfung der Arbeitnehmerforderungen fertigt der Gläubigervertreter eine Aufstellung (*relevés des salaires*) an[204] und übermittelt diese zur weiteren Überprüfung an den Arbeitnehmervertreter, Art. L. 621-125 Abs. 1 Satz 2 i.V.m. Art. L. 621-36 Abs. 1.

Der Arbeitnehmervertreter unterzeichnet die *relevés des salaires* mit der Möglichkeit, Vorbehalte und Anmerkungen zur Zulassungsentscheidung zu machen, Art. D. 76 Abs. 2 Satz 2. Die letzte Entscheidung obliegt jedoch dem Gläubigervertreter[205] [206].

Gemäß Art. D. 78 Abs. 1 unterrichtet der Gläubigervertreter die Arbeitnehmer über die Zulassung oder Ablehnung ihrer Forderungen[207].

Gegen die Entscheidung des Gläubigervertreters kann der betroffene Arbeitnehmer gemäß Art. D. 78 Abs. 2 i.V.m. Art. L. 621-125 Abs. 2 S. 1 innerhalb von 2 Monaten seit Bekanntmachung der Entscheidung vor dem *conseil de prud'hommes*[208] klagen.

---

202 *Pérochon-Bonhomme,* Entreprises en difficulté Rn.281; *Saint-Alary-Houin,* Droit des entreprises en difficulté Rn. 609; *Le Corre,* Pratique des procédures collectives, Rn.832.

203 Vgl. oben Teil 2 A II 1 a (2) S.54.

204 Zum Inhalt der *relevés des salaires* vgl. unten Teil 3 B IV 1 a (2) S.118.

205 *Derrida/Godé/Sortais,* Redressement et liquidation judiciaire des entreprises, Nr. 119 ; *Vallansan,* Redressement et liquidation judiciaires, S. 190 ; *Le Corre,* Pratique des procédures collectives, Rn. 831 ; *Saint-Alary-Houin,* Droit des entreprises en difficulté, Rn. 427.

206 Die endgültigen *relevés des salaires* übermittelt er gemäß Art. D. 76 Abs. 3 S. 2 an die „AGS" verbunden mit einer Leistungsaufforderung. Der Gläubigervertreter hinterlegt sie beim *greffe* und veröffentlicht sie am Sitz des Gemeinschuldners, Art. L. 621-125 Abs. 1 i.V.m. Art. D. 78 Abs. 3.

207 Zum genauen Inhalt der Benachrichtigung vgl. unten Teil 3 B IV 1 a (2) S.118.

208 Zum *conseil des prud'hommes* vgl. Glossar S.176 ff.

Dritte können gegen die Entscheidung des Gläubigervertreters im Wege der *réclamation* vorgehen[209].

III. Die Fortsetzung laufender Verträge - ‚contrats en cours'

Durch die Eröffnung des Insolvenzverfahrens wird unmittelbar in die Privatrechtssphäre eingegriffen, indem alle Rechtsverhältnisse zwischen dem Schuldner und denen, die an seinem Vermögen Ansprüche geltend machen oder geltend machen können, der Disposition der Parteien entzogen werden. Entsprechend dem Ziel des französischen Insolvenzverfahrens treten die Belange der Gläubiger hinter denen des Schuldners zurück[210]. Bis zur Entscheidung über das Schicksal des Schuldners am Ende der Beobachtungsphase ist es erforderlich, die Unternehmensaktivität soweit wie möglich aufrecht zu erhalten. Dies setzt wiederum die Kontinuität in der Geschäftstätigkeit voraus, was ohne eine Fortsetzung laufender Verträge nicht möglich ist.

Aus diesem Grund ist in Art. L. 621-28 Abs. 5 in Abweichung zum allgemeinen Zivilrecht bestimmt[211], dass noch nicht vollständig abgewickelte Verträge ungeachtet gesetzlicher oder vertraglich vereinbarter Kündigungs-, Aufhebungs- oder Rücktrittsgründe, nicht aufgrund der Eröffnung des Insolvenzverfahrens gekündigt oder aufgelöst werden können bzw. von ihnen nicht zurückgetreten werden kann.

1. Optionsrecht des Insolvenzverwalters

Art. L. 621-28 räumt dem Verwalter bzw. dem Schuldner (im vereinfachten Verfahren gemäß Art. L. 621-137 Abs. 2 Nr. 1) die Befugnis ein, die Fortsetzung der *contrats en cours* zu verlangen. Während im normalen Rechts- und Geschäftsverkehr der Grundsatz *pacta sunt servanda* gilt und die Parteien bindet, tritt für den Fall der Insolvenzeröffnung an diese Stelle ein faktisches Alleinbestimmungsrecht des Insolvenzverwalters hinsichtlich des weiteren Schicksals vertraglicher Beziehungen.

Allerdings wird den Interessen der Gläubiger dadurch Rechnung getragen, dass sie zum einen den Insolvenzverwalter bzw. den Schuldner zu einer Entscheidung über die Fortsetzung oder Nichtfortsetzung zwingen können, und zum anderen, dass der Insolvenzverwalter bzw. Schuldner eine Fortsetzung nur ver-

---

209 Vgl. hierzu oben Teil 2 A II 2 b (5) S.60.
210 Vgl. oben Einleitung S. 17 ff.
211 Saint-Alary-Houin, Droit des entreprises en difficulté, Rn. 536.

langen darf, wenn ausreichend Mittel für eine vollständige und sofortige Befriedigung der Gläubigerforderung zur Verfügung stehen.

a. Begriff der ‚contrats en cours'

Contrats en cours im Sinne von Art. L. 621-28 sind gegenseitige Verträge, die vor Eröffnung des Insolvenzverfahrens zustande gekommen sind und im Zeitpunkt der Eröffnung des Verfahrens noch Bestand hatten[212].

Art. L. 621-28 gilt grundsätzlich[213] für alle gegenseitigen Verträge[214].

Eine Besonderheit besteht jedoch für Kaufverträge. Diese stellen nach der Rechtsprechung der *Cour de cassation* grundsätzlich keine *contrats en cours* dar, selbst wenn Lieferung und Kaufpreiszahlung im Zeitpunkt der Verfahreneröffnung noch ausstehen[215]. Entscheidend ist, ob die *effets essentiels*[216] des Vertrages eingetreten sind. Dies sei bei Kaufverträgen der Übergang des Eigentums[217]. Da nach französischem Kaufrecht mit Vertragsschluss das Eigentum auf den Käufer übergeht, ohne dass es einer dinglichen Einigung oder einer Übergabe bedarf[218], werden Kaufverträge demnach nur dann als *contrats en cours* angesehen, wenn durch besondere Vereinbarungen das Eigentum im Zeitpunkt der Eröffnung des Verfahrens noch nicht auf den Schuldner übergegangen ist[219].

---

212 *Derrida*, La notion de contrat en cours à l'ouverture de la procédure de redressement judiciaire", RJDA 1993, 399; *Martin-Serf*, Les contrats en cours avant option de l'administrateur, RJC n° spéc. November 1992, S. 9 f.; *Bac*, De la notion de contrat en cours et de ses grandes conséquences, notamment pour les cautions, J.C.P., E, I, 2000, S. 22 ; *Bazin*, Le sort des contrats à l'ouverture de la procédure collective du débiteur sous loi n° 94-475 du 10. juin 1994, Rev. Huissiers de justice 1994, S. 1313 ; *D. Martin*, La sécurité contractuelle à l'épreuve du redressement judiciaire, J.C.P., éd. N 1986, 1, 180, Nr. 11; *Pérochon-Bonhomme*, Entreprises en difficulté, Rn. 191 ; *Saint-Alary-Houin*, Droit des entreprises en difficulté, Rn. 545.

213 Soweit Besonderheiten bestehen, werden diese bei den betroffenen Gläubigergruppen gesondert dargestellt; siehe unten Teil 2 A IV-IX S.66-79.

214 Dies gilt auch für sog. Verträge *intuitu personae*, Com. 08.12.1987, Bull. civ. IV, Nr. 266, Com. 28.6.1994, RB Bancaire et bourse 1995, 83, Anm. M. J. Campana/Calendini ; Com. 28.1./ 25.3.1997, RPC. 1998, 276, Anm. Mestre/Laude.

215 Com. 28.2.1995, JCP 1995, éd. E,I,487, n°11; Civ. 18.7.1995, D. 1996, 70, Anm. F. Derrida.

216 *Effets essentiels* kann mit „Hauptzweck" übersetzt werden.

217 Com. 9.4.1991, Bull. civ., IV, n°127; Com. 28.2.1995, JCP 1995, éd. E,I,487, n°11.

218 Im Gegensatz zum im deutschen Recht geltenden Trennungs- und Abstraktionsprinzip wird im französischen Recht nicht zwischen schuldrechtlichem Verpflichtungsgeschäft und dem dinglichen Erfüllungsgeschäft getrennt. Vgl. hierzu unten Teil 2 A V 2 a S.71.

219 Com. 1.2.2000, Bull. civ., IV, n°28.

Dies kann nur durch Vereinbarung eines Eigentumsvorbehalts[220] oder einer sog. *promesse synallagmatique de vente* gemäß Art. 1589 C. civ[221] erreicht werden.

b. Grundsatz: Initiative des Insolvenzverwalters

Gemäß Art. L. 621-28 ist es allein der Insolvenzverwalter, der darüber entscheidet, ob ein *contrat en cours* fortgeführt werden soll oder nicht. Er braucht weder auf den Willen des Schuldners noch auf den des betreffenden Gläubigers Rücksicht zu nehmen[222].

Im vereinfachten Verfahren obliegt die Entscheidung dem Schuldner. Gemäß Art. L. 621-137 Abs. 1 Nr. 1 i.V.m. Art. L. 621-28 kann er die Fortsetzung jedoch nur mit Zustimmung des *juge commissaire* verlangen. Andernfalls gilt die Option als nicht ausgeübt[223]. Dies gilt auch, wenn sich der betreffende Gläubiger gegenüber dem Schuldner einverstanden erklärt hat[224].

Das Optionsrecht kann ausdrücklich oder konkludent, beispielsweise durch Erfüllung der dem Schuldner obliegenden Leistung, ausgeübt werden[225]. Dabei ist der Insolvenzverwalter bzw. der Schuldner grundsätzlich nicht an eine be-

---

220 Der Eigentumsvorbehaltsverkäufer bzw. der Eigentümer genießt eine besondere Rechtsstellung im Insolvenzverfahren und ist daher gesondert darzustellen, siehe unten Teil 2 A IV S.66 ff. u. 70 ff.

221 Dabei handelt es sich um einen gegenseitigen Vertrag, in dem die Parteien sich gegenseitig versprechen, erst im Zeitpunkt der Unterzeichnung eines sog. *acte authentique* (notariell beglaubigte Urkunde) das Eigentum an einer bestimmten Sache zu verschaffen bzw. dafür einen bestimmten Kaufpreis zu zahlen. Damit kommt es erst im Zeitpunkt der Unterzeichnung des *acte authentique* zu einem Übergang des Eigentums.

222 *Darrousez,* La poursuite des contrats en cours, L'option de l'administrateur judiciaire, Rev.jurisp.com. 1992, n° spéc., S. 20 ; *Haehl,* L'option de l'administrateur, Petites affiches, 1996, Nr. 82, S. 5 ; *Saint-Alary-Houin,* La répartition des pouvoirs au cours de la période d'observation, Rev.proc.coll. 1990, S. 1 ; *Lemiste/Mércier,* Le nouveau régime de la continuation des contrats, n° spéc., Petites affiches, 14. September 1994, S. 55, Nr. 4; *Monsérié,* La continuation des contrats, in: La réforme du droit des entreprises en difficulté, S. 56 f.

223 Com. 06.5.1997, Rev.proc.coll., 1997, 446, Nr. 1, Anm. Mestre/Laude ; Com. 20.2.1998, Rev.proc.coll., 1998, 281, Nr. 4 Anm. Mestre/Laude.

224 Com. 20.1.1998, Rev.proc.coll. 1998, 281, Nr. 15, Anm. Mestre/Laude.

225 Com. 3.6.1986, D. 1987, som. 50, Anm. A. Honorat; Com. 6.12.1994, RJDA 4/95, Nr. 504; Com. 3.12.1996, RDJA 3/97, Nr. 411; Com. 4.3.1998, RJDA 6/98, Nr. 759.

stimmte Frist gebunden, was zu einer großen Rechtsunsicherheit auf Seiten des betroffenen Gläubigers führt[226].

c. Ausnahmen

Das französische Insolvenzrecht sieht daher vom Optionsrecht zwei Ausnahmen vor.

(1) Fristsetzung durch den Gläubiger

Um der Rechtsunsicherheit des Gläubigers zu begegnen, hat der französische Gesetzgeber im Zuge der Reform vom 10. Juni 1994 dem Gläubiger in Art. L. 621-28 Abs. 1 Satz 2 das Recht eingeräumt[227], den Insolvenzverwalter bzw. den Schuldner aufzufordern, zu erklären, ob er den *contrat en cours* fortsetzen will oder nicht. Äußert sich der Insolvenzverwalter bzw. der Schuldner nicht innerhalb eines Monats seit Zugang der Aufforderung, gilt der Vertrag gemäß Art. L. 621-28 Abs. 1 Satz 2 als aufgelöst[228]. Gemäß Art. L. 621-28 Abs. 1 Satz 3 kann der *juge commissaire* die Frist um maximal zwei Monate verlängern.

(2) Arbeitsverträge

Gemäß Art. L. 621-28 Abs. 7 werden im Zeitpunkt der Eröffnung des Insolvenzverfahrens bestehende Arbeitsverträge automatisch fortgesetzt.

2. Rechtsfolgen der Ausübung der Option

Entscheidet sich der Insolvenzverwalter für eine Fortführung, muss er gemäß Art. L. 621-28 Abs. 1 Satz 1 den Vertrag vollständig unter Beachtung sämtlicher Klauseln erfüllen. Zum Schutz der betroffenen Gläubiger hat der französische Gesetzgeber im Zuge der Reform vom 10. Juni 1994 den Art. L. 621-28 durch folgende Regelungen ergänzt:

---

226 *Saint-Alary-Houin*, Droit des entreprises en difficulté, Rn. 554-1 ; *Monsérié*, La continuation des contrats, in : La réforme du droit des entreprises en difficulté, S. 58.

227 *Monsérié,* Les contrats dans le redressement et liquidation judiciaires des entreprises, 104.

228 Dies gilt auch im vereinfachten Verfahren, d.h. der Schuldner kann, indem er nicht handelt, ohne Genehmigung des *juge commissaire* die Auflösung des Vertrags herbeiführen, da die Genehmigung nur für die Ausübung der Option vorgeschrieben ist: Com. 9.1.1996, JCP, E 1996, I, 554, Nr. 21, Anm. Cabrillac.

- Gemäß Art. L. 621-28 Abs. 2 Satz 2 ist der Insolvenzverwalter verpflichtet, vor Ausübung der Option sicher zu stellen, dass er für die Erfüllung des Vertrags über ausreichend Mittel verfügt. Verletzt er diese Pflicht, kann er sich schadensersatzpflichtig machen[229].
- Ferner muss der Insolvenzverwalter gemäß Art. L. 621-28 Abs. 2 Satz 1 eine Geldschuld sofort und vollständig bezahlen, ungeachtet der vor Verfahrenseröffnung dem Schuldner eingeräumten Zahlungserleichterung. Es steht dem betroffenen Gläubiger jedoch frei, neue Zahlungsfristen mit dem Insolvenzverwalter bzw. mit dem Schuldner zu vereinbaren.
- Der Vertragspartner muss seinerseits den Vertrag trotz Nichterfüllung seitens des Schuldners vor der Verfahrenseröffnung ordnungsgemäß erfüllen, Art. L. 621-28 Abs. 4. Hinsichtlich des bis zur Verfahrenseröffnung nicht erfüllten Teils des Vertrags steht ihm nur eine einfache Insolvenzforderung zu.
- Erfüllt der Insolvenzverwalter bzw. der Schuldner den fortgesetzten Vertrag nicht ordnungsgemäß, gilt der Vertrag als aufgehoben, es sei denn, der betroffene Gläubiger erklärt, trotzdem an einer Fortsetzung festhalten zu wollen, Art. L. 621-28 Abs. 3.
- Gilt der Vertrag als aufgehoben, können der Insolvenzverwalter, der Gläubigervertreter oder ein *créancier contrôleur* gemäß Art. L. 621-28 Abs. 3 einen Antrag auf Aufhebung der Beobachtungsphase stellen[230].

3. Ablehnung der Fortführung

Lehnt der Insolvenzverwalter eine Fortsetzung des Vertrags ab, so gilt der Vertrag gemäß Art. L. 621-28 Abs. 1 Satz 2 als aufgelöst. Aus der Vertragsauflösung entstehende Schadensersatzansprüche und etwaige Vertragsstrafen sind gemäß Art. 621-28 Abs. 5 Satz 1 anzumelden. Die Frist beträgt gemäß Art. D. 66 Abs. 4 einen Monat seit Aufhebung des Vertrags.

IV. Die Rechtsstellung des Eigentümers

Der Eigentümer genießt im französischen Insolvenzverfahren eine Sonderstellung[231]. Entgegen dem grundsätzlichen Verbot von Einzelverfolgungsmaßnahmen, räumt ihm das Insolvenzrecht gemäß Art. L. 621–115 ff. einen Herausga-

229 *Monsérié*, La continuation des contrats, in: La réforme du droit des entreprises en difficulté, S. 61; *Saint-Alary-Houin*, Droit des entreprises en difficulté, Rn. 557.

230 Vgl. zum Antrag unten Teil 3 A II 1 S.101, Teil 3 B IV 2 a S.120, Teil 3 C IV 2 b S.131.

231 Vgl. bereits oben Teil 1 B III 5 S.32.

beanspruch ein[232]. Die Geltendmachung des Eigentums erfolgt in einem förmlichen Verfahren – der *action en revendication et en restitution.* Allerdings beschränkt sich gemäß Art. L. 621-115 das Verfahren auf die Herausgabe beweglicher Sachen[233].

1. Action en revendication et en restitution

a. Einheitlichkeit der ,action en revendication' und der ,action en restitution'

Das französische Insolvenzgesetz unterscheidet formal zwischen der Anerkennung des Eigentums (*action en revendication*) und der Herausgabe desselben (*action en restitution*).

Ein Eigentümer müsste demnach zunächst sein Eigentum im Wege der *action en revendication* anerkennen lassen, bevor er mittels der *action en restitution* die Herausgabe verlangen kann.

Nur solche Gläubiger, die den Vertrag über die in ihrem Eigentum stehende Sache in einem hierfür vorgesehenen Register haben eintragen lassen[234], können gemäß Art. L. 621–116 i.V.m. Art. D. 85-5 Abs. 1 unmittelbar die Herausgabe im Wege der *action en restitution* verlangen.

Allerdings schließt die *action en revendication* die *action en restitution* gemäß Art. D. 85–1 Abs. 3 ein[235], so dass alle Gläubiger nur einen einheitlichen Antrag auf Herausgabe stellen.

Beide Verfahren unterliegen weitgehend den gleichen Voraussetzungen und sind daher einheitlich darzustellen.

---

232 Der Herausgabeanspruch entspricht im Wesentlichen dem Aussonderungsrecht gemäß §§ 47 ff. InsO.

233 Beweglich im Sinne dieser Vorschrift sind sowohl körperliche (*meubles corporels*) als auch immaterielle (*meubles incorporels*) Güter wie etwa ein *fonds de commerce* (Wirtschaftsgüter eines Kaufmanns, die in ihrer Gesamtheit nach französischem Recht vermietet, verpachtet und verkauft werden können): Com. 13.3.1985, Bull. civ. IV, n°99; Com. 21.11.1995, D. 1996, somm. com. 214, Anm. Pérochon.

234 Eine solche Eintragung ist gemäß Art. 1 bis 7 und 9 des Dekrets N° 72-665 vom 4. Juli 1972 für Leasingverträge Pflicht. Aber auch Mietverträge und Kaufverträge unter Eigentumsvorbehalt können entsprechend eingetragen werden.

235 Art. D. 85-1 Abs. 3 :"La demande en restitution emporte de plein droit demande en restitution".

b. Form und Frist des Antrags

Der Antrag ist gemäß Art. D. 85–1 Abs. 1, 85–4 Abs. 1 i.V.m. Art. L. 621-123 per Einschreiben mit Rückschein an den Insolvenzverwalter, wenn dieser nicht eingesetzt ist, an den Gläubigervertreter oder den Liquidator zu richten.

Die Frist für einen Antrag auf *revendication* beträgt gemäß Art. L. 621-115 Abs. 1 drei Monate ab Veröffentlichung des Eröffnungsurteils[236]. Betrifft der Antrag eine Sache, die Gegenstand eines *contrat en cours* ist, läuft die Frist ab Beendigung des Vertrags, Art. L. 621-115 Abs. 2[237]. Die isolierte *action en restitution* unterliegt hingegen keiner Frist[238].

c. Materielle Voraussetzungen des Antrags

Materiell setzt die *action en revendication et en restitution* voraus, dass die zur Herausgabe geforderte Sache im Eigentum des Antragsstellers steht, identifizierbar und in einem unveränderten Zustand vorhanden ist. Dies ergibt sich für den Eigentumsvorbehaltsverkäufer unmittelbar aus Art. L. 621-122. Nach allgemeiner Ansicht ist die Vorschrift für jede *action en revendication et en restitution* entsprechend anwendbar[239].

(1) Eigentum des Antragsstellers

Der Antragssteller muss Eigentümer sein. Der Beweis kann mit allen Mitteln (*preuve par tous moyens*) geführt werden[240].

(2) Identifizierbarkeit

Die herausverlangte Sache muss als solche noch existieren und identifizierbar sein[241]. Die Beweislast hierfür trug ursprünglich der antragstellende Gläubi-

236 Gemäß Art. L. 622-3 Abs.1 ist im Fall einer Eröffnung des Liquidationsverfahrens ohne vorherige Beobachtungsphase, Art. L. 621-115 entsprechend anzuwenden.

237 *Bigot,* La pratique des revendications et demandes en restitution de biens consécutive à l'application de la loi du 10 juin 1994 et du décret du 21 octobre 1994, Gaz.Pal. 1994, 5.

238 Mar*tin-Serf,* Revendications et restitutions, Les Petites affiches 28.10.1998, n° 23.

239 *Saint-Alary-Houin,* Droit des entreprises en difficulté Rn.710; *Ripert/Roblot,* Procédures collectives de redressement et de liquidation, Rn.3143; PP Rn.353; *Soinne,* Traité théorique et pratique des procédures collectives, Rn.1932.

240 *Pérochon-Bonhomme,* Entreprises en difficulté, Rn. 282.

241 *Saint-Alary-Houin,* Droit des entreprises en difficulté, Rn. 711; *Pérochon-Bonhomme,* Entreprises en difficulté, Rn. 289.

ger[242]. Mit dem Reformgesetz vom 10.6.1994 wurde die Verpflichtung des Insolvenzverwalters, ein Inventar zu erstellen, in Art. L. 621-18 eingeführt. Dies hat zu einer Umkehr der Beweislast geführt. Ist kein Inventar erstellt worden, ist vom Antragsgegner zu beweisen, dass die herausverlangte Sache im Zeitpunkt der Eröffnung des Verfahrens nicht mehr existierte oder nicht identifizierbar war[243].

(3) Das Vorhandensein im unveränderten Zustand

Schließlich muss die Sache *en nature* existieren[244]. Der Gegenstand der *action en revendication et en restitution* muss sich danach in einem unveränderten Zustand befinden. Danach darf es grundsätzlich weder zu einer Verbindung oder zu einer Vermischung mit einer neuen Sache noch zu einer Verarbeitung zu einer neuen Sache gekommen sein. Nach ständiger Rechtsprechung ist eine Verbindung bzw. Verarbeitung indes unschädlich, wenn dadurch nicht eine völlig neue Sache entstanden ist[245]. Die Verbindung einer Sache steht einem Herausgabeanspruch dann nicht entgegen, wenn eine Trennung der verbundenen Sachen ohne Schaden möglich ist[246].

2. Rechtsfolgen

a. Verfahrensrechtlich

Über die *action en revendication et en restitution* entscheidet gemäß Art. D. 85-1 Abs. 1 und 85-4 Abs. 1 der Insolvenzverwalter, wenn dieser nicht bestellt ist, der Gläubigervertreter bzw. der Liquidator im Einvernehmen mit dem Schuldner innerhalb eines Monats ab Zugang des Antrags.

Wird der Antrag nicht oder negativ beschieden, kann der Gläubiger den *juge commissaire* innerhalb eines weiteren Monats anrufen, der durch Beschluss (*ordonnance)* entscheidet, Art. D. 85-1 Abs. 2 und 85-4 Abs. 2. Gegen die *or-*

---

242 Com. 23.10.1990, D. 1990, 277

243 Com. 13.4.1999, Act.proc.coll. 1999/10, N°135, Anm. M.H. Monsèrié-Bon; Petites affiches, 8.6.1999, N° 113, 8, Anm. P.M. Le Corre ; D.2000, somm., S.73, Anm. F.Pérochon/D.Mainguy; kritisch: *Soinne,* Traité théorique et pratique des procédures collectives, Rn.1935.

244 Com. 22.3.1994, Bull. civ. IV, n° 121; *Saint-Alary-Houin*, Droit des entreprises en difficulté, Rn. 713 ; *Pérochon-Bonhomme*, Entreprises en difficulté, Rn. 289.

245 Versailles 7.6.1990, D. 1991, somm. 46, Anm. F. Pérochon; Angers 12.11.1986, Rev.proc.coll. 1987, n° 2, S. 69.

246 Com. 10.7.1990, Bull. civ. IV, n° 206; Com. 13.2.1991, Bull.civ., IV, n° 41.

donnance kann der Gläubiger gemäß Art. D. 25 i.V.m. Art. L. 623-4 Rechtsmittel der *opposition* (Beschwerde beim Insolvenzgericht, also ohne Devolutiveffekt) innerhalb von acht Tagen seit Zustellung der *ordonnance* beim Insolvenzgericht einlegen. Gegen die Entscheidung des Insolvenzgerichts gibt es schließlich das Rechtsmittel der Berufung, die innerhalb von 10 Tagen nach Zustellung des Urteils einzulegen ist.

b. Materiell-rechtlich

Wird dem Antrag stattgegeben, ist die Sache herauszugeben oder, wenn dies unmöglich ist, Schadensersatz zu leisten[247].

Anderenfalls kann der *mandataire de justice* die Sache veräußern. Hat der Antragsteller vor Bescheidung den Besitz an der Sache erlangt, hat er diese und im Falle einer Weiterveräußerung den Erlös herauszugeben[248].

Für den Verkäufer beweglicher Sachen bestehen darüber hinaus spezielle Regelungen, die im Folgenden gesondert darzustellen sind.

V. Die Rechtsstellung des Verkäufers beweglicher Sachen

Das französische Zivilrecht räumt dem Verkäufer beweglicher Sachen im Fall der Nichterfüllung seiner Zahlungsforderung ein Zurückbehaltungsrecht (Art. 1612 C.civ. – sog. *exception d'inexécution*), ein Recht zur Auflösung des Vertrages (Art. 1184 i.V.m. 1654 C. Civ.) und ein Vorzugsrecht am Verkaufserlös (Art. 2102 n° 4 C.civ.) ein.

Im Insolvenzverfahren bleibt lediglich das Zurückbehaltungsrecht in vollem Umfang erhalten, während im Übrigen den vorgenannten Rechten zu Gunsten des Grundsatzes der Gleichbehandlung der Insolvenzgläubiger grundsätzlich jedwede Geltung versagt bleibt[249].

Gemäß Art. L. 621-117 kann der Verkäufer beweglicher Sachen seine Rechte, insbesondere die *action en revendication et en restitution* nur unter den Voraussetzungen der Art. L. 621-118 bis Art. L. 621-124 ausüben. Im Übrigen hängt

247 Com. 16.6.1988, Rev.proc.coll. 1990-3, S. 249, n°4, Anm. B. Soinne; Orléans 2.12.1988, Rev.proc.coll. 1991-2, S.239, n°30; da die Forderung in diesem Fall nach Eröffnung des Verfahrens entstanden ist, handelt es sich um eine Masseforderung i.S.v. Art. L. 621-32.

248 Com. 23.5.1995, Rev.proc.coll. 1995, 488, n°29, Anm. B. Soinne.

249 Zur Auflösung des Vertrages vgl. oben Teil 2 A I 3 a S.43 sowie unten Teil 2 A V 2 b (2) S.72.

dies davon ab, ob sich die Ware bereits im Besitz des Käufers befindet oder nicht und insbesondere davon, ob die Ware unter Eigentumsvorbehalt geliefert wurde.

1. Zurückbehaltungsrecht

Gemäß Art. L. 621-120 hat der Verkäufer einer beweglichen Sache ein Zurückbehaltungsrecht, solange die Ware nicht geliefert oder versandt ist. Grundlage für das Zurückbehaltungsrecht ist demnach der Besitz des Verkäufers, unabhängig davon, ob das Eigentum bereits auf den Erwerber übergegangen ist oder nicht[250]. Anders als im Zivilrecht gilt dies nicht nur im Falle des Barkaufs, sondern auch bei der sog. *vente à terme*[251]/[252].

Allerdings kann der Insolvenzverwalter mit Genehmigung des *juge commissaire* gemäß Art. L. 621-24 und L. 621-28 Lieferung verlangen, jedoch nur gegen sofortige Zahlung[253].

2. Action en revendication et en restitution

a. Grundsatz: Übergang des Eigentums mit Abschluss des Kaufvertrags

Die *action en revendication et en restitution* setzt das Eigentum des Antragsstellers voraus[254].

Eine Besonderheit für den Verkäufer ergibt sich im französischen Recht aus dem dort geltenden „Konsensprinzip". Gemäß Art. 1583 C.civ. geht das Eigentum an der Kaufsache bereits mit Abschluss des Kaufvertrags, also mit Einigung über Kaufsache und –preis auf den Käufer über. Einer dinglichen Einigung und einer Übergabe bedarf es nicht. Auch die Zahlung des Kaufpreises ist nicht erforderlich[255].

Damit scheidet für den Verkäufer nach Abschluss des Kaufvertrags eine *action en revendication et en restitution* grundsätzlich aus.

---

250 *Saint-Alary-Houin,* Droit des entreprises en difficulté, Rn. 717; *Pérochon-Bonhomme*, Entreprises en difficulté Rn. 284.

251 Die sog. *vente à terme* entspricht etwa dem Termingeschäft (Börse, Immobilien) im deutschen Recht.

252 *Pétel*, Procédures collectives, Rn. 360; *Soinne,* Traité théorique et pratique des procédures collectives, Rn. 1892; *Saint-Alary-Houin*, Droit des entreprises en difficulté, Rn. 717;.

253 Dabei handelt es sich auch um eine Ausnahme vom Verbot der Zahlung von Insolvenzforderungen, s. u. Teil 2 A I 1 b S.38 ff.

254 Vgl. oben Teil 2 A IV 1 c (1) S.68.

255 *Chazal/Vincente,* Le transfert de propriété par l'effet des obligations dans le Code civil, Rev.trim.dr.civ. 2000, 493.

b. Ausnahmeregelungen

Durch Vereinbarung eines Eigentumsvorbehalts vermeidet der Verkäufer einen Verlust seines Herausgabeanspruchs im Falle der Insolvenz des Käufers [(3)]. Darüber hinaus sieht das französische Insolvenzrecht zum Schutz des Verkäufers beweglicher Sachen einige weitere Ausnahmeregelungen vor [(1)+(2)].

(1) Ware in transitu

Gemäß Art. L. 621-119 Abs. 1 kann der Verkäufer Ware herausverlangen, wenn die Ware versandt, aber noch nicht beim Schuldner ausgeliefert worden, also *in transitu* ist.

Art. L. 621-119 Abs. 1 ermöglicht somit eine auf den mittelbaren Besitz gestützte *action en revendication*[256]. Dieses Recht steht dem Verkäufer trotz des bereits erfolgten Eigentumsübergangs zu, weil nach französischem Verständnis erst der Besitz der Sache bei den Gläubigern des Schuldners den Gutglaubenstatbestand dafür schafft, dass die Ware im Eigentum des Schuldners steht und damit Element seiner Kreditwürdigkeit ist[257].

Gemäß Art. L. 621-119 Abs. 2 geht der Herausgabeanspruch unter, wenn die Ware *in transitu* weiterveräußert wird, es sei denn, die Weiterveräußerung erfolgt ausschließlich zu dem Zweck, die Herausgabe der Ware an den Verkäufer zu vereiteln.

(2) Auflösung des Vertrages

Die Möglichkeit einer *action en revendication et en restitution* bleibt auch erhalten, wenn das Eigentum in Folge einer Vertragsauflösung an den Verkäufer zurückgefallen ist.

Einer Auflösung des Kaufvertrags steht grundsätzlich das Verbot der Einzelverfolgung gemäß Art. L. 621- 40 entgegen[258]. Etwas anderes gilt jedoch in folgenden Fällen:

---

256 *Saint-Alary-Houin*, Droit des entreprises en difficulté Rn. 719 ; *Ripert/Roblot*, Procédures collectives de redressement et de liquidation, Rn. 3151; *Soinne*, Traité théorique et pratique des procédures collectives, Rn. 1895.

257 *Saint-Alary-Houin*, Droit des entreprises en difficulté Rn. 719 ; *Soinne*, Traité théorique et pratique des procédures collectives, Rn. 1896; *Ripert/Roblot*, Procédures collectives de redressement et de liquidation, Rn. 3148.

258 vgl. oben Teil 2 A I 3 S.43 ff.

- wenn der Kaufvertrag vor Eröffnung des Insolvenzverfahrens durch Urteil oder aufgrund einer Vertragsklausel, also außerhalb des Anwendungsbereichs des Art. L. 621-40, aufgelöst wurde.
- wenn einer Klage auf Vertragsauflösung, die vor Eröffnung des Insolvenzverfahrens erhoben wurde, nach Verfahrenseröffnung stattgegeben wird. Gemäß Art. L. 621-40 muss sie jedoch auf andere Gründe, als die Nichtzahlung des Kaufpreises gestützt sein.

(3) Eigentumsvorbehalt

Gemäß Art. L. 621-122 Abs. 2 Satz 1 können bewegliche Sachen auch dann heraus verlangt werden, wenn sie unter Eigentumsvorbehalt verkauft wurden[259].

Neben den allgemeinen Voraussetzungen der *action en revendication et en restitution*[260], muss der Eigentumsvorbehalt gemäß Art. L. 621-22 Abs. 2 Satz 2 schriftlich, spätestens im Zeitpunkt der Lieferung wirksam vereinbart worden sein.

Das Schriftformerfordernis wird in der Rechtsprechung weit ausgelegt. Eine gesonderte, von den Parteien unterschriebene Vereinbarung ist nicht erforderlich[261].Es genügt auch schon der Hinweis auf einem Telex, Lieferschein, einer Rechnung, Empfangsbescheinigung oder in den allgemeinen Geschäftsbedingungen[262]. Voraussetzung ist die Möglichkeit der Kenntnisnahme[263] und die zumindest konkludente Erklärung des Einverständnisses[264]. Im Fall sich widersprechender AGBs finden die des Käufers Anwendung, es sei denn die Parteien vereinbaren schriftlich etwas anderes, Art. L. 621-122 Abs. 2 Satz 3.

---

259 Bis zum Gesetz „Dubanchet" vom 12.5.1980 blieb die Eigentumsvorbehaltsklausel im Falle der Insolvenz ohne Wirkung: Civ. 28.3.1934 und Civ. 22.10.1934. D. 1934, I, S.151, Anm. Vandamme.

260 vgl. oben Teil 2 A IV 1 S.67ff; es sei darauf hingewiesen, dass die Eigentumsvorbehaltsklausel in einem Register eingetragen werden kann mit der Folge, dass unmittelbar die *action en restitution* möglich ist.

261 Com. 11.3.1984, D. 1985, IR. 1, Anm. F. Derrida.

262 Com. 11.7.1983, D. 1984, IR. 1, Anm. Derrida; Com. 11.3.1984, D. 1985, IR. 1, Anm. Derrida; Com. 6.5.1986, Rev.proc.coll. 1986, n°2. S.38, Anm. Soinne; Com. 10.2.1987, Rev.proc.coll. 1987, n°2, S.73, Anm. Soinne; Com. 3.11.1992, D. 1993, somm. 287 u. 290, Anm. Pérochon ; Com. 13.10.1998, RJDA 12/98, n°1391, S.1045.

263 Com. 3.11.1992, D. 1993, somm. 287 u. 290, Anm. Pérochon.

264 Com. 11.5.1984, Gaz.pal. 1985,1,55; Com. 3.1.1995, RJDA 4/95, n°505; Com. 11.7.1995, D. 1996, som. com. S.211, Anm. Pérochon ; Com. 3.6.1997, RJDA 1997, n°1414; Com. 17.3.1998, RJDA 7/98, S.652; Com. 13.10.1998, RJDA 12/98, n°1391,S.1045.

Wird dem Antrag stattgegeben, erhält der Antragsteller sein Eigentum zurück. Seine Forderung erlischt in diesem Fall in Höhe des Werts der zurückerhaltenen Sache[265]. Ist der Wert niedriger als die Forderung, ist der verbleibende Betrag als Insolvenzforderung anzumelden[266]. Übersteigt der Wert der Sache seine Forderung oder hat er bereits Teilzahlungen erhalten, hat der Gläubiger den den Wert überschießenden Betrag zurückzuzahlen[267].

Ist die Sache nach Eröffnung des Verfahrens untergegangen, die Herausgabe also unmöglich geworden, wird die Kaufpreisforderung zur Masseforderung i.S.v. Art. L. 621-32[268].

Ist die herauszugebende Sache weiterveräußert worden, hat der Antragsteller gemäß Art. L. 621-124 Anspruch auf den Veräußerungserlös in Höhe abzüglich des bis zum Zeitpunkt der Verfahrenseröffnung gezahlten Kaufpreises.

Gemäß Art. L. 621-122 Abs. 4 kann der Insolvenzverwalter die Herausgabe durch vollständige Zahlung des Kaufpreises abwenden.

Er kann mit dem Eigentümer auch eine Stundungsvereinbarung treffen. Dies stellt jedoch für den Eigentümer ein Risiko dar, da er in Höhe des gestundeten Betrags lediglich über eine Masseforderung niederen Rangs verfügt.

VI. Die Rechtsstellung des Pfandrechtsinhabers

Die Rechtstellung der Pfandrechtsinhaber in der Beobachtungsphase hängt im Wesentlichen davon ab, ob der Gläubiger Inhaber eines Besitzpfandrechts oder eines besitzlosen Pfandrechts ist[269].

Der Besitz des Pfandguts und das damit einhergehende Zurückbehaltungsrecht vermittelt dem Besitzpfandrechtsgläubiger eine äußerst komfortable Rechtsstellung. Anders als der Inhaber eines besitzlosen Pfandrechts ist eine Befriedigung seiner Forderung - in Ausnahme zum grundsätzlichen Zahlungsverbot des Art. L. 621-24 - bereits in diesem frühen Stadium des Verfahrens möglich[270].

---

265 Com. 5.3.1996, RJDA 12/96, n°1546.
266 Com. 5.3.1996, RJDA 12/96, n°1546.
267 Com. 23.1.2001, RJDA 2001, n°483, S.433.
268 Zur Zurückweisung des Antrags und den Rechtsbehelfen vgl. oben Teil 2 A IV 2 S.69.
269 Vgl. hierzu bereits oben Teil 1 B III 3 a S.30.
270 Vgl. hierzu bereits oben Teil 2 A I 1 b (2) S.40

VII. Die Rechtsstellung des Hypothekengläubigers

Die Rechtsstellung des Hypothekengläubigers in der Beobachtungsphase ist wesentlich schwächer als die der Besitzpfandgläubiger.

1. Grundsatz: Hinterlegung des Veräußerungserlöses

So kann zwar der Insolvenzverwalter bzw. (im vereinfachten Verfahren) der Schuldner mit Zustimmung des *juge commissaire* ein mit einer Hypothek belastetes Grundstück gemäß Art. L. 621-24 Abs. 2 i.V.m. Art. L. 621-25 verkaufen, aber der erzielte Kaufpreis wird nicht an die Sicherungsinhaber zur Befriedigung ihrer Forderungen ausgeschüttet[271].

Gemäß Art. L. 621-25 Abs. 1 ist der erzielte Erlös in Höhe der durch die Hypothek gesicherten Forderung bei der *Caisse des dépots et consignations*[272] zu hinterlegen. Gemäß Art. D. 55-1 Abs. 1 Satz 2 steht der hinterlegte Erlös weder dem Unternehmen noch dem Hypothekengläubiger zur Verfügung. Nur der die gesicherten Forderungen übersteigende Betrag wird dem Schuldnerunternehmen zur Verfügung gestellt.[273]

Die Hinterlegung birgt außerdem die Gefahr, dass die Massegläubiger und auch die Neugläubiger in den hinterlegten Betrag pfänden[274]. In diesem Fall ginge eine bestehende Hypothek ins Leere und der gesicherte würde zum ungesicherten Insolvenzgläubiger.

2. Ausnahme: Provisorische Zahlung

Gemäß Art. L. 621-25 Abs. 2 kann der *juge commissaire* jedoch eine provisorische Zahlung an die Hypothekengläubiger anordnen[275].

Auch wenn es zunächst für den Hypothekengläubiger vorteilhaft erscheint, dass er bereits während der Beobachtungsphase zumindest teilweise befriedigt werden kann, ist der Vorteil einer solchen Zahlung zweifelhaft. Zum einen setzt

---

271 Erst nach Erlass eines Sanierungsplans oder Eröffnung des Liquidationsverfahrens dürfen die Hypothekengläubiger aus dem Erlös befriedigt, vgl. unten Teil 2 B I 2 c (2) S.85; Teil 2 B II 2 a (2) S.92 und Teil 2 B III 2 b S.96.

272 Zur *Caisse des dépots et consignations* vgl. Glossar S.149 ff.

273 *Sénéchal*, La vente des immeubles et la distribution de leur prix, Les Petites affiches 28.10.1998, n° 129, S. 36 ff.; *Soinne*, Traité théorique et pratique des procédures collectives, , Rn. 1322; *Saint-Alary-Houin*, Droit des entreprises en difficulté, Rn. 520; *Ripert/Roblot*, Procédures collectives de redressement et de liquidation, Rn. 3042.

274 Vgl. unten Teil 2 A VIII S.76 ff.

275 Vgl. oben: Teil 2 A I 1 b (5) S.42.

er sich dem Risiko aus, dass die provisorische Zahlung seine Quote am Erlös überschreitet und er gemäß Art. D. 55-1 Abs. 3 zur Rückerstattung verpflichtet wird. Zum anderen übersteigen die Kosten der beizubringenden *garantie bancaire*[276] in vielen Fällen den Vorteil einer frühzeitigen Teilzahlung[277].

VIII. Die Rechtsstellung der Massegläubiger

Gemäß Art. L. 621-32 Abs. 1 sind die Massegläubiger im Zeitpunkt der Fälligkeit ihrer Forderung, also auch schon während der Beobachtungsphase, zu befriedigen.

Das Zahlungsverbot des Art. L. 621-24 und die Unterbrechung des Zinslaufs gemäß Art. L. 621-48 betrifft ausschließlich die Insolvenzgläubiger[278].

Werden mehrere Masseforderungen gleichzeitig fällig, sind sie entsprechend ihrem Rang gemäß Art. L. 621-32 Abs.3 in folgender Reihenfolge zu befriedigen:

1. Arbeitnehmerforderungen, soweit sie nicht gemäß Art. L. 143-11-1 bis Art. L. 143-11-3 Code du travail durch die AGS beglichen wurden.
2. Verfahrenskosten (insbesondere die Honorare der *mandataires de justice*, d.h. der gerichtlich eingesetzten Verfahrensorgane[279]).
3. Darlehen von Kreditinstituten und Gläubiger fortgesetzter Verträge, wenn sie einer Ratenzahlung zugestimmt haben.
4. Forderungen der AGS gemäß Art. L. 143-11-1 n° 3 Code du travail (betrifft nur Vorleistungen im Falle der Liquidation).
5. Die übrigen nach ihrem Rang, d. h. Gläubiger, die Inhaber von Sicherungsrechten sind, vor den ungesicherten Massegläubigern[280].

Werden sie nicht (rechtzeitig) befriedigt, können sie anders als die Insolvenzgläubiger Einzelverfolgungsmaßnahmen einleiten[281]. Einen Titel können sie

---

276 Vgl. hierzu oben: Teil 2 A I 1 b (5) S.42.

277 *Guyon*, Entreprises en difficulté, Rn. 1343; *Saint-Alary-Houin*, Droit des entreprises en difficulté, Rn. 522; *Calendini*, La situation des créanciers titulaires des sûretés réelles spéciales après la loi de 10 juin 1994, Rev.proc.coll. 1994, 497, n° 7 f.

278 Vgl. oben Teil 2 A I 1 und 4 S.36 u. 46.

279 Vgl. oben Einleitung S.17 ff.

280 Daher macht es auch für die Massegläubiger Sinn, sich ein Sicherungsrecht einräumen zu lassen.

281 Com. 20.6.1989, JCP 1990, E, II, n° 15658, Anm. Cabrillac/Pétel; Com. 10.7.1990, JCP 1991, E, II n° 140, Anm. Cabrillac; Com. 25.6.1996, D. 1996, 616, Anm. Der-

dann im Wege der *saisie-attribution* vollstrecken[282]. Dies gilt auch für Geldbeträge, die bei der sog. *Caisse des dépôts et consignation* hinterlegt sind[283].

Durch die *saisie-attribution* wird die vom Gesetzgeber vorgesehene Rangfolge ausgehebelt und birgt die Gefahr eines „Wettlaufs"[284] der Massegläubiger, was in weiten Teilen der Literatur kritisiert wird[285].

Diese Regelungen stellen sich als negativ für die Insolvenzgläubiger dar[286], da vorhandene Aktiva zu großen Teilen in der Befriedigung der Massegläubiger aufgehen. Allerdings entspricht dies dem Ziel des französischen Insolvenzrechts, insolvente Unternehmen zu retten. Dies setzt eine gesicherte Finanzierung des Unternehmens in der Beobachtungsphase voraus. Durch die Privilegierung der Massegläubiger wird ein Anreiz für eine neue Kreditgewährung geschaffen. Die künftige Unternehmensfinanzierung durch erneute Kreditgewährung an das Unternehmen im Insolvenzverfahren kann nur gelingen, wenn für den Fall des Scheiterns der Sanierung die neuen Gläubiger ausreichend abgesichert sind.

IX. Die Rechtsstellung der Arbeitnehmer

Die Arbeitnehmer genießen sowohl als Insolvenzgläubiger als auch als Massegläubiger eine Sonderstellung im Französischen Insolvenzverfahren. Dies betrifft zum einen die Zahlung ihrer Löhne und Gehälter, zum anderen die Kündigung von Arbeitnehmern während der Beobachtungsphase.

1. Befriedigung der Arbeitnehmerforderungen

a. Insolvenzforderungen

Die Privilegierung der Arbeitnehmer gegenüber anderen Insolvenzgläubigern besteht in mehrfacher Hinsicht.

---

rida; Com. 11.2.1997, D. aff. 1997, S. 350; Com. 8.12.1998, Act.proc.coll. 3/99, n° 22.

282 Bei der *saisie-attribution* wird ein gepfändeter Geldbetrag unmittelbar „in die Hände" des Vollstreckungsgläubigers gepfändet: vgl. etwa Com. 22.4.1997, Bull. civ., n°104.

283 Com. 26.4.2000, RJDA 11/00, n° 1010; Com. 20.2.2001, D. 2001, S. 921, Anm. Lienhard.

284 *Pérochon-Bonhomme*, Entreprises en difficulté Rn. 216.

285 Vgl. statt vieler: *Saint-Alary-Houin*, Droit des entreprises en difficulté Rn. 600 m.w.N.

286 Zu den Auswirkungen für den Hypothekengläubiger siehe oben Teil 2 A VII 1 S.75.

Zum einen sind die Arbeitnehmer von der Obliegenheit zur Anmeldung ihrer Forderungen befreit[287]. Zum anderen unterliegen die Insolvenzforderungen der Arbeitnehmer nicht dem allgemeinen Zahlungsverbot des Art. L. 621-24 Abs. 1 Satz 1[288]. Und schließlich ist die Erfüllung ihrer Insolvenzforderungen durch die sog. „AGS" abgesichert[289].

b. Masseforderungen

Lohn- und Gehaltsansprüche, sowie sämtliche aus einer Beendigung des Arbeitsvertrags resultierenden Ansprüche, die nach Eröffnung des Insolvenzverfahrens entstehen, sind wie die übrigen Masseforderungen bei Fälligkeit zu befriedigen.

Auch als Massegläubigern haben die Arbeitnehmer eine Sonderstellung. Gemäß Art. L. 621-32 sind ihre Forderungen vor denen der übrigen Massegläubiger zu befriedigen[290]. Zudem wird auch die Befriedigung bestimmter Masseforderungen durch die Pflichtversicherung „AGS" garantiert.

c. Zahlungsgarantie durch Pflichtversicherung

Gemäß Art. L. 143-11-1 Abs. 1 Code du travail ist jeder Arbeitgeber verpflichtet, sich gegen die in Folge einer Insolvenz eingetretenen Zahlungsunfähigkeit von Arbeitnehmerforderungen zu versichern. Die Versicherung erfolgt bei der „AGS" (*Association pour la gestion du régime d'assurance des créances des salariés*), die gemäß Art. L. 621-132 i.V.m. Art. L. 143-11-1 Abs. 2 Code du travail folgende Zahlungen garantiert:

- sämtliche Insolvenzforderungen,
- alle Ansprüche aus einer während des Insolvenzverfahrens (ohne Unterscheidung zwischen Beobachtungs- und Ausführungsphase) ausgesprochenen Kündigung.

287 Vgl. bereits oben Teil 2 A II 3 S.61.
288 Vgl. oben Teil 2 A I 1 b (3) S.41.
289 Siehe unten Teil 2 A IX 1 c S.78.
290 Zur Rechtsstellung der Arbeitnehmer als Massegläubiger im Allgemeinen und zur Rangposition vgl. oben Teil 2 A VIII S.76.

2. Kündigungen

Neben der Rettung des Unternehmens, ist das Ziel des Französischen Insolvenzverfahrens die Erhaltung der beim Gemeinschuldner bestehenden Arbeitsplätze[291].

Dementsprechend werden im Zeitpunkt der Eröffnung des Verfahrens bestehende Arbeitsverträge automatisch fortgesetzt[292] und sind Kündigungen während der Beobachtungsphase nur ausnahmsweise und unter engen Voraussetzungen zulässig[293].

Gemäß Art. L. 621-37 Abs. 1 sind betriebsbedingte Kündigungen nur zulässig, wenn sie dringend, unvermeidbar und zwingend erforderlich sind[294]. Dies ist regelmäßig nur der Fall, wenn anders eine erfolgreiche Sanierung des Schuldnerunternehmens nicht möglich erscheint[295].

Gemäß Art. L. 621-37 Abs. 1 bedarf es zudem einer Genehmigung des *juge commissaire*[296]. Dieser entscheidet jedoch lediglich über die Anzahl der Arbeitnehmer, denen gekündigt werden darf. Gegen die Entscheidung des *juge commissaire* gibt es den Rechtsbehelf der *opposition* gemäß Art. D. 25 i.V.m. Art. L. 623-4. Antragsberechtigt ist jeder Arbeitnehmer[297].

Die Kündigung des einzelnen Arbeitnehmers spricht der Insolvenzverwalter bzw. der Schuldner aus[298]. Hiergegen kann der Arbeitnehmer vor den Arbeitsgerichten klagen[299]. Der Einwand, die Entlassung sei nicht dringend, unvermeidbar oder zwingend erforderlich gewesen, kann vor den Arbeitsgerichten jedoch nicht mehr geltend gemacht werden.[300]

---

291 Vgl. oben Einleitung S.17 ff.

292 Vgl. oben Teil 2 A III 1 c (2) S.65.

293 *Saint-Alary-Houin*, Droit des entreprises en difficulté, Rn. 526; *Guyon*, Entreprises en difficulté, , Rn. 1260; *Pérochon-Bonhomme*, Entreprises en difficulté, Rn. 206; *Barthélémy*, Le sort des contrats de travail et des créances de salaires dans les entreprises redressement et liquidation judiciaires, JCP, 1992, E, I, 198.

294 Art. L. 621-37: „... caractère urgent, inévitable et indispensable ..."

295 T.com. Versailles 17.11.1986, Rev.proc.coll. 1987, Nr. 3, S. 33, Anm. Langelois; T.com. Melun 7.5.1987, Gaz.Pal. 1987, 2. Somm. 313.

296 Zur Beteiligung des *comité d'entreprise* bzw. der *délégués du personnel* im Zusammenhang mit der Kündigung von Arbeitnehmern siehe unten Teil 3 E II 2 und III 2 S.165 u. 169.

297 *Saint-Alary-Houin*, Droit des entreprises en difficulté Rn. 527 ; *Pérochon-Bonhomme*, Entreprises en difficulté Rn. 206.

298 Soc. 18.6.1997, Bull. civ., V, n° 226.

299 Soc. 3.10.1989, Rev.proc.coll. 1990-3, 289 ; Soc. 5.5.1993, Bull. civ. V, n°127.

300 Soc. 9.7.1996, Bull. civ. V, n°268; Soc. 5.3.1997, D. 1997, IR S. 127; Soc. 26.5.1999, Bull. Civ. V, n° 235.

X. Zwischenergebnis

Mit Beginn der Beobachtungsphase wird den Insolvenzgläubigern der Zugriff auf das Schuldnervermögen entzogen. Insbesondere darf auf Insolvenzforderungen grundsätzlich nicht gezahlt werden. Diese können lediglich zur Forderungstabelle angemeldet werden.

Dem gegenüber sind die Forderungen der Massegläubiger im Zeitpunkt ihrer Fälligkeit zu befriedigen.

Aber auch bestimmte Insolvenzgläubiger (Arbeitnehmer, Eigentümer und Inhaber bestimmter Sicherungsrechte) genießen eine privilegierte Rechtsstellung. Das französische Insolvenzrecht sieht für diese Gläubiger eine Vielzahl von Sondervorschriften vor.

B. Die Rechtsstellung der Gläubiger in der Ausführungsphase

Am Ende der Beobachtungsphase entscheidet das Insolvenzgericht darüber, ob das Schuldnerunternehmen saniert (Fortführung oder Veräußerung) oder liquidiert wird. Dies hat für die verschiedenen Gläubigergruppen weitgehende, aber auch unterschiedliche Auswirkungen auf ihre Rechtsstellung, was im Folgenden dargestellt wird.

I. Die Rechtsstellung der Gläubiger bei der Unternehmensfortführung

Gemäß Art. L. 621-70 Abs. 1 erlässt das Insolvenzgericht einen Fortführungsplan, wenn ernsthafte Möglichkeiten zur Sanierung und zur Schuldenbereinigung, also zur Gläubigerbefriedigung, bestehen. Die Sanierung und die Schuldenbereinigung setzen eine nachhaltige Wiederherstellung der Tragfähigkeit des Unternehmens voraus, was Maßnahmen auf wirtschaftlicher, juristischer und sozialer Ebene erforderlich macht. Entsprechend dem im französischen Insolvenzrecht herrschenden System der obrigkeitsstaatlichen Verfahrensabwicklung[301] ist es das Gericht, das diese Maßnahmen im Sanierungsplan festschreibt.

1. Gläubigerrelevante Regelungen im Fortführungsplan

Neben der Stilllegung, der Veräußerung oder des Erwerbs einzelner Unternehmensteile, der Veränderung der Gesellschaftsstruktur und Eingriffe in die

301 Vgl. oben Einleitung S.17 ff.

Rechtsstellung der Geschäftsleitung kann das Gericht die Veräußerung bestimmter, für die Unternehmenstätigkeit notwendiger Gegenstände untersagen und den Personalbestand des Unternehmens festlegen.

a. Verbot der Veräußerung sanierungserheblicher Gegenstände

(1) Zweck der Regelung

Vorrangiges Ziel der Unternehmensfortführung ist die Sanierung des Unternehmens und die Schuldenbereinigung. Der Schuldner könnte die Erreichung dieser Ziele gefährden, wenn er für die Sanierung notwendige Gegenstände seines Vermögens veräußert. Dementsprechend kann das Insolvenzgericht gemäß Art. L. 621-70 Abs. 1 ein Veräußerungsverbot für solche Gegenstände anordnen. Gemäß Art. D. 98 entscheidet es auf Grundlage des Berichts des *commissaire à l'exécution des plan*[302]. Gemäß Art. D. 87-1 sind die Veräußerungsverbote im *régistre public* einzutragen.

(2) Auswirkung auf die Stellung der Gläubiger

Das Veräußerungsverbot trifft die Gläubiger in doppelter Hinsicht.

Einerseits werden die Gläubiger durch eine solche Maßnahme geschützt. Der Erhalt bestimmter Vermögensgegenstände soll die Durchführung des Fortführungsplans und damit auch die Gläubigerbefriedigung sicherstellen[303].

Andererseits kann diese Maßnahme für bestimmte Gläubiger eine Einschränkung ihrer Rechte bedeuten.

Die Forderungen der Massegläubiger sind bei Fälligkeit zu befriedigen[304]. Werden sie nicht rechtzeitig befriedigt, können sie einen Titel erwirken und die Vollstreckung in das Schuldnervermögen betreiben[305]. Allerdings sind die vom Veräußerungsverbot betroffenen Vermögensgegenstände dem Zugriff dieser Gläubiger entzogen, da das Veräußerungsverbot ein Pfändungsverbot nach sich zieht[306]. Die Massegläubiger und die Neugläubiger sind gleichermaßen hiervon

---

302 Zum *commissaire à l'exécution du plan* vgl. Glossar S.149 ff.

303 *Saint-Alary-Houin*, Droit des entreprises en difficulté, Rn. 850; *Le Corre*, Pratique des procédures collectives, Rn. 391; *Rapport M. Guzes*, Doc. Ass. nat. n° 1872, S. 111 ; *Marchi*, Gaz. Pal. 1987, 2, S. 482, Anm. zu T.com. Paris 2.3.1987.

304 Vgl. unten Teil 2 B I 2 S.83 ff.; vgl. bereits oben Teil 2 A VIII S.76.

305 Com. 25.6.1996, D. 1996, 616, Anm. F. Dérrida; Com. 11.2.1997, D. aff. 1997, 350.

306 Civ. 9.10.1985, Bull.civ., I, n° 252; *Derrida/Godé/Sortais*, Redressement et liquidation judiciaire des entreprises, Rn. 440; *Soinne*, Traité théorique et pratique des

betroffen. Allerdings trifft es die Massegläubiger überraschend. Im Gegensatz zu den Neugläubigern konnten sie vor Eingehung vertraglicher Beziehungen zum Schuldner nicht vom Veräußerungsverbot Kenntnis nehmen[307]. Bezieht sich das Veräußerungsverbot auf unbewegliches Vermögen, können auch Hypothekengläubiger nachteilig betroffen sein[308].

(3) Rechtsfolgen bei Verstoß gegen das Veräußerungsverbot

Entgegen diesem Verbot vorgenommene Rechtsgeschäfte werden auf Antrag gemäß Art. L. 621-72 Abs. 3 aufgehoben. Antragsberechtigt ist jeder mit einem berechtigten Interesse (*tout intéressé*). Entsprechend dem Sinn und Zweck des Veräußerungsverbots ist dies jeder am Insolvenzverfahren beteiligte Gläubiger. Die Klagefrist beträgt gemäß Art. L. 621-72 Abs. 3 drei Jahre ab Vornahme des Rechtsgeschäfts, im Falle einer Eintragung des Veräußerungsverbots, ab Eintragung. Gemäß Art. L. 621-72 Abs. 1 i.V.m. Art. D. 98 kann das Insolvenzgericht auf Antrag für einzelne Vermögenswerte das Veräußerungsverbot aufheben[309].

b. Kündigungen

Gemäß Art. L. 621-63 Abs. 2 legt der Plan fest, in welchem Umfang Arbeitsplätze erhalten werden und erstellt eine Prognose für die künftige Beschäftigungslage. Das Ziel des Insolvenzverfahrens, in erster Linie das Schuldnerunternehmen zu retten, kann in den meisten Fällen nur durch eine Verbesserung der Kostenstruktur erreicht werden. Dies macht in vielen Fällen den Abbau von Arbeitsplätzen erforderlich.

---

procédures collectives, Rn. 1572; *Jeantin/Le Cannu*, Entreprises en difficulté, Rn. 718; *Kerckhove*, Procédures collectives, Rn. 739; *Ripert/Roblot*, Procédures collectives de redressement et de liquidation, Rn. 3185 ; *Pérochon-Bonhomme*, Entreprises en difficulté, Rn. 322.

307 *Pérochon-Bonhomme*, Entreprises en difficulté, Rn. 322.

308 Guyon, Entreprises en difficulté, Rn. 1343.

309 Eine Mindermeinung vertritt die Ansicht, dass die Zulassung der Veräußerung bestimmter Vermögenswerte einen Antrag auf Änderung des Sanierungsplans gemäß Art. L. 621-69 darstellt. Danach wäre nur der Schuldner und nicht auch die Gläubiger antragsberechtigt: vgl. *Soinne*, Traité théorique et pratique des procédures collectives, Rn.1575. Eine Entscheidung der Gerichte in dieser Frage steht noch aus.

Gemäß Art. D. 64 Abs. 2 i.V.m. Art. L. 621-64 Abs. 2 Satz 1 werden die erforderlichen Entlassungen hinsichtlich der Anzahl und Art der Arbeitsplätze im Sanierungsplan genau festgelegt[310].

Die Kündigungen spricht gemäß Art. L. 621-64 Abs. 2 i.V.m. Art. L. 621-143 der Insolvenzverwalter bzw. der Schuldner assistiert vom *commissaire à l'exécution du plan* innerhalb eines Monats ab Verkündung des Planfeststellungsurteils per Einschreiben mit Rückschein, unter Hinweis auf den Sanierungsplan, aus[311].

Gegen das Planfeststellungsurteil gibt es das Rechtsmittel der Berufung (*appel*). Rechtmittelberechtigt sind gemäß Art. L. 623-1 Abs. 1 N° 2 das *comité d'entreprise* bzw. die *délégués du personnel* und der Gläubigervertreter. Der einzelne Arbeitnehmer hingegen kann lediglich gegen die aufgrund des Plans ausgesprochene Kündigung vor den Arbeitsgerichten klagen[312]. Dabei kann er sich jedoch nicht auf die Unrechtmäßigkeit des Planfeststellungsurteils berufen[313].

Die Zahlung der ihm zustehenden Abfindungsansprüche ist gemäß Art. L. 143-11-1 Code du travail durch die *AGS* abgesichert[314].

Im weiteren Verlauf des Fortführungsplans sind Entlassungen angesichts der Feststellungen im Sanierungsplan grundsätzlich unzulässig und bedürfen vorab einer Änderung des Sanierungsplans gemäß Art. L. 621-69.

2. Die Befriedigung der Gläubiger

Neben der Rettung des Unternehmens ist ein weiteres wenn auch nachrangiges Ziel die Gläubigerbefriedigung[315].

a. Neugläubiger

Die Neugläubiger sind keine Gläubiger des Insolvenzverfahrens[316] und werden gemäß den allgemeinen Vorschriften des Code civil befriedigt.

---

310 Zur Beteiligung des *comité d'entreprise* bzw. der *délégués du personnel* im Zusammenhang mit der Kündigung von Arbeitnehmern siehe unten Teil 3 E II 2 und III 2 S.165 u. 169.

311 Soc. 22.2.2000, Gaz.Pal. 14.-16. Mai 2000, PAN. 29.

312 Soc. 3.10.1989, Bull.civ., V, n° 559; Soc. 21.2.1996, JCP, E, 1996, II., 862, Anm. Serret; *Staes*, Les aspects procéduraux, in: colloque Toulouse – Le droit des entreprises en difficulté à l'aube de l'an 2000, Petites affiches 2000, n°178, S.7.

313 *Le Corre*, Pratique des procédures collectives, Rn. 1046.

314 Zur Zahlungsgarantie durch die „AGS" vgl. oben Teil 2 A IX 1 c S.78.

315 Vgl. oben Einleitung S.17 ff.

316 Vgl. oben Teil 1 B IV S.33.

b. Massegläubiger

Gemäß Art. L. 621-32 Abs. 1 Satz 1 sind die Forderungen der Massegläubiger im Zeitpunkt ihrer Fälligkeit zu befriedigen. Einer Regelung der Massegläubigerbefriedigung im Fortführungsplan bedarf es somit nicht.

Ihre Forderungen haben Vorrang gegenüber denen der Insolvenzgläubiger, unabhängig davon, ob letzte ein Sicherungsrecht haben oder nicht. Lediglich die Arbeitnehmerforderungen *superprivilégiés*[317] gehen hier vor. Im übrigen werden die Massegläubiger entsprechend ihrem Rang gemäß Art. L. 621-32 Abs. 3 befriedigt[318].

Die weiteren Rechte bestimmen sich nach den allgemeinen Vorschriften. Werden sie nicht oder nicht rechtzeitig befriedigt, können sie einen Titel erwirken und die Zwangsvollstreckung in das Vermögen des Gemeinschuldners betreiben[319], ohne Rücksicht auf die vorgenannte Rangordnung[320].

c. Insolvenzgläubiger

Dagegen werden die Modalitäten der Insolvenzgläubigerbefriedigung im Fortführungsplan festgelegt. Die Insolvenzforderungen unterliegen grundsätzlich einem einheitlichen Grundverfahren, ohne Berücksichtigung der Natur und des Charakters der Forderung. Für bestimmte Gläubiger sieht das Gesetz jedoch Spezialverfahren vor.

(1) Das Grundverfahren

Während der Beobachtungsphase untersucht der Insolvenzverwalter unter Berücksichtigung des von ihm aufgestellten *bilan économique et social* unter welchen Voraussetzungen eine Sanierung möglich ist[321]. Das Ergebnis hält er in einem Sanierungsplanentwurf (*projet de plan de redressement*) [322] fest. Darin enthalten sind auch Modalitäten der Gläubigerbefriedigung, also mögliche Forderungsnachlässe und Zahlungsfristen. Diesen Entwurf übermittelt er dem Gläubi-

317 Vgl. oben Teil 2 A VIII S.76.

318 Zur Rangfolge der Massegläubiger untereinander siehe bereits oben Teil 3 A VIII S.76.

319 Com 26.3.1996, Petites affiches, 7.8.1996, 40, Anm. Brandeau; Com. 11.2.1997, Bull.civ. IV, n°49.

320 Com. 13.10.1998, Bull.civ. IV, n°239.

321 Vgl. oben Einleitung S.17 ff.

322 Zum *projet de plan* vgl. Glossar S.149 ff.; zur Beteiligung der Gläubiger in diesem Bereich siehe unten Teil 3 A IV S.108.

gervertreter, der seinerseits die Stellungnahme der Gläubiger einholt, Art. L. 621-60[323].

Gemäß Art. L. 621-76 Abs. 1 Satz 1 nimmt das Gericht in den Plan Forderungsnachlässe und Zahlungsfristen auf, die von den Gläubigern in ihrer Stellungnahme akzeptiert worden sind Für die übrigen Gläubiger setzt es gemäß Art. L. 621-76 Abs. 1 Satz 2 Zahlungsfristen fest, die jedoch nicht länger sein dürfen, als die ausdrücklich akzeptierten. Art. L. 621-76 Abs. 1 Satz 2 hat keinen Strafcharakter; eine solche Auslegung widerspräche dem Grundsatz der Gleichbehandlung der Gläubiger[324].

Allerdings kann das Gericht zu Gunsten der „verhandlungsbereiten" Gläubiger die Forderungsnachlässe und Zahlungsfristen gemäß Art. L. 621-76 Abs. 1 Satz 2 verändern.

Gemäß Art. L. 621-77 kann das Insolvenzgericht den Gläubigern das Angebot einer Zahlung vor Fälligkeit unter Abzinsung des Forderungsbetrages machen[325].

Der Fortführungsplan darf die Dauer von 10 Jahren nicht überschreiten, Art. L. 621-66 Satz 2.

Gemäß Art. L. 621-76 Abs. 2 hat eine erste Teilzahlung spätestens ein Jahr nach Verkündung des Fortführungsplans zu erfolgen.

(2) Spezialverfahren

Für einige Gläubiger sieht das französische Insolvenzgesetz Sonderregelungen vor.

So ist gemäß Art. L. 621-78 Abs. 1 die Festschreibung von Zahlungsnachlässen und Zahlungsfristen im Fall folgender Arbeitnehmerforderungen unzulässig:

- Arbeitnehmerforderungen *superprivilégiés*[326] im Sinne von Art. L. 143-10, L. 143-11, L. 742-6 und L. 751-15 Code du travail;

---

323 Zur Stellungnahme der Gläubiger siehe unten Teil 3 A IV S.108.

324 CA Versailles 3.3.1988, D., 1988, 103; V, 127; *Soinne*, Traité théorique et pratique des procédures collectives, , Rn. 1585; *Fremeaux*, Remises de dettes et plans de règlement, Petites affiches, 19.12.1997, 4; *Nsie*, Les remises de dettes consenties aux débiteurs en difficulté, Rev.proc.coll. 1998, 138.

325 Dies geschieht in der Praxis regelmäßig, da unter normalen Umständen die Zahlungen innerhalb einer Frist von fünf bis zehn Jahren erfolgt und es wirtschaftlich interessanter ist, einem Nachlass zuzustimmen als sich einer allzu langen Zahlungsfrist auszusetzen. (*Saint-Alary-Houin*, Droit des entreprises en difficulté, Rn. 874 m.w.N.).

326 Vgl. Glossar S.149 ff.

- Für die übrigen Arbeitnehmerforderungen i.S.v. Art. 2101 und 2104 C.civ.[327], es sei denn die „AGS“ ist für diese Forderungen in Vorleistung getreten.

Die vorgenannten Arbeitnehmerforderungen sind daher sofort zu befriedigen. Soweit die A.G.S. für die Arbeitnehmerforderungen *superprivilégiés* in Vorleistung getreten ist, tritt sie in die Rechte der Arbeitnehmer gemäß Art. L. 143-11-9 ein. Damit kann sie für diese Leistungen ebenfalls gemäß Art. L. 621-78 Abs. 1 Nr. 1 sofortige Zahlung verlangen.

Gemäß Art. L. 621-78 Abs. 2 i.V.m. Art. D. 101 sind zudem Insolvenzforderungen bis FF 1.000,00 sofort, d.h. ohne Zahlungsfristen zu zahlen.

Voraussetzung ist, dass die Summe der Forderungen aller Kleingläubiger nicht mehr als 5 % und dass die Summe der Forderungen eines Kleingläubigers nicht mehr als 0,5 % der „geschätzten Gesamtverbindlichkeiten“[328] beträgt[329] und die Forderungen nicht von einem Dritten erworben wurden.

Grundsätzlich unterliegt der Leasinggeber bezüglich der Zahlungsmodalitäten den gleichen Regelungen wie die übrigen Insolvenzgläubiger. Etwas anderes gilt jedoch, wenn der Schuldner vor Ablauf der Zahlungsfristen eine bestehende Kaufoption ausübt. Gemäß Art. L. 621-76 ist der Leasinggeber in diesem Fall sofort und vollständig zu befriedigen, abzüglich der bis dahin erhaltenen Zahlungen[330].

Auch die Inhaber von Sicherungsrechten unterliegen regelmäßig den allgemeinen Regelungen über Forderungsnachlässe und Zahlungsfristen.

Eine Besonderheit ergibt sich für Hypothekengläubiger, Inhaber besitzloser Pfandrechte oder eines *privilège*[331].

Wird das Sicherungsgut veräußert, werden die Sicherungsinhaber aus dem Erlös gemäß Art. L. 621-80 Abs. 1 sofort befriedigt; allerdings nach den Arbeitnehmerforderungen *superprivilégiés*. Im Übrigen gilt die Rangfolge der Art. 2095 ff C.civ.

---

327 Das sind Löhne und Gehälter der letzten 6 Monate, Gratifikationen, 13. Monatsgehalt.

328 Art. L. 621-78 Abs. 2: „Dans la limite de 5 % du passif estimé ...“

329 Das Dekret vom 27.12.1985 weist bislang alle Geldbeträge in Francs francais aus.

330 So die Auslegung des unverständlichen Wortlauts des Art. L. 621-76 Abs. 3 durch die herrschende Meinung: *Pérochon-Bonhomme*, Entreprises en difficulté, Rn. 328-5, *Soinne*, Traité théorique et pratique des procédures collectives, Rn. 1563; *Guyon*, Entreprises en difficulté, Rn. 1266; *Saint-Alary-Houin*, Droit des entreprises en difficulté, Rn. 874; *Chaput*, JCP, E, 1991, I 381.

331 Beim *privilège* handelt es sich um eine Art Vorzugsrecht auf alle oder einzelne bewegliche und / oder unbewegliche Sachen des Schuldners gemäß Art. 2095 bis 2113 C.civ.

Für Inhaber von Besitzpfandrechten und für zur Zurückbehaltung berechtigte Gläubiger gelten die Regelungen über die Zahlungsnachlässe und –fristen ebenfalls. Aber auch im Fall des Fortführungsplans können sie sich auf ihr Zurückbehaltungsrecht berufen und die Herausgabe verweigern, solange sie nicht vollständig befriedigt sind[332].

3. Nichterfüllung des Fortführungsplans

a. Einzelverfolgungsmaßnahmen

Hält der Schuldner die im Fortführungsplan festgeschriebenen Zahlungsfristen nicht ein, lebt das Einzelverfolgungsrecht der Insolvenzgläubiger entsprechend den allgemeinen Vorschriften wieder auf[333].

b. Aufhebung des Fortführungsplans

Erfüllt der Schuldner seine Verpflichtung nicht oder nicht innerhalb der vom Plan bestimmten Fristen, kann das Gericht von Amts wegen oder auf Antrag[334] den Fortführungsplan aufheben und ein Liquidationsverfahren eröffnen, Art. L. 621-82.

Die Nichterfüllung bezieht sich auf jede Art der Verpflichtung. Seit der Reform von 1994 ist die Pflichtverletzung bereits nach dem Wortlaut des Art. L. 621-82 nicht auf finanzielle Verpflichtungen beschränkt, so dass der frühere Streit, ob beispielsweise auch soziale Verpflichtungen oder Pflichten zur Umstrukturierung des Unternehmens unter die Vorschrift fallen, gegenstandslos geworden ist[335].

Voraussetzung ist, dass es sich um eine im Plan festgeschriebene Verpflichtung handelt[336]. Die Nichterfüllung von Verpflichtungen, die nicht explizit im

---

332 Siehe hierzu oben Teil 2 A VI S.74.

333 Com. 14.3.1995, D. 1995, Inf. rap. S. 99; Le Corre, Pratique des procédures collectives, Rn, 420.

334 Antragsberechtigt sind gemäß Art. L. 621-82 Abs.2 der *commissaire à l'exécution du plan* der *procureur de la République* und gemäß Art. L. 621-82 Abs. 1 die Gläubiger. Zur Frage welche Gläubiger antragsberechtigt sind siehe unten Teil 3 A II 1 S.101.

335 Zum damaligen Streit vergleiche beispielhaft DGS, 3. Auflage, Rn. 445; *V. Vallens*, La résolution du plan redressement, JCP 1987, E, II, 14979.

336 In einem Fall hat die *Cour de cassation* entschieden, dass es unschädlich ist, wenn die fragliche Insolvenzforderung nicht im Plan steht, solange sie vom *juge commissaire* zugelassen ist: Com. 5. April 1994, Rev.proc.coll. 1995, 150, n°29, Anm. Soinne.

Plan enthalten sind, insbesondere die Erfüllung von Masseforderungen[337], rechtfertigt keine Aufhebung gemäß Art. L.621-82 Abs. 1[338].

Allerdings muss das Gericht im Falle einer Pflichtverletzung nicht zwingend die Sanktion der Planaufhebung aussprechen, diese Entscheidung steht vielmehr in seinem freien Ermessen[339].

Bei der Entscheidung des Gerichts spielt es eine wesentliche Rolle, ob die Pflichtverletzung erheblich ist[340]. So wurde in einem Fall entschieden, dass die Sanktion für den Schuldner unverhältnismäßig wäre im Hinblick auf seine finanziellen Schwierigkeiten und seinen erwiesenen guten Willen[341]. In einem anderen Fall wurde der Antrag abgewiesen, weil der Schuldner rückständige Zahlungsraten zum Zeitpunkt der Urteilsverkündung beglichen hatte[342].

Rechtsfolge der Planaufhebung ist gemäß Art. L. 621-82 Abs. 1 die Eröffnung eines Liquidationsverfahrens. Dabei handelt es sich um ein vom ursprünglichen Insolvenzverfahren unabhängiges neues (Insolvenz)Verfahren. Die Auflösung des Fortführungsplans stellt damit einen eigenen Insolvenzeröffnungsgrund dar. In diesem Fall führt die Eröffnung des Verfahrens jedoch zwingend zur Einleitung der Liquidation[343].

Erneut werden Verfahrensorgane, die sich von denen im ersten Verfahren unterscheiden können, eingesetzt[344]. Gemäß Art. L. 621-82 Abs. 3 melden die dem Fortführungsplan unterworfenen Gläubiger, also die Insolvenzgläubiger, ihre Forderungen abzüglich der erhaltenen Beträge, an. Die gleiche Verpflichtung trifft jedoch auch alle anderen Gläubiger. Sowohl den Massegläubigern als auch

---

337 Masseforderungen bedürfen nicht der vorherigen Überprüfung und Zulassung, sondern sind gemäß Art. L. 621-32 bei Fälligkeit zu erfüllen. Aus diesem Grund werden diese auch nicht in einen Fortführungsplan aufgenommen. Siehe hierzu oben Teil 2 B I 2 b S.84.

338 *Saint-Alary-Houin*, Droit des entreprises en difficulté, Rn. 909 ff. und Rn. 600 ; *Le Corre*, Pratique des procédures collectives, Rn. 415 und Rn. 890; *Chaput*, Droit des entreprises en difficultés, Rn. 423 ; *ders.*, Les Petites affiches 26. Juli 1991, n°19 ; *contra Pérochon-Bonhomme*, Entreprises en difficulté, Rn. 331.

339 Wortlaut Art. L.621-82 „Peut" = können; *Saint-Alary-Houin*, Droit des entreprises en difficulté Rn. 912 ; *Soinne*, Traité théorique et pratique des procédures collectives, Rn. 1621-1 .

340 *Le Corre*, Pratique des procédures collectives, Rn. 422 ; *Derrida, Godé, Sortais*, Redressement et liquidation judiciaire des entreprises, Rn. 49 ; *Ripert/Roblot*, Procédures collectives de redressement et de liquidation, Rn. 3194-1 .

341 Bordeaux, 20.6.1988, Rev.proc.coll. 1989, 524, Anm. B. Soinne .

342 Toulouse, 6.6.1988, juris data, Nr. 04830.

343 Com. 23.5.1995, Bull. civ. IV, Nr. 154.

344 *Le Corre*, Pratique des procédures collectives, Rn. 429 ; *Soinne*, Traité théorique et pratique des procédures collectives, Rn. 635 ; *Perochon-Bonhomme*, Entreprises en difficulté, Rn. 332 ; *Saint-Alary-Houin*, Droit des entreprises en difficulté Rn. 940.

den Neugläubigern obliegt es, ihre Forderungen anzumelden[345]. Somit werden folglich aus Masse- und Neugläubigern des Sanierungsverfahrens Insolvenzgläubiger des in Folge der Planaufhebung eröffneten Liquidationsverfahrens. Eine *action en revendication et en restitution* ist im neuen Verfahren zu wiederholen.

II. Die Rechtsstellung der Gläubiger bei der Unternehmensveräußerung

1. Gläubigerrelevante Regelungen im Veräußerungsplan

a. Vertragsübernahme durch den Erwerber

Die Rettung des Schuldnerunternehmens und die Erhaltung von Arbeitsplätzen durch eine Unternehmensveräußerung setzen voraus, dass die Unternehmenstätigkeit aufrechterhalten wird. Dies ist nur möglich, wenn bestimmte Vertragsverhältnisse nach Veräußerung des Unternehmens aufrechterhalten werden. Zu diesem Zweck kann das Insolvenzgericht im Veräußerungsplan die Übertragung bestimmter Verträge anordnen.

(1) Übertragung laufender Verträge

Gemäß Art. L. 621-88 Abs. 1 bestimmt das Insolvenzgericht, welche für die Unternehmensfortführung unentbehrlichen Verträge übergehen. Das Gesetz nennt folgende Verträge, die von einer solchen Regelung im Veräußerungsplan betroffen sein können:

- Leasingverträge,
- Miet- und Pachtverträge,
- Lieferungsverträge,
- Dienstleistungsverträge.

345 Com. 2.4.1996, Bull. civ. IV, Nr. 110 ; Dijon 17.11.1998, Gaz.Pal. 30.1.-1.2.2000, 12; Com. 20.6.2000, Act.proc.coll. 6.10.2000, Nr. 194; *Le Corre*, Pratique des procédures collectives, Rn. 431 ; *Pérochon-Bonhomme*, Entreprises en difficulté Rn. 332 ; *Saint-Alary-Houin*, Droit des entreprises en difficulté Rn. 914 .

Gemäß Art. L. 621-88 Abs. 1 hat das Gericht vor einer Entscheidung die Stellungnahme der Vertragspartner des Schuldners einzuholen[346].

Dagegen ist das Gericht nicht verpflichtet, auch den Erwerber anzuhören[347]. Diesem bliebe danach nur die Möglichkeit, nachträglich eine Änderung des Veräußerungsplans gemäß Art. L. 621-69 zu beantragen[348]. In der Praxis allerdings ist es der Erwerber, der mitteilt, welche Verträge er für die Fortsetzung der Unternehmenstätigkeit für erforderlich hält, was in der Regel durch die Gerichte auch entsprechend umgesetzt wird[349].

Der Erwerber tritt in die Rechte und Pflichten des Schuldners ein. Das Gericht kann jedoch zu Gunsten des Erwerbers, nach Anhörung des Vertragspartners, Zahlungsfristen einräumen, Art. L. 621-88 Abs. 2.

Eine Sonderregelung besteht gemäß Art. L. 621-88 Abs. 3 für den Leasinggeber. Übt der Erwerber als Leasingnehmer die Kaufoption aus, enden die vorgenannten Zahlungsfristen. Zudem ist der Leasingnehmer verpflichtet, die ausstehenden Leasingraten einschließlich derjenigen, die bis zur Unternehmensveräußerung aufgelaufen waren, zu zahlen. Die Obergrenze des zu zahlenden Betrags ist der Wert des Leasingguts.

(2) Übergang von Arbeitsverträgen – Kündigungen

Gemäß Art. L. 122-12 Code du travail gehen bestehende Arbeitsverträge mit Veräußerung des Unternehmens per Gesetz auf den Erwerber über. Allerdings können ebenso wie im Fortführungsplan[350] auch im Veräußerungsplan erforderliche Entlassungen durch das Gericht festgelegt werden, Art. L. 621-63 und 621-64.

b. Veräußerungsverbot von Unternehmensgegenständen

Wie im Fortführungsplan kann das Insolvenzgericht gemäß Art. L. 621-92 Abs. 1 ein Veräußerungsverbot für bestimmte Unternehmensgegenstände anord-

---

346 Diese sind gemäß Art. D. 105 per Einschreiben mit Rückschein zum Entscheidungstermin zu laden. Die Ladung muss spätestens 15 Tage vor dem Termin erfolgen.

347 Paris, 26.1.1996, D. 1997, 7, Anm. Derrida.

348 Aix en Provence 9.12.1988, D. 1990, 3, Anm. Derrida.

349 *Pérochon-Bonhomme*, Entreprises en difficulté Rn. 343

350 siehe oben Teil 2 B I 1 b S.82. In der Folgezeit beabsichtigte Kündigungen unterliegen den allgemeinen arbeitsrechtlichen Bestimmungen.

nen[351]. Ein Verstoß gegen das Veräußerungsverbot kann eine Aufhebung des Veräußerungsplans gemäß Art. L. 621-91 Abs. 4 rechtfertigen[352].

2. Die Befriedigung der Gläubiger

Mit Verkündung des Planfeststellungsurteils werden sämtliche Forderungen fällig, Art. L. 621-94.

Gemäß L. 621-95 Abs. 2 erfolgt die Befriedigung der Gläubiger aus dem Verkaufserlös. Zu seiner Sicherung ordnet Art. L. 621-91 Abs. 1 bis zur vollständigen Kaufpreiszahlung ein Veräußerungsverbot für alle Vermögensgegenstände mit Ausnahme eines etwaigen Lagerbestandes an[353].

Zur Gläubigerbefriedigung wird darüber hinaus der Erlös aus der Veräußerung folgender Gegenständen verwandt:

- Gegenstände die nicht ihm Rahmen der Unternehmensveräußerung mitveräußert werden[354],
- Gegenstände Dritter, die diese nicht oder verspätet herausverlangt haben.

a. Verteilung des Veräußerungserlöses

Der Veräußerungserlös wird gemäß Art. L. 621-95 Abs. 2 vom *commissaire à l'exécution du plan* nach ihrem Rang entsprechend Art. L. 621-32 Abs. 2 verteilt. Danach bestehen jedoch für bestimmte Sicherungsgläubiger Sonderregelungen.

(1) Der Grundsatz: Verteilung nach Rang

Gemäß Art. L. 621-32 Abs. 1 Satz 2 ergibt sich folgende Rangordnung:

1. Arbeitnehmerforderungen *superprivilégiés* gemäß Art. L. 143-10, L. 143-11, L. 742-6 und L. 751-15 Code du travail[355],

---

351 Siehe hierzu auch die Ausführungen oben Teil 2 B I 1 a S.81.

352 Com. 1.2.2000, Petites affiches, 2000 n° 159, 21, Anm. Ch. H. Gallet.

353 Dies ist nicht mit dem vom Gericht gemäß Art. L. 621-92 Abs. 1 angeordneten zeitlich begrenzten Veräußerungsverbot zu verwechseln, vgl. bereits oben Teil 2 B II 1 b S.90.

354 Diese werden vom *commissaire à l'exécution du plan* nach den Vorschriften über das Liquidationsverfahren gemäß Art. L. 621-83 Abs. 3 veräußert werden: *Pérochon-Bonhomme*, Entreprises en difficulté Rn. 352.

355 Zu den Arbeitnehmerforderungen *superprivilégiés* vgl. Glossar S.149 ff.

2. die Massegläubiger entsprechend ihrem Rang gemäß Art. L. 621-32 Abs. 3[356],
3. die Insolvenzgläubiger, unter ihnen zunächst die Inha-ber eines *privilège*, erst dann die ungesicherten Insol-venzgläubiger.

(2) Die Ausnahme: Inhaber besitzloser Pfandrechte und Hypothekengläubiger

Der Erwerber des Unternehmens erwirbt zum Teil Gegenstände, die entweder mit einem *privilège spécial*, einem besitzlosen Pfandrecht oder einer Hypothek belastet sind.

Diese Sicherungsrechte erlöschen mit Zahlung des Kaufpreises, Art. L. 621-96 Abs. 2.

Das Insolvenzgericht bestimmt gemäß Art. L. 621-96 Abs. 1 für die Sicherungsgegenstände einen Wert. In Höhe dieses Wertes wird aus dem Veräußerungserlös ein Betrag festgelegt, aus dem die Sicherungsgläubiger vorrangig befriedigt werden. Reicht dieser Betrag zur vollständigen Befriedigung nicht aus, nehmen diese in Höhe des überschießenden Betrags an der Verteilung des Erlöses als ungesicherte Gläubiger teil[357].

Eine Besonderheit besteht für Sicherungsrechte, die der Schuldner einem Kreditinstitut an einem von diesem finanzierten Unternehmensgegenstand eingeräumt hat. Gemäß Art. L. 621-96 Abs. 3 gehen diese auf den Erwerber mit der Folge über, dass er die nach Übertragung fällig werdenden Kreditraten zu tilgen hat. Die Inhaber solcher Sicherungsrechte erhalten somit für die bis zur Veräußerung des Unternehmens entstandenen Forderungen wie die übrigen Sicherungsgläubiger eine Quote und darüber hinaus die fällig werdenden Raten, so dass sie letztlich mit einer nahezu vollständigen Befriedigung ihrer Forderungen rechnen können.

(3) Stellung der Inhaber von Besitzpfandrechten

Inhaber von Besitzpfandrechten können ihr Zurückbehaltungsrecht auch dem Erwerber entgegenhalten[358], solange sie nicht vollständig befriedigt sind.

356 Zur Rangordnung der Massegläubiger untereinander siehe oben Teil 2 B I 2 b S.84.

357 *J.-F. Martin*, Droit commercial, Rn.3325; *Saint-Alary-Houin*, Droit des entreprises en difficulté, Rn.984.

358 *Remery*, Kommentar zu Com. 20.5.1997, Rev.jurisp.com., *1997, 308,* Anm. Saint-Alary-Houin; *D. Martin ;* La survie du gage à la cession de l'entreprise en redressement judiciaire, Rev.jurisp.com. 1987*;* *Parrot*, Plan de cession et matériel nanti, banque et droit 1991, 28.

b. Nichterfüllung des Veräußerungsplans

Erfüllt der Erwerber seine Verpflichtungen nicht, so kann das Gericht auf Antrag des Staatsanwalts, des *commissaire à l'exécution du plan*, des Gläubigervertreters, eines Gläubigers oder von Amts wegen den Veräußerungsplan aufheben, Art. L.621-91 Abs. 4 Satz 2[359].

Verpflichtung im Sinne dieser Vorschrift ist jede vom Erwerber im Rahmen des Veräußerungsplans eingegangene Verpflichtung. Wie bei der Auflösung des Fortführungsplans kann es sich dabei um jede Art der Verpflichtung handeln. Das können neben der Zahlung des Kaufpreises insbesondere die Erhaltung einer bestimmten Anzahl von Arbeitsplätzen[360] und die Durchführung bestimmter Umstrukturierungsmaßnahmen im Unternehmen sein[361].

Auch diese Entscheidung ist in das Ermessen des Gerichts gestellt.

Eine Besonderheit besteht für den Fall der Nichtzahlung des Kaufpreises. Gemäß Art. L. 621-93 kann das Gericht von Amts wegen oder auf Antrag des *commissaire à l'exécution du plan*, des Staatsanwalts oder einer Person, die ein berechtigtes Interesse hat[362], einen vorläufigen Verwalter bestellen.

Aufgabe des vorläufigen Verwalters ist es, Feststellungen zur Pflichtverletzung zu treffen und eine einvernehmliche Lösung zur Vermeidung der Planauflösung zu finden[363]. Damit dürfte im Fall der Nichtzahlung des Kaufpreises die sofortige Auflösung des Veräußerungsplans die Ausnahme bleiben.

Ist der Veräußerung eine Unternehmenspacht (*location-gérance*) vorgeschaltet und erfüllt der Pächter seine Verpflichtungen nicht, so kann das Gericht gemäß Art. L. 621-98 Abs. 2 von Amts wegen oder auf Antrag des *commissaire à l'exécution du plan* oder der Staatsanwaltschaft den Pachtvertrag und den Veräußerungsplan aufheben.

Die Auflösung des Pachtvertrags und des Veräußerungsplans führt gemäß Art. L. 621-98 Abs. 3 zur Eröffnung eines neuen Insolvenzverfahrens gegen den Schuldner. Da es sich um ein neues Verfahren handelt, melden Insolvenz- und Massegläubiger des alten Verfahrens ihre Forderungen an[364].

---

359 Zu den Anträgen eines Gläubigers oder des Gläubigervertreters siehe unten Teil 3 A II S.101 u. Teil 3 B IV 2 a S.120.

360 Com. 13.1.1993, Rev.proc.coll. 1994.237, Nr. 48, Anm. Soinne; Com. 6.2.1996, JCP 1996, I, 3960.

361 Boulogne-sur-Mer 19.5.1995, Rev.proc.coll. 1996, 108, Nr. 25, Anm. B. Soinne.

362 Art. L. 621-93:„...à la demande...de tout intéressé..."

363 *Le Corre*, Pratique des procédures collectives, Rn. 487; *Saint-Alary-Houin*, Droit des entreprises en difficulté, Rn. 995.

364 *Pérochon-Bonhomme*, Entreprises en difficulté Rn. 370; *Le Corre*, Pratique des procédures collectives, Rn. 442.

Ist die nicht erfüllte Verpflichtung die zum Erwerb des Unternehmens, kann das Gericht von Amts wegen oder auf Antrag des *commissaire à l'exécution du plan*, der Staatsanwaltschaft oder jedes anderen, der ein berechtigtes Interesse hat, also jeder Gläubiger[365], gemäß Art. L. 621-101 Abs. 1 ein Insolvenzverfahren über das Vermögen des Unternehmenspächters eröffnet, ohne dass es einer *cessation des paiements* im Sinne von Art. L. 621-1 bedarf.

III. Die Rechtsstellung der Gläubiger bei der Unternehmensliquidation

Gemäß Art. L.620-1 ist die Liquidation neben der Unternehmensfortführung und der Unternehmensveräußerung Teil eines einheitlichen Verfahrens der *procédure de redressement judiciaire*. Obwohl als *ultima ratio* angelegt, enden in Frankreich nahezu 90% aller Verfahren in der Liquidation[366]. Unabhängig vom Zeitpunkt der Eröffnung des Liquidationsverfahren, erfolgt diese, wenn das Insolvenzgericht zu der Überzeugung gelangt, dass eine Sanierung ausgeschlossen ist[367].

Mit Eröffnung des Liquidationsverfahrens steht fest, dass die Rettung des Unternehmens und die Erhaltung von Arbeitsplätzen als oberste Verfahrensziele nicht mehr erreichbar sind. Sinn und Zweck des Liquidationsverfahrens ist daher die Befriedigung der Gläubiger[368].

Bei den meisten Gläubigern, insbesondere den ungesicherten Insolvenzgläubigern, wird dieses Ziel allerdings nicht erreicht[369]. Anders verhält es sich bei einigen Gläubigern, denen eine Sonderstellung im Liquidationsverfahren eingeräumt wird.

1. Allgemeine Wirkungen des Liquidationsbeschlusses

Das Liquidationseröffnungsurteil hat für die Insolvenzgläubiger dieselben Auswirkungen wie die Eröffnung eines Insolvenzverfahrens, die da sind:

365 *Le Corre*, Pratique des procédures collectives, Rn 443.
366 *Saint-Alary-Houin*, Droit des entreprises en difficulté, Rn. 70 m.w.N.
367 Zu den Eröffnungsgründen vgl. oben Teil 1 A S.21 ff.
368 *Pérochon-Bonhomme*, Entreprises en difficulté, Rn. 371; *Saint-Alary-Houin*, Droit des entreprises en difficulté, Rn. 1000; *Guyon*, Entreprises en difficulté, , Rn. 1295; *Mascala*, La liquidation judiciaire, in: La réforme du droit des entreprises en difficulté, S. 133.
369 Die ungesicherten Insolvenzgläubiger erhalten in der Regel nicht mehr als 5 % ihrer Forderung, in: Infostat. justice, Nr. 19, Januar 1991.

- Zahlungsverbot,
- Verbot von Einzelverfolgungsmaßnahmen,
- Unterbrechung des Zinslaufes,
- Verbot der Bestellung von Sicherheiten[370].

Dies gilt unabhängig davon, ob der Eröffnung des Liquidationsverfahrens eine Beobachtungsphase vorausgegangen ist (und ggf. ein Sanierungsplan erlassen worden ist), oder ob das Liquidationsverfahren unmittelbar eröffnet wird, und folgt im letzten Fall aus Art. L.622-3, der auf die Vorschriften Art. L.621-24, L.621-40, L.621-41, L.621-48 und L.621-50 verweist.

Ist der Eröffnung des Liquidationsverfahrens eine Beobachtungsphase vorausgegangen ergibt sich dies daraus, dass der Schuldner gemäß Art. L.622-9 die gesamte Verwaltungs- und Verfügungsbefugnis über sein Vermögen bis zur Einstellung des Liquidationsverfahrens verliert, also sein Vermögen einer „kollektiven Pfändung" unterliegt[371].

Gemäß Art. L.622-22 werden mit der Eröffnung des Liquidationsverfahrens alle Forderungen fällig.

Ist dem Liquidationsverfahren keine Beobachtungsphase vorausgegangen, melden die Insolvenzgläubiger ihre Forderungen gemäß Art. L.622-3 Abs. 2 i.V.m. Art. L.621-43 ff. an[372].

2. *Befriedigung der Gläubiger*

Gemäß Art. L.622-16 ff. verwertet der Liquidator das Vermögen des Schuldners. Dies erfolgt grundsätzlich im Wege des Verkaufs und der Versteigerung der einzelnen beweglichen und unbeweglichen Vermögensgegenstände. Der Liquidator kann auch Betriebsteile in ihrer Gesamtheit an einen Interessenten veräußern, Art. L.622-17[373]. Der erzielte Erlös wird anschließend unter Einhaltung einer bestimmten Rangfolge unter den Gläubigern zur Befriedigung ihrer Forderungen verteilt.

---

370 Vgl. hierzu oben Teil 2 A I S.36 ff.

371 *Pérochon-Bonhomme*, Entreprises en difficulté, Rn. 374.

372 Zur Forderungsanmeldung siehe oben Teil 2 A II S.52 ff. Die Aufgaben des Insolvenzverwalters und des Gläubigervertreters in diesem Zusammenhang übernimmt der Liquidator gemäß Art. L.622-4.

373 Zu den in diesem Zusammenhang bestehenden Beteiligungsrechten der Gläubiger siehe unten Teil 3 B IV 3 S.121, Teil 3 C IV 3 c S.132 ff.

a. Vorschusszahlungen

Auf Antrag kann der *juge commissaire* gemäß Art. L.622-24 die Auszahlung eines Vorschusses auf eine anerkannte Forderung bereits vor Abschluss der Vermögensverwertung genehmigen[374]. Allerdings kann dies davon abhängig gemacht werden, dass der Gläubiger eine Bankbürgschaft beibringt, Art. L.622-24 Abs. 2. In der Praxis wird eine Zahlung regelmäßig nur gewährt, wenn der Gläubiger einen wichtigen Grund geltend machen kann und der Erhalt einer Quote aus dem Erlös aufgrund seiner Rangposition als sicher erscheint[375].

b. Die Rangfolge der Gläubiger

Der Verwertungserlös wird zwischen den Gläubigern gemäß ihrem Rang verteilt. Die Rangfolge ergibt sich aus Art. L.621-32 Abs. 2 in Verbindung mit Art. 2092 ff. Code civil:

1. Arbeitnehmerforderungen *superprivilégiées* gemäß Art. L.143-10, L.143-11, L.742-6 und L.741-15 Code du travail,
2. Verfahrenskosten,
3. Insolvenzgläubiger, die Inhaber folgender Sicherungsrechte sind:
   a) Hypothek,
   b) *Privilège immobilier spécial*,
   c) Besitzpfandrechte und Pfandrecht an Betriebsmitteln und Maschinen gemäß Art. L.525 Code de commerce[376],
4. Forderungen der Massegläubiger nach ihrem Rang gemäß Art. L.621-32 Abs. 3[377],
5. Inhaber von besitzlosen Pfandrechten (mit Ausnahme des Pfandrechts an Betriebsmitteln und Maschinen[378]) und eines *privilège général*
6. Ungesicherte Insolvenzforderungen.

---

374 Zum Antrag eines Gläubigers siehe unten Teil 3 A II 4 c S.105.
375 *Pérochon-Bonhomme*, Entreprises en difficulté, Rn. 395.
376 Innerhalb dieser Gläubigergruppe gilt die Rangordnung gemäß Art. 2095 ff C.civ.
377 Zur Rangfolge der Massegläubiger untereinander vgl. oben Teil 2 A VIII S.76.
378 Diesen wird ein fiktives Besitz- und Zurückbehaltungsrecht eingeräumt, vgl. oben Teil 1 B III 3 a S.30 ff.

3. *Rechtsstellung der Pfandrechtsgläubiger und der zur Zurückbehaltung berechtigten Gläubiger*

a. *Rechte des Besitzpfandrechtsgläubigers und des zur Zurückbehaltung Berechtigten*

Gläubiger, die sich auf ein Zurückbehaltungsrecht berufen können, und Besitzpfandrechtsgläubiger haben unabhängig von jeder Rangordnung große Chancen, dass ihre Forderungen befriedigt werden[379].

(1) Herausgabe gegen Zahlung

Wie in der Beobachtungsphase, im Falle eines Fortführungsplans und eines Veräußerungsplans können der zur Zurückbehaltung berechtigte Gläubiger und der Besitzpfandrechtsgläubiger gemäß Art. L.622-21 Abs. 1 die Herausgabe des Gegenstands bis zur vollständigen Befriedigung ihrer Forderungen verweigern[380].

(2) Erstreckung des Zurückbehaltungsrechts auf den Verwertungserlös

Verlangt der Liquidator die Sache nicht gegen Befriedigung der Forderung heraus, ist er gemäß Art. L.622-21 Abs. 2 verpflichtet, innerhalb von sechs Monaten seit Verkündung des Liquidationseröffnungsurteils beim *juge commissaire* einen Antrag auf Erteilung der Erlaubnis zur Veräußerung des zurückbehaltenen Gegenstands zu beantragen. Wird dem Antrag stattgegeben, teilt dies der Liquidator gemäß Art. L. 622-21 Abs. 2 Satz 2 dem betroffenen Gläubiger mit, der dann zur Herausgabe zum Zwecke der Verwertung verpflichtet ist.

In diesem Fall erstreckt sich gemäß Art. L.622-21 Abs. 4 S. 1 das Zurückbehaltungsrecht auf den Erlös der anschließenden Verwertung. Dieser Erlös ist an ihn in Höhe seiner Forderung auszukehren, ohne Rücksicht auf jede Rangfolge.

---

379 *Le Migart,* L'efficacité du droit de rétention du créancier gagiste dans les procédures collectives, Les Petites affiches 6.12.1999, N°242, S. 10ff.

380 Anders als in den anderen Verfahrensabschnitten lässt hier die herrschende Meinung auch ein fiktives Besitzrecht ausreichen : T.com. Paris 9.1.1987, Petites affiches 8.6.1987, n°68, 12, Anm.: Crédot; *Jeantin/Le Cannu,* Entreprises en difficulté, Rn 787; *Saint-Alary-Houin,* Droit des entreprises en difficulté , Rn. 1063; *Derrida/Godé/Sortais,* Redressement et liquidation judiciaire des entreprises, Rn.563; *Pérochon-Bonhomme,* Entreprises en difficulté Rn.384; *Kerckhove,* Procédures collectives, Rn. 804; *Rémy-Corlay,* Nature et effet du droit de rétension dans la liquidation judiciaire, Petites affiches, 1998, Nr. 65, S. 11 ; *Le Corre,* Les créanciers gagistes face au redressement judiciaire et à la règle du concours, Rev.proc.coll. 1990, 21.

Mit Auskehrung des Erlöses geht das Zurückbehaltungsrecht bzw. das Besitzpfandrecht unter. Ist der Erlös unter dem Wert des Pfandgutes geblieben, wird der betroffene Gläubiger in Höhe des verbleibenden Teils zum ungesicherten Insolvenzgläubiger.

b. Das Recht der Pfandrechtsgläubiger auf Übereignung an sich selbst

Gemäß Art. L.622-21 Abs. 3 kann der Pfandrechtsgläubiger die Übereignung an sich selbst verlangen. Dies gilt sowohl für Besitzpfandrechte als auch für besitzlose Pfandrechte[381].

Von besonderer Bedeutung ist dieses Recht für die Inhaber besitzloser Pfandrechte. Mangels Besitz- bzw. Zurückbehaltungsrechts stehen ihnen die daran anknüpfenden Rechte aus Art. L. 622-21 Abs. 1 und Abs. 4 nicht zu. Wartet der Inhaber eines besitzlosen Pfandrechts ab, bis der Liquidator die Sache veräußert hat, wird er nur nach seinem Rang, also jedenfalls nach den Arbeitnehmerforderungen und den Verfahrenskosten, die in der Praxis den größten Teil der Forderungen bilden, befriedigt. Erwirbt er hingegen das Eigentum, kann er nach Belieben die Sache freihändig verkaufen und den Erlös für sich behalten.

Gemäß Art. L. 622-21 Abs. 3 Satz 1 ist der Antrag auf Übereignung zu stellen, bevor der *juge commissaire* dem Liquidator gemäß Art. L. 622-21 Abs. 1 die Erlaubnis zur Veräußerung des Gegenstands erteilt[382]. Die Erteilung der Erlaubnis ist dem Pfandrechtsgläubiger gegenüber gemäß Art. L 622-21 Abs. 2 Satz 2 bekannt zu machen. Anderenfalls steht ihm gegen die Erteilung der Erlaubnis das Rechtsmittel der *opposition* zu.

4. Die Rechtsstellung der Arbeitnehmer

Auch die Arbeitnehmer genießen gegenüber der Mehrheit der Gläubiger eine privilegierte Stellung.

So werden die Arbeitnehmer auf der einen Seite für einen großen Teil ihrer Forderungen vor allen anderen Gläubigern befriedigt und nehmen für die übrigen Forderungen einen hohen Rang ein[383].

Auf der anderen Seite ist für den Arbeitnehmer mit der Liquidation grundsätzlich der Verlust seines Arbeitsplatzes verbunden. Der Liquidator spricht die

381 Com. 6.3.1990, D. 1990, 311, Anm. Derrida, Com. 6.1.1998, Bull. civ. IV. Nr. 9. Dies war lange streitig, siehe Darstellung bei *Saint-Alary-Houin,* Droit des entreprises en difficulté Rn. 1065.

382 Com. 16.4.1996, Bull. civ. IV, n° 122.

383 Vgl. bereits oben Teil 2 B III 2 b S.96.

im Liquidationsbeschluss enthaltenen Entlassungen gemäß Art. L. 622-5 i. V. m. Art. L. 622-4 i.V.m. Art. L. 321-8 und L. 321-9 Code du travail aus.

Werden im Rahmen der Verwertung des Schuldnervermögens Betriebsteile gemäß Art. L. 622-17 veräußert[384], gilt dies nur in eingeschränktem Maße. Bei der Auswahl der Angebote gemäß Art. L. 622-17 Abs. 5 gibt es zwei Kriterien: zum einen die Erhaltung einer möglichst großen Anzahl von Arbeitsplätzen und zum anderen die Befriedigung der Gläubiger. Zudem findet Art. L. 122-12 Code du travail auch im Rahmen der Liquidation Anwendung[385]. Danach gehen Arbeitsverträge per Gesetz auf den Erwerber mit über. Im Fall der Veräußerung von Betriebsteilen lebt damit das Ziel der Erhaltung von Arbeitsplätzen im Rahmen der Liquidation wieder auf.

C. Zwischenergebnis

Bei der Untersuchung der Rechtsstellung der verschiedenen Gläubigergruppen in den einzelnen Verfahrensphasen ist festzustellen, dass insbesondere das Interesse der Insolvenzgläubiger an einer Befriedigung ihrer Forderungen dem Interesse an einer Rettung des insolventen Schuldnerunternehmens untergeordnet wird. So dürfen während der Beobachtungsphase grundsätzlich keine Insolvenzforderungen befriedigt werden. Im Fall der Unternehmensfortführung sind die Insolvenzgläubiger Zahlungsfristen bis zu zehn Jahren ausgesetzt. Im Fall der Unternehmensveräußerung schließlich ist es für den Erlass eines Veräußerungsplans nicht Bedingung, dass der Erlös zur Befriedigung aller Insolvenzgläubiger ausreicht. Selbst im Falle der Liquidation, bei der die Gläubigerbefriedigung zum primären Ziel des Verfahrens avanciert, gehen die Insolvenzgläubiger aufgrund ihres schlechten Ranges zumeist leer aus.

Insolvenzgläubiger mit bestimmten Sicherungsrechten hingegen genießen dem gegenüber in allen Verfahrensphasen insbesondere im Falle der Liquidation, abhängig vom jeweiligen Sicherungsrecht, eine privilegierte Rechtsstellung.

Die Forderungen der Massegläubiger sind grundsätzlich vor allen anderen Forderungen im Zeitpunkt ihrer Fälligkeit zu befriedigen, mit zwei wichtigen Ausnahmen. So gehen ihnen Forderungen der Arbeitnehmer vor, und im Falle der Liquidation auch Insolvenzforderungen bestimmter Sicherungsgläubiger.

384 Vgl. oben Teil 2 B III 2 S.95

385 Soc. 28. Juni 2000, in: Dict.perm.diff.entr., Bull. 203, S.6226

Teil 3 – Die Beteiligung der Gläubiger

Nachdem die Rechtstellung der Gläubiger im französischen Insol-venzverfahren dargestellt wurde, ist nunmehr der Frage nachzu-gehen, welche Wege den Gläubigern und ihren Interessen-vertretern zur Wahrnehmung ihrer Rechte offen stehen, und welche Einflussmöglichkeiten sie im Hinblick auf einzelne Verfahrensgegenstände haben.

A. Die unmittelbare Beteiligung der Gläubiger

I. Keine Mitbestimmungsrechte der Gläubiger

Bei der Frage nach einer Beteiligung der Gläubiger am Verfahren macht sich der obrigkeitsstaatliche Charakter des französischen Insolvenzverfahrens bemerkbar.

Die wirtschaftlich bedeutsamen Fragen des Verfahrens werden in erster Linie vom Insolvenzgericht und den von ihm eingesetzten Verfahrensorganen und nicht von den Gläubigern entschieden. Diese haben keine Möglichkeit, auf Entscheidungen Einfluss zu nehmen. Selbst die Möglichkeit, Rechtsmittel gegen verfahrensrelevante Entscheidungen einzulegen ist ihnen verwährt. Eine unmittelbare Beteiligung der Gläubiger im Sinne einer Mitbestimmung sieht das französische Insolvenzrecht demnach nicht vor.

Der französische Gesetzgeber räumt den Gläubigern lediglich Anhörungs- und Informationsrechte, sowie die Möglichkeit bestimmte Anträge zu stellen, ein.

II. Antragsrechte der Gläubiger

1. Anträge bezüglich der Einleitung bzw. Aufhebungbestimmter Verfahrensabschnitte

Gemäß Art. L. 621-2 Abs. 1 Satz 1 kann jeder Gläubiger die Eröffnung des Insolvenzverfahrens beantragen.

Neben Art und Höhe der offenen Forderung muss der Gläubiger angeben, welche rechtlichen Schritte er bislang zur Befriedigung seiner Forderung unternommen hat, Art. D. 7 Abs. 1 Satz 1[386]. Der Antrag darf gemäß Art. D. 7 Abs. 3 nicht mit einem anderen Antrag, beispielsweise auf Zahlung, verbunden werden. Die Beweislast für das Vorliegen der *cessation des paiements*[387] trägt der Gläubiger[388]. Zu dieser Beweisschwierigkeit gesellt sich das Risiko von Schadensersatzansprüchen, wenn ein Gläubiger leichtfertig einen Eröffnungsantrag stellt[389].

Gemäß Art. L.621-82 Abs. 1 kann ein Gläubiger einen Antrag auf Aufhebung des Fortführungsplans und Eröffnung des Liquidationsverfahrens stellen, wenn der Schuldner die Verpflichtungen aus dem Plan nicht erfüllt. Gläubiger im Sinne dieser Vorschrift sind nur Insolvenzgläubiger. Masse- und Neugläubiger sind nicht berechtigt, einen Antrag auf Aufhebung des Fortführungsplans zu stellen, da die Befriedigung ihrer Forderungen nicht Gegenstand des Fortführungsplans ist und sie somit kein berechtigtes Interesse an der Aufhebung des Plans haben[390].

Ebenso kann ein Gläubiger gemäß Art. L. 621-91 Abs. 4 S. 2 einen Antrag auf Aufhebung des Veräußerungsplans stellen, wenn der Erwerber seine Verpflichtungen nicht erfüllt. Anders als beim Antrag auf Aufhebung des Fortführungsplans ist hier jeder Gläubiger antragsbefugt[391].

Wird der Unternehmensveräußerung eine *location-gérance* vorgeschaltet, verpflichtet sich der Pächter zum Erwerb am Ende der Pachtzeit. Erfüllt er diese

---

386 Teilweise wird in der Literatur die Ansicht vertreten, der Gläubiger sei vor der Antragsstellung verpflichtet, den ordentlichen Rechtsweg zu beschreiten: *Kerckhove*, Procédures collectives, Rn. 254; *Pérochon-Bonhomme*, Entreprises en difficulté, Rn. 127; *Soinne*, Traité théorique et pratique des procédures collectives, Rn. 564; *Contra:* CA Toulouse 29.5.1997, Rev.proc.coll. 1998, 226, n° 4, Anm. M. Cadiou; *Saint-Alary-Houin*, Droit des entreprises en difficulté, Rn. 370; *Chaput*, Droit des entreprises en difficulté, Rn. 266 ; *Le Cannu/ Lucheux/ Pitron/ Sénéchal*, Entreprises en difficulté, Rn. 422.

387 Wörtlich übersetzt: „Einstellung der Zahlungen" zum Begriff der *cessation des paiements* vgl. Glossar S.145 ff.

388 Com. 25.2.1997, D. aff. 1997, 484.

389 Vgl. beispielhaft Com. 16.3.1993, Rev.proc.coll. 1994, 145, Anm. Lienhard; Com. 1.10.1997, Les Petites affiches 1998, n°134, 14.

390 *Le Cannu/ Lucheux/ Pitron/ Sénéchal*, Entreprises en difficulté, Rn. 1154; *Saint-Alary-Houin*, Droit des entreprises en difficulté, Nr. 911 ; *Le Corre*, Pratique des procédures collectives, Rn. 425 ; Com. 5.4.1994, Rev.proc.coll. 1995, 150, Nr. 29, Anm. Soinne ; *contra Pérochon-Bonhomme*, Entreprises en difficultes, Rn. 332, Fn. 109, mit der Begründung, dass der Fortführungsplan notwendigerweise die Verpflichtung zur Zahlung aller Forderungen, auch neuer Forderungen beinhaltet; zu den Einzelheiten der Aufhebung des Fortführungsplans wegen Nichterfüllung vgl. oben Teil 2 B I 3 b S.87.

391 *Pérochon/Bonhomme*, Entreprises en difficulté, Rn. 359. Vgl. hierzu auch oben Teil 2 B II 2 b S.93.

Verpflichtung nicht, kann jeder Gläubiger die Eröffnung eines Insolvenzverfahrens über das Vermögen des Pächters beantragen, Art. L. 621-101 Abs. 1[392].

2. Anträge auf Einsetzung oder Austausch bestimmter Verfahrensorgane

Eine Beteiligung der Gläubiger im Sinne einer Gestaltung des Verfahrens erfolgt allenfalls mittelbar durch den Gläubigervertreter[393].

Allerdings ist der Gläubigervertreter mehr den Zielen des Gesetzgebers, also in erster Linie der Rettung des Unternehmens, verpflichtet, als den Interessen der Gläubiger an einer Befriedigung[394]. Hinzu kommt, dass die Einflussmöglichkeiten der Gläubiger auf den Gläubigervertreter sehr begrenzt sind[395]. Die Gläubiger können jedoch, wenn sie sich nicht ausreichend informiert und/oder nur unangemessen vertreten fühlen, folgende Anträge stellen:

- Gemäß Art. L. 621-10 Abs. 2 Satz 3 können sie den *juge commissaire* ersuchen, beim Insolvenzgericht einen Antrag auf Ersetzung des Gläubigervertreters zu stellen. Lehnt der beauftragte Richter dies ab[396], können die Gläubiger gegen die ablehnende *ordonnance* Beschwerde einlegen[397]. Bleibt der *juge commissaire* drei Monate untätig, können die Gläubiger gemäß Art. D. 30 Abs. 1 unmittelbar Klage beim Insolvenzgericht erheben.
- Gemäß Art. L.622-5 Abs. 1 Satz 1 setzt das Insolvenzgericht grundsätzlich den Gläubigervertreter als Liquidator ein. Die Gläubiger können jedoch gemäß Art. L. 622-5 Abs. 2 bzw. Art. L. 622-2 Abs. 2 Satz 2 i.V.m. Art. L. 621-10 Abs. 3 einen Antrag stellen, dass ein anderer als Liquidator eingesetzt wird.

3. Antrag auf Einsetzung als ‚créancier contrôleur'

Ferner kann gemäß Art. L.621-13 Abs. 1 Satz 1 i.V.m. Art. D.31-1 Abs. 1 Satz 1 jeder Gläubiger beim *juge commissaire* beantragen, als *créancier contrôleur* ein-

392 Vgl. hierzu oben Teil 2 B II 2 b S.93.
393 Vgl. Einleitung S.17 ff.
394 Vgl. Einleitung S.17 ff.
395 Vgl. auch Teil 3 S.101 und 111.
396 Wozu er bei offensichtlicher Unbegründetheit berechtigt ist: *Soinne*, Traité théorique et pratique des procédures collectives, Rn. 578.
397 *Soinne*, Traité théorique et pratique des procédures collectives, Rn. 578 ; im übrigen zur Ersetzung des Gläubigervertreters siehe Teil 3 B II S.111.

gesetzt zu werden. Diese Funktion ermöglicht es ihnen, sich in verstärktem Maße am Verfahren zu beteiligen[398].

4. Sonstige Antragsrechte

a. Aufhebung verbotener Rechtsgeschäfte

Folgende Regelungen im Insolvenzgesetz oder im Sanierungsplan dienen unmittelbar dem Erhalt des Schuldnervermögens als Grundlage einer möglichen Sanierung:

- Mit Verkündung des Eröffnungsurteils dürfen Insolvenzforderung grundsätzlich nicht mehr erfüllt werden, Art. L.621-24 Abs. 1 S.1[399].
- Gemäß Art. L.621-24 Abs. 2 dürfen der Insolvenzverwalter bzw. der Schuldner nur Handlungen vornehmen, die der gewöhnliche Geschäftsbetrieb mit sich bringt; für sonstige Handlungen bedürfen sie der Genehmigung des *juge commissaire.*
- Während der Beobachtungsphase dürfen der Insolvenzverwalter bzw. der Schuldner keine Sicherheiten am Schuldnervermögen bestellen, Art. L. 621-24 Abs. 2[400].
- Gemäß Art. L.621-72 können im Fortführungsplan bestimmte für die Fortführung wichtige Gegenstände für unveräußerlich erklärt werden[401]. Gleiches kann gemäß Art. L. 621-92 im Veräußerungsplan festgeschrieben werden[402].
- Gemäß Art. L.621-91 darf der Unternehmenserwerber bis zur vollständigen Kaufpreiszahlung, mit Ausnahme des Warenbestandes, keinerlei Gegenstände des Unternehmensvermögens veräußern oder verpachten[403].

Die Erhaltung des Schuldnervermögens durch vorgenannte Regelungen ist für die meisten Gläubiger die einzige Gewähr für eine zumindest teilweise Befriedigung. Zur Wahrung ihrer Interessen können die Gläubiger im Fall eines Verstoßes gemäß Art. L.621-24 Abs. 4, Art. L.621-72 Abs. 3 und Art. L.621-91 Abs. 3 innerhalb von drei Jahren die Aufhebung der verbotenen Rechtshandlung beantragen. Antragsbefugt im Sinne dieser Vorschriften ist jeder, der ein berechtigtes Interesse hat, also jeder Gläubiger.

---

398 Inwieweit dies tatsächlich der Fall ist, vgl. unten Teil 3 C S.125.
399 Vgl. oben Teil 2 A I 1 S.36 ff.
400 Vgl. oben Teil 2 A I 5 S.47 f.
401 Vgl. oben Teil 2 B I 1 a S.81 f.
402 Vgl. oben Teil 2 B II 1 b S.90 f.
403 Vgl. oben Teil 2 B II 1 a S.89 ff.

b. *Auflösung eines ‚contrat en cours‘*

Der Insolvenzverwalter kann während der Beobachtungsphase die Fortsetzung laufender Verträge verlangen[404]. Handelt es sich bei der geschuldeten Gegenleistung des Schuldners um eine Geldleistung, ist diese vom Insolvenzverwalter umgehend und vollständig zu zahlen. Geschieht dies nicht, gilt der fortgesetzte Vertrag gemäß Art. L.621-28 Abs. 3 als aufgelöst. Gemäß Art. D.61-1 in Verbindung mit Art. L.621-28 Abs. 1 und 3 kann der Gläubiger die Auflösung des Vertrags feststellen lassen[405].

c. *Anträge im Zuge der Überprüfung und Befriedigung von Insolvenzforderungen*

Daneben stehen den Gläubigern zwei Anträge im Zusammenhang mit der Forderungsanmeldung zu.

Meldet ein Gläubiger seine Forderung verspätet an, erlischt diese, Art. 621-46 Abs. 1 und 4. Um seine Rechte zu wahren, kann der Gläubiger einen Antrag auf Wiedereinsetzung in den vorigen Stand (*relevé de forclusion*) beim *juge commissaire* gemäß Art. L.621-46 Abs. 3 Satz 1 stellen. Gegen die ablehnende Entscheidung des *juge commissaire* hat der Gläubiger gemäß Art. L.621-46 Abs. 3 S. 2 das Rechtsmittel der Berufung[406].

Schließlich kann ein Gläubiger im Liquidationsverfahren einen Antrag auf provisorische Auszahlung eines Teilbetrags einer im Prüfungsverfahren anerkannten Forderung stellen, Art. L.622-24 Abs. 1[407].

III. *Informationsrechte der Gläubiger*

Die Gläubiger haben ein sehr weitgehendes allgemeines Informationsrecht gegenüber dem Gläubigervertreter. Die darüber hinaus zugebilligten Informationsrechte stehen im Zusammenhang mit der Prüfung ihrer Forderungen und dienen ausschließlich der Interessen jedes einzelnen Gläubigers.

---

404 Vgl. oben Teil 2 A III S.62 ff.

405 Gleiches gilt für den Mietvertrag, Art. D.61-1 i.V.m. Art. L.621-29.

406 Vgl. oben Teil 2 A II 1 c und d S.55 ff.

407 Vgl. oben Teil 2 B III 2 a S.96.

1. Allgemeines Recht auf Information durch den Gläubigervertreter

Gemäß Art. D. 27 Abs. 2 haben die Gläubiger ein Recht auf regelmäßige Information durch den Gläubigervertreter über die wesentlichen Entwicklungen des Verfahrens, vor allem über folgende im Laufe des Verfahrens ergangenen Entscheidungen des Insolvenzgerichts:

- Entscheidung über den Antrag auf Ersetzung des Insolvenzverwalters, des *expert*[408] oder des Gläubigervertreters gemäß Art. L.621-10 Abs. 1 S. 1.
- Entscheidung über die Fortführung oder die Veräußerung des Unternehmens gemäß Art. L.621-70, L.621-83.
- Entscheidung über die Einstellung des Verfahrens im Fall einer Veräußerung des Unternehmens gemäß Art. L.621-95 Abs. 1.
- Entscheidung, einen anderen *mandataires judiciaires à la liquidation des entreprises* als den Gläubigervertreter zum Liquidator einzusetzen, Art. L.622-5 Abs. 1.
- Entscheidung über die Einstellung des Liquidationsverfahrens wegen Masseunzulänglichkeit gemäß Art. L.622-32 Abs. 1.

Diese Aufzählung ist nicht abschließend[409]. Der Gläubigervertreter hat die Gläubiger somit über alle sonstigen, den Ablauf des Verfahrens betreffenden Entscheidungen zu informieren[410].

Voraussetzung ist jedoch, dass die Gläubiger den Gläubigervertreter hierzu per Einschreiben mit Rückschein auffordern, Art. D. 27 Abs. 2.

Die Informationsrechte werden dadurch gewährleistet, dass sich der Gläubigervertreter im Falle der Unterlassung Schadensersatzansprüchen aussetzen kann[411].

2. Informationsrechte im Zuge der Forderungsprüfung

Die Insolvenzforderungen sind innerhalb einer bestimmten Frist ab Eröffnung des Insolvenzverfahrens anzumelden[412].

In diesem Zusammenhang besteht für bestimmte Gläubiger ein besonderes Informationsrecht.

---

408 Zum *expert* vgl. Glossar S.145 ff.

409 Art. D. 27 spricht von „notamment" was gleichbedeutend mit „insbesondere" ist.

410 *Soinne*, Traité théorique et pratique des procédures collectives, Rn. 1009 ; *Vallens*, L'information des créanciers, Les Petites affiches 14.6.1995, S. 16.

411 *J.-L. Vallens*, L'information des créanciers, Les Petites affiches 14.6.1995, S. 16.

412 Vgl. oben Teil 2 A II 1 S.52.

a. „Bekannte Gläubiger"

Gemäß Art. D.66 Abs. 1 informiert der Gläubigervertreter die „bekannten Gläubiger"[413] über die Eröffnung des Insolvenzverfahrens und fordert sie zur Anmeldung ihrer Forderungen auf. Diese Aufforderung erfolgt durch einfachen Brief[414]. Gemäß Art. D.66 Abs. 3 weist der Gläubigervertreter darin auf die für die Forderungsanmeldung, den Antrag auf Wiedereinsetzung in den vorigen Stand (*relevé de forclusion*) und eventuelle Aussonderungsansprüche (*action en revendication et en restitution*) geltenden Form- und Fristvorschriften hin. Außerdem ist in dem Schreiben der Wortlaut der Vorschriften in Art. L.621-13 und Art. D.31-1 bezüglich der Einsetzung als Gläubigerbeiratsmitglied wiederzugeben[415].

b. Öffentlich bekannt gemachte Sicherungsgläubiger

Gleiches gilt gemäß Art. D.66 Abs. 3 S. 2 für Sicherungsgläubiger, die ihr Sicherungsrecht öffentlich bekannt gemacht haben. Allerdings hat hier die Information durch Einschreiben mit Rückschein zu erfolgen[416].

c. Gläubiger bestrittener Forderungen

Ist eine Forderung bestritten, informiert der Gläubigervertreter hierüber den betroffenen Gläubiger oder seinen Vertreter per Einschreiben mit Rückschein, Art. D. 72 Abs. 3 Satz 1 i.V.m. Art. L. 621-47. Der Gläubigervertreter hat in dem Schreiben folgende Angaben zu machen:

- Höhe der Forderung, die er dem beauftragten Richter zur Anerkennung vorschlagen wird,
- Gründe für das Bestreiten der Forderung,
- Wiedergabe der Vorschrift Art. L. 621-47 mit der Aufforderung, sich innerhalb der in der vorgenannten Vorschrift genannten Frist zum Bestreiten zu äußern.

---

413 Siehe zu den „bekannten Gläubigern" oben Teil 2 A II 1 d (2) S.56.

414 *Le Corre*, Pratique des procédures collectives, Rn. 804.

415 Zu den Rechten der Gläubiger, wenn diese Information unterbleibt, siehe oben Teil 2 A II 1 d (2) S.56.

416 Zu den Rechten der Gläubiger, wenn diese Information unterbleibt, siehe oben Teil 2 A II 1 d S.55.

d. Nicht zugelassene Gläubiger

Schließlich werden die Gläubiger über die Nichtzulassungsentscheidung des *juge commissaire* gemäß Art. D. 73 Abs. 4 und 5 benachrichtigt.

IV. Anhörung und Stellungnahme zum Sanierungsplanentwurf

Der Insolvenzverwalter bzw. der Schuldner stellen einen Sanierungsplanentwurf auf, in dem sie unter anderem Modalitäten der Gläubigerbefriedigung vorschlagen, z.B. mögliche Zahlungsfristen und Quoten, die den Gläubigern auferlegt werden können[417].

Dieser Entwurf wird dem Gläubigervertreter übermittelt, Art. L. 621-60 Abs. 1. Der Gläubigervertreter ist seinerseits gemäß Art. L. 621-60 Abs. 2 i.V.m. Art. D. 42, 43 verpflichtet, die Insolvenzgläubiger, die ihre Forderungen angemeldet haben, zum Inhalt des Sanierungsplanentwurfs anzuhören. Die Anhörung zu den im Entwurf enthaltenen Vorschlägen zur Gläubigerbefriedigung kann gemäß Art. L. 621-60 Abs. 2 einzeln oder in Form einer Versammlung erfolgen.

1. Einzelanhörung

Die Einzelanhörung erfolgt gemäß Art. D. 42 in Schriftform. In dem Schreiben weist der Gläubigervertreter auf die Art der Anhörung hin und belehrt die Gläubiger unter Wiedergabe des Wortlautes von Art. L. 621-60 Abs. 2 Satz 2 darüber, dass die Gläubiger innerhalb von 30 Tagen seit Erhalt des Schreibens ihre Zustimmung oder Ablehnung zu den enthaltenen Vorschlägen erklären sollen, und ein Ausbleiben einer Antwort als Zustimmung gilt. Dem Schreiben des Gläubigervertreters sind folgende Anlagen beizufügen:

- Darstellung der finanziellen Situation des Schuldnerunternehmens, einschließlich einer Wiedergabe der ungesicherten und der privilegierten Forderungen,
- Die Vorschläge zur Gläubigerbefriedigung,
- Die Ansicht des Gläubigervertreters und der Gläubigerbeiratsmitglieder zu den unterbreiteten Vorschlägen.

---

417 Vgl. oben Teil 2 B I 2 c (1) S.84.

2. Versammlung

Erfolgt die Anhörung in Form einer Versammlung, ist dem vorgenannten Schreiben gemäß Art. D. 43 eine Ladung beizufügen. Die Versammlung muss zwischen dem 15. und 21. Tag seit Übersendung der Ladung stattfinden, Art. D. 43 Abs. 2.

Gemäß Art. L. 621-60 i.V.m. Art. D. 42 besteht die Verpflichtung zur vorgenannten Anhörung – einzeln oder in einer Versammlung - nur, soweit eine Sanierung in Form einer Unternehmensfortführung erfolgen soll[418]. Die Nichteinhaltung der Anhörung führt in diesem Fall zur Anfechtbarkeit des Planfeststellungsurteils[419].

Das Ergebnis der Anhörung – einzeln und in Form einer Versammlung - leitet der Gläubigervertreter an den Insolvenzverwalter weiter, Art. D. 43 Abs. 3. Der Insolvenzverwalter bzw. der Schuldner seinerseits fügt, soweit vorhanden, die Zustimmungserklärung der Gläubiger dem Planentwurf bei und bringt dies dem Gericht zur Kenntnis. Auch der Gläubigervertreter wird vor der Entscheidung des Gerichts zur Frage der Akzeptanz der vorgeschlagenen Nachlässe und Fristen durch die Gläubiger angehört, Art. L. 621-62 Abs. 1. Das Gericht kann diese Kenntnisse in seiner Entscheidung berücksichtigen, muss es aber nicht[420].

---

418 Com. 20.2.1996, D. aff. 1996, 491 ; Com. 17.3.1998, D. 1998, IR S. 109 ; *Le Corre*, Pratique des procédures collectives, Rn. 338; *Pérochon-Bonhomme*, Entreprise en difficulté, Rn. 244; *Saint-Alary-Houin*, Droit des entreprises en difficulté, Rn. 473 ff.; Lyon 4.11.1988, D. 1989, som. 12, Anm. Derrida ; Rev.dr.banc. 1989, 76, Anm. Dekeuwer-Defossez ; J.C.P. 1989, E, 15468, Nr. 5, Anm. Cabrillac ; *J.-M. Martin, Droit commercial, Rn. 3038 ; Soinne,* Traité théorique et pratique des procédures collectives, 2. Auflage, Nr. 1463 ; *Le Cannu/ Lucheux/ Pitron/ Sénéchal,* Entreprises en difficulté, Rn. 889.

419 Toulouse 29.10.1987, Rev.proc.coll. 1988, Nr. 4, 385, Anm. Soinne ; JCP 1988, éd. E, S. 752, Nr. 15335, Anm. M. Cabrillac D. Vivant ; Paris 10.6.1987, D. 1987, 546, Anm. F. Derrida ; Paris 22.3.1988, Rev.proc.coll. 1988, Nr. 4, 385, Anm. B. Soinne ; Lyon 17.6.1987, D. 1987, 546, Anm. F. Derrida ; Rennes 2.11.1988, Rev.proc.coll. 1989, Nr. 2, 195, Nr. 29, Anm. B. Soinne ; Dijon 12.8.1987, Gaz.Pal. 11-12.11.1987, Anm. B. Soinne, *Saint-Alary-Houin*, Droit des entreprises en difficulté, Rn. 476 ; *dieselbe*, Les créanciers face au redressement judiciaire de l'entreprise, Petites affiches, 1991, Nr. 21 ; *Le Corre*, Pratique des procédures collectives, Rn. 338; *Pérochon-Bonhomme*, Entreprises en difficulté, Rn. 244 ;

420 Zu den Folgen einer Ablehnung der vorgeschlagenen Fristen und Nachlässe, vgl. oben Teil 2 B I 2 c (1) S.84.

V. Die Beteiligung der Arbeitnehmer

1. Einsetzung und Austausch des Arbeitnehmervertreters

Die Arbeitnehmer bzw. der Betriebsrat (*comité d'entreprise)* oder die Belegschaftsvertreter (*délégués du personnel)* bestimmen im Gegensatz zu den sonstigen Gläubigern ihren Vertreter, den Arbeitnehmervertreter, selbst, Art. L. 621-8 Abs. 1, Art. L. 621-135 Abs. 1 S. 2, Art. D. 15. Auch die Ersetzung des Arbeitnehmervertreters erfolgt durch die Arbeitnehmer selbst bzw. durch den Betriebsrat oder Belegschaftsvertreter, Art. L. 621-10 Abs. 3[421].

2. Informationsrechte der Arbeitnehmer bzgl. der Befriedigung ihrer Forderungen

Die Arbeitnehmerforderungen bedürfen nicht der Anmeldung[422]. Der Gläubigervertreter erstellt auf Grundlage der Dokumente und Informationen durch die Arbeitnehmer, den Schuldner, den Insolvenzverwalter und den Arbeitnehmervertreter (Art. D. 76) eine Forderungstabelle. Diese legt der Gläubigervertreter dem Arbeitnehmervertreter zur Kontrolle vor. Die Entscheidung über die Zulassung oder Ablehnung der Arbeitnehmerforderung erfolgt allein durch den Gläubigervertreter. Gemäß Art. D.78 Abs. 1, L.621-125 Abs. 1 ist der Gläubigervertreter verpflichtet, die Arbeitnehmer über Natur und Höhe der zugelassenen bzw. zurückgewiesenen Forderungen zu informieren und ihnen das Datum der Veröffentlichung der Forderungstabelle beim *greffe* mitzuteilen. Diese Information ist insofern für den Arbeitnehmer von Bedeutung, als er innerhalb einer Frist von zwei Monaten nach Veröffentlichung der Forderungstabelle gemäß Art. L. 621-125 Abs. 2 die Arbeitsgerichte zur Entscheidung über die Zulassung seiner Forderung anrufen kann[423].

Die Befriedigung bestimmter Arbeitnehmerforderungen ist durch die sog. „AGS" garantiert[424]. Verweigert diese ihre Leistung, informiert der Gläubigervertreter umgehend den Arbeitnehmervertreter und die betroffenen Gläubiger, Art. L. 621-127 Abs. 1, Art. D. 79. Auch diese Information dient der Wahrung der Rechte der Arbeitnehmer, denen in diesem Fall gemäß Art. L. 621-127 Abs. 2 der Rechtsweg eröffnet ist[425].

---

421 Vgl. hierzu im einzelnen unten Teil 3 E I S.139.
422 Vgl. oben Teil 2 A II 1 a (2) S.54.
423 Zu den Einzelheiten vgl. oben Teil 2 A II 3 S.61.
424 Vgl. oben Teil 2 B I 2 c (2) S.85.
425 Vgl. hierzu oben Teil 2 B I 2 c (2) S.85.

B. Der Gläubigervertreter (*le mandataire judiciaire à laliquidation*)

I. Das Verhältnis der einzelnen Gläubiger zum Gläubigervertreter

Die Interessen der Gesamtgläubigerschaft decken sich nicht notwendigerweise mit der Gesamtheit der einzelnen Gläubigerinteressen.

Daher kann es dazu kommen, dass der Gläubigervertreter als Gegner des einzelnen Gläubigers erscheint, wenn er beispielsweise Schadensersatzansprüche gegen einen einzelnen Gläubiger geltend macht[426].

Dieser Interessengegensatz wird auch bei der Hauptaufgabe des Gläubigervertreters, der Überprüfung der Insolvenzforderungen, deutlich. Die Wahrnehmung der Interessen der Gesamtgläubigerschaft verpflichtet den Gläubigervertreter dazu, eine größtmögliche Anzahl von Forderungen nicht bzw. nicht in voller Höhe zuzulassen[427]. Dies wird noch dadurch verstärkt, dass die Höhe der Vergütung des Gläubigervertreters, umso höher wird, je mehr angemeldete Forderungen er bestreitet und diese nicht oder nicht in voller Höhe in die Forderungstabelle eingetragen werden[428].

Schließlich ist der Gläubigervertreter ein vom Gericht eingesetztes Organ der Rechtspflege, das seine Funktion entsprechend der Zielrichtung des Gesetzes wahrzunehmen hat.

Vor dem Hintergrund, dass das französische Insolvenzrecht die Rettung des Unternehmens und die Erhaltung der Arbeitsplätze vor die Befriedigung der Gläubiger stellt, wird deutlich, dass der Gläubigervertreter kein echter Vertreter der Gläubigerinteressen ist.

Schließlich wird dies durch die Reform des Insolvenzrechts von 1994 deutlich, durch die dem Gläubigervertreter die *créanciers contrôleurs* zur Seite gestellt wurden, die den Gläubigervertreter bei der Prüfung der Gläubigerforderungen kontrollieren[429].

II. Einsetzung und Entlassung des Gläubigervertreters

Der Gläubigervertreter wird gemäß Art. L. 621-8 Abs. 1 Satz 1 durch das Insolvenzgericht im Eröffnungsurteil eingesetzt (im vereinfachten Verfahren gemäß Art. L. 621-135 Abs. 1 Satz 1).

---

426 Com. 1.10.1994, Bull. civ. IV, Nr. 279; Bull. Joly 1994, 1342, Anm. Le Cannu.

427 *Pérochon-Bonhomme*, Entreprises en difficulté, Rn. 149.

428 Vgl. unten Teil 3 B III 4 S.115.

429 Vgl. unten Teil 3 C S.125.

Die Auswahl des Gläubigervertreters ist in das Ermessen des Gerichts gestellt und muss in der Entscheidung nicht weiter begründet werden[430].

Allerdings ist der Gläubigervertreter aus der Liste der *mandataires judiciaires à la liquidation des entreprises* der zuständigen *Cour d'appel* zu wählen[431], und es darf gemäß Art. L. 621-8 Abs. 3 nicht eingesetzt werden, wer bis zum vierten Grad mit dem Schuldner bzw. Geschäftsführer des Schuldnerunternehmens verwandt ist.

Der Gläubigervertreter bleibt während der gesamten Beobachtungsphase im Amt. Grundsätzlich endet das Amt des Gläubigervertreters mit Erlass des die Ausführungsphase einleitenden Urteils, also des Planfeststellungs- oder des Liquidationseröffnungsurteils. Gemäß Art. L. 621-67 Abs. 2 bleibt der Gläubigervertreter jedoch bis zum Abschluss der Forderungsüberprüfung im Amt. Ist diese im Zeitpunkt des die Ausführungsphase einleitenden Urteils nicht beendet, ist seine Beteiligung am Verfahren in der Zeit danach auf die der Forderungsüberprüfung beschränkt[432].

Im Falle der Feststellung eines Sanierungsplans kann der Gläubigervertreter gemäß Art. L. 621-68 Abs. 1 zum *commissaire à l'exécution du plan* ernannt werden.

Wird statt des Gläubigervertreters der Insolvenzverwalter zum *commissaire à l'exécution du plan* ernannt, führt dieser die vom Gläubigervertreter eingeleiteten Verfahren fort, Art. L. 621-68 Abs. 2.

Wird ein Liquidationsverfahren eingeleitet, wird gemäß Art. L. 622-5 Abs. 1 Satz 1 grundsätzlich der Gläubigervertreter zum Liquidator bestellt.

Gemäß Art. L. 621-10 Abs. 1 Satz 1 kann das Gericht von Amts wegen, auf Antrag des Staatsanwalts oder des *juge commissaire* den Gläubigervertreter durch einen anderen *mandataire judiciaire à la liquidation*[433] ersetzen.

Gemäß Art. L. 621-10 Abs. 2 können der Insolvenzverwalter, die *créanciers contrôleurs* und die einzelnen Gläubiger den *juge commissaire* beauftragen, einen entsprechenden Antrag beim Insolvenzgericht zu stellen[434].

Gemäß Art. D. 30 Abs. 2 i.V.m. Art. D. 8, D. 9 ist der auszutauschende Gläubigervertreter zu laden und anzuhören[435].

---

430 Com. 14.12.1992, D. 1993, 193, Anm. A Honorat.

431 Zur Liste der *mandataire judiciaire à la liquidation* vgl. unten Teil 3 B III 1 S.113.

432 Com. 3.10.2000, Act.proc.coll. 2000/18, n°233.

433 Zum *mandataire judiciaire à la liquidation* im Allgemeinen, vgl. unten Teil 3 B III 1 S.113.

434 Zur Möglichkeit der einzelnen Gläubiger, einen entsprechenden Antrag beim *juge commissaire* zu stellen, siehe oben Teil 3 A II 2 S.103.

435 CA Montpellier 10.8.1994, Rev.proc.coll. 1995, 290, Nr. 4, Anm. B. Dureuil.

Das Gericht entscheidet auf Grundlage des Berichts des *juge commissaire* und nach Anhörung des Staatsanwalts, Art. D. 30 Abs. 3. Der Austausch des Gläubigervertreters kann aus reinen Opportunitätsgründen erfolgen und hat daher keinen disziplinarrechtlichen Charakter[436].

Gemäß Art. L. 623-6 Abs. 1 Nr. 1 können gegen die Urteile, durch die ein Gläubigervertreter eingesetzt oder ausgetauscht wird, das Rechtsmittel der Berufung, allerdings nur durch den *ministère publique*[437] eingelegt werden.

Der durch das Insolvenzgericht eingesetzte Gläubigervertreter seinerseits kann nicht sein Amt ohne Erlaubnis des Gerichts, das ihn ernannt hat, niederlegen[438].

III. Die Rechtsstellung des Gläubigervertreters

1. Der Berufsstand des ‚mandataire judiciaire'

Der *mandataire judiciaire à la liquidation des entreprises* ist ein Organ der Rechtspflege (*auxiliaire de justice*). Gemäß Art. L. 812-1 sind die *mandataires judiciaires à la liquidation des entreprises* Organe, die durch Gerichtsentscheidung mit der Vertretung der Gläubiger beauftragt werden und evt. die Liquidation des Unternehmens unter den Voraussetzungen des *titre* II des 6. Buches des Code de commerce durchführen. Der Berufsstand des *mandataire judiciaire* umfasst danach sowohl die Tätigkeit als Gläubigervertreter als auch die des Liquidators.

Wer als *mandataire judiciaire* eingesetzt werden will, muss zuvor in einer bei den *Cours d'appel* geführten Liste eingetragen sein, Art. L. 812-2 Abs. 1[439]. In die Liste darf gemäß Art. L. 812-3 eingetragen werden, wer:

- die französische Staatsangehörigkeit oder die Staatsangehörigkeit eines Staates der Europäischen Union besitzt (mit der zusätzlichen Voraussetzung der Ablegung einer Eignungsprüfung),
- entsprechende sachliche Kompetenzen nachgewiesen hat
- und die für den Berufsstand notwendige Moral hat.

---

436 *Derrida/Godé/Sortais*, Redressement et liquidation judiciaire des entreprises, Nr. 296 ; *Soinne*, Traité théorique et pratique des procédures collectives, Nr. 578.

437 Der *ministère public* ist die französische Anklagebehörde und entspricht weitestgehend der Staatsanwaltschaft.

438 *Martin*, Lamy droit commercial, Nr. 2665.

439 Entsprechend eines Communiqués vom 31.5.1999 (JCP E. 1999, 980) sollen die lokalen Listen durch eine nationale Liste ersetzt werden.

Gemäß Art. L. 812-8 Abs. 1 ist der Berufsstand des *mandataire judiciaire à la liquidation des entreprises* unvereinbar mit der Ausübung eines anderen Berufs.

2. *Kontrolle des ‚mandataire judiciaire'*

Der *mandataire judiciaire à la liquidation des entreprises* unterliegt gemäß Art. L. 812-9 i.V.m. Art. L. 811-11 und L. 811-15 der Dienstaufsicht. Gemäß Art. L. 811-12 kann eine nationale Disziplinarkommission im Falle einer Pflichtverletzung Disziplinarmaßnahmen aussprechen (von der Ermahnung bis zur Streichung aus der Liste).

Der Gläubigervertreter hat gemäß Art. 58 ff. des zweiten Dekrets vom 27. Dezember 1985 für jedes Verfahren eine Buchhaltung zu führen und neben Jahresabschlüssen auch Zwischenabschlüsse zu erstellen. Die Buchhaltung des Gläubigervertreters wird jährlich durch einen Wirtschaftsprüfer (*commissaire aux comptes*) geprüft, der seinen Bericht der Dienstaufsicht vorlegt.

3. *Die Haftung des Gläubigervertreters*

Der Gläubigervertreter haftet sowohl zivilrechtlich als auch strafrechtlich.

a. Zivilrechtliche Haftung

Zivilrechtlich kommt eine Haftung auf Grundlage von Art. 1382 und 1383 C.civ. in Betracht[440].

Den Gläubigervertreter trifft nur eine sog. *obligation de moyens*[441]. Meistens kommt es zu einer Haftung wegen Pflichtverletzung im Rahmen der Anmeldung und Überprüfung der Forderungen[442] [443]. Dagegen haftet der Gläubigervertreter

440 Die Haftung gemäß Art. 1382, 1384 C.civ. entspricht in etwa der Haftung wegen unerlaubter Handlung im deutschen Recht und setzt das Vorliegen einer schuldhaften Handlung voraus, die kausal zu einem Schaden geführt hat.

441 Der Gläubigervertreter schuldet keinen bestimmten Erfolg, sondern ist lediglich verpflichtet, tätig zu werden.

442 Com. 23.5.2000, D. 2000, 309, Anm. Lienhard; Com. 20. 6.2000, D. 2000, 338, Anm. Lienhard *; Le Corre*, Responsabilité civile du représentant des creanciers à raison du défaut d'avertissement donné à un financier connu d'avoir à déclarer sa créance.

443 Der Gläubigervertreter haftet beispielsweise, wenn er entgegen Art. L. 621-39 nicht zur öffentlichen Sitzung erscheint, um sich zum *projet de plan* zu äußern, wenn dadurch einem Hypothekengläubiger ein Schaden entsteht: Paris 12.10.1995,

nicht für Handlungen, die der Kompetenz des Insolvenzverwalters unterliegen, auch nicht im vereinfachten Verfahren, obwohl der Gläubigervertreter hier die Hauptfunktion des Insolvenzverwalters mit übernimmt[444].

Gemäß Art. D. 174 ist das *tribunal de grande instance*[445] für die Geltendmachung von Schadensersatzansprüchen gegen den Gläubigervertreter zuständig.

Etwaige Ansprüche verjähren gemäß Art. 2277-1 C.civ. nach zehn Jahren ab Beendigung des Amtes als Gläubigertreter im konkreten Fall[446].

Gemäß Art. L. 814-3 und Art. L. 814-4 muss der *mandataire judiciaire à la liquidation des entreprises* eine Berufshaftpflichtversicherung abschließen und einer Garantiekasse angehören, die für die Rückerstattung der ihm anvertrauten Gelder, Wertpapiere und Wertsachen haftet.

b. Strafrechtliche Haftung

Art. L. 626-12 sieht überdies eine strafrechtliche Haftung des Gläubigervertreters gemäß Art. 314-2 Code pénal (Strafgesetzbuch) in folgenden Fällen vor:

1. Verwendung von entgegengenommenen Geldsummen zu eigenen Zwecken oder Entgegennahme von Leistungen zu eigenen Zwecken.
2. Missbrauch der eigenen Kompetenzen zum Nachteil der Gläubiger oder des Schuldners.
3. Der unmittelbare oder mittelbare Erwerb von Sachen oder Rechten des Schuldners, die Verwendung solcher Sachen oder Rechte zu eigenen Gunsten.

4. Vergütung der Tätigkeit

Für die Ausübung seiner Tätigkeit erhält der Gläubigervertreter eine Vergütung, die durch das Dekret Nr. 85-1390 vom 27. Dezember 1985 festgelegt wird.

Gemäß Art. 2 dieses Dekrets erhält der Gläubigervertreter für jedes Verfahren eine Festgebühr in Höhe von 2.287,00 €. Dieser Betrag ist im Fall des vereinfachten Verfahrens um ein Drittel zu kürzen. Wird der Gläubigervertreter im Verlauf des Verfahrens nicht zum Liquidator bestellt, so ist er gemäß Art. 12 des

---

Rev.proc.coll. 1996, 407, Anm. Soinne. Die Einzelheiten der Haftung des Gläubigervertreters werden jeweils bei der Darstellung seiner Pflichten erörtert.

444 Toulouse 7.5.1998, Act.proc.coll. 1998, Nr. 103.

445 Zum *tribunal de grande instance* vgl. Glossar S.145 ff.

446 *Le Corre*, Pratique des procédures collectives, Rn. 216 ; *Soinne*, Traité théorique et pratique des procédures collectives, Nr. 959 ; *Saint-Alary-Houin*, Droit des entreprises en difficulté, Rn. 421-1.

besagten Dekrets verpflichtet, die Hälfte des vorgenannten Betrags an den Liquidator auszukehren[447].

Zu der festen Gebühr kommt eine wertabhängige Gebühr für jede geprüfte Forderung: 23,00 € für jede Forderung zwischen 38,00 und 152,00 €; 38,00 € für jede Forderung über 152,00 €.

Gemäß Art. 14 des Dekrets Nr. 85-1390 vom 27. Dezember 1985 kommt eine weitere variable Gebühr abhängig von der Zahl der Beschäftigten hinzu.

Schließlich gibt es eine Gebühr für jede bestrittene Forderung, und zwar in Höhe von 5 % der Differenz zwischen angemeldeter und tatsächlich in die Forderungstabelle eingetragener Forderung, Art. 15 des vorgenannten Dekrets.

Die Vergütung des Gläubigervertreters ist nach oben auf 68.602,00 € begrenzt. Die weitere Vergütung wird vom Präsidenten des zuständigen Gerichts auf Vorschlag des *juge commissaire* festgesetzt, Art. 16 des Dekrets Nr. 85-1390 vom 27. Dezember 1985. Die Höhe der Vergütung ist in das Ermessen des Präsidenten des zuständigen Gerichts gestellt, ohne dass dieser zwischen fester und wertabhängiger Gebühr unterscheiden müsste[448].

IV. Aufgaben und Befugnisse des Gläubigervertreters

Die Einsetzung eines Gläubigervertreters ist obligatorisch. Die Bezeichnung als Gläubigervertreter ergibt sich aus seinem in Art. L. 621-39 Abs. 1 festgelegten Auftrag. Danach ist ausschließlich der vom Gericht eingesetzte Gläubigervertreter dazu berechtigt, im Namen und Interesse der Gesamtgläubigerschaft zu handeln.

Daraus ergibt sich im Umkehrschluss, dass es nicht seine Aufgabe ist, die Interessen einzelner Gläubiger oder Gläubigergruppen wahrzunehmen[449]. Grundsätzlich kann daher ein einzelner Gläubiger nicht die Interessen der Gesamtgläubigerschaft wahrnehmen, auch dann nicht, wenn der Gläubigervertreter

---

447 Im Fall einer *Extension de la procédure* wird die Gebühr trotzdem nur einmal fällig (Com. 26.10.1999, RJDA 11.10.2000, Nr. 43; Droit et patrimoine, 2000, 100, Nr. 2489.

448 Com. 18.1.2000, Bull. Civ. IV, 15.

449 Com. 29.4.1997, Rev.proc.coll. 1998, 158, Nr. 1, Anm. B. Soinne.

untätig bleibt[450]. In solchen Fällen bleibt den Gläubigern nur die Möglichkeit, Schadensersatzansprüche gegen den Gläubigervertreter anzumelden[451].

Im Mittelpunkt seiner Pflicht zur Wahrnehmung der Interessen der Insolvenzgläubiger steht die Überprüfung der Insolvenzforderungen[452]. Zur Gewährleistung einer ordnungsgemäßen Durchführung seiner Aufgabe zur Wahrnehmung der Interessen der Gesamtgläubigerschaft werden dem Gläubigervertreter weitgehende Antrags-, Informations-, Stellungnahme- und Anhörungsrechte eingeräumt.

1. Wahrnehmung von Rechten der Gesamtgläubigerschaft

Die Wahrnehmung der Interessen der Gesamtgläubigerschaft i.S.v. Art. L. 621-39 Abs. 1 erfolgt durch Überprüfung der Gläubigerforderungen und Durchführung von Maßnahmen zur Sicherung des Schuldnervermögens als Grundlage für eine Befriedigung der Gläubiger.

a. Überprüfung der Gläubigerforderungen

Im Mittelpunkt der Tätigkeit des Gläubigervertreters steht die Überprüfung der Forderungen der Insolvenzgläubiger und der Arbeitnehmer, Art. D. 72 Abs. 1 und 76 Abs. 1[453].

Die Überprüfung der Gläubigerforderungen steht im Mittelpunkt der Aufgaben des Gläubigervertreters zur Wahrnehmung der Interessen der Gesamtgläubigerschaft. Insbesondere bei der Erfüllung dieser Aufgabe wird deutlich, dass sich die Interessen der Gesamtgläubigerschaft keineswegs mit den Interessen des einzelnen Gläubigers decken müssen. Die Interessen der Gesamtgläubigerschaft verpflichten den Gläubigervertreter, soweit wie möglich, Forderungen nicht bzw. nicht in vollem Umfang zuzulassen, denn dies führt zu einer Erhöhung der Befriedigungsquote. Gegenüber den betroffenen Gläubigern stellt sich der Gläubigervertreter in diesem Zusammenhang damit sogar als Gegner dar[454].

---

450 Com. 3.6.1997, Bull. IV, Nr. 161; JCP éd. E 1997, II, Nr. 988, Anm. M. Béhar-Touchais.

451 *Pérochon-Bonhomme*, Entreprises en difficulté, Rn. 149 ; *Derrida/Godé/Sortais*, Redressement et liquidation judiciaire des entreprises, Rn. 515 ; *Le Cannu/ Lucheux/ Pitron/ Sénéchal*, Redressement et liquidation judicaire, Rn. 545.

452 Zum Ablauf der Forderungsprüfung und zu den Auswirkungen dieses Verfahrens auf die Rechtsstellung der Insolvenzgläubiger vgl. oben Teil 2 A II S.52 ff.

453 Zum Ablauf des Prüfungsverfahrens und die möglichen Auswirkungen auf die Rechtsstellung der Gläubiger siehe oben Teil 2 A II S.52 ff.

454 *Pérochon-Bonhomme*, Entreprises en difficulté, Rn. 149.

(1) Pflichten gegenüber den Insolvenzgläubigern

Zunächst ist der Gläubigervertreter gemäß Art. D. 66 Abs. 1 verpflichtet, die bekannten Gläubiger[455] aufzufordern, ihre Forderungen innerhalb einer bestimmten Frist anzumelden[456]. Gemäß Art. D. 66 Abs. 3 enthält die Aufforderung des Gläubigervertreters den Hinweis auf die einzuhaltenden Form- und Fristvorschriften[457].

Will der Gläubigervertreter eine angemeldete Forderung bestreiten, muss er gemäß Art. L. 621-47 Satz 1 i.V.m. Art. D. 72 Abs. 3 den betroffenen Gläubiger oder dessen Vertreter per Einschreiben mit Rückschein informieren und zur Stellungnahme innerhalb von 30 Tagen ab Zugang des Schreibens auffordern. Gemäß Art. D. 72 Abs. 3 sind in dem Schreiben Gegenstand, Umfang und Gründe des Bestreitens so zu bezeichnen, dass der betroffene Gläubiger in der Lage ist, sich zu verteidigen[458]. Entsprechendes gilt, wenn der Gläubigervertreter das Bestehen einer Sicherheit für die angemeldete Forderung bestreiten will[459].

(2) Pflichten gegenüber Arbeitnehmern und Arbeitnehmervertretern

Die Überprüfung und Zulassung der Arbeitnehmerforderungen obliegt dem Gläubigervertreter[460].

Seine Entscheidung hält er gemäß Art. L. 621-125 Abs. 1 Satz 1 in den sog. *relevés des créances* fest. Dabei handelt es sich um vier unterschiedliche Aufstellungen mit folgendem Inhalt:

1) Arbeitnehmerforderungen *superpriviligiées*[461];
2) Insolvenzforderungen die nicht unter das *superprivilège* fallen;
3) Masseforderungen, die von der „AGS" garantiert sind;
4) Masseforderungen, die nicht von der „AGS" garantiert sind.

455 Vgl. oben Teil 2 A II 1 d (2) S.56 f.

456 Zu den unterschiedlichen Fristen siehe oben Teil 2 A II 1 c S.55.

457 Die Nichteinhaltung dieser Verpflichtung kann Schadensersatzansprüche gegen den Gläubigervertreter auslösen, vgl. beispielhaft Grenoble, 14.12.1992, Banque 1993, 94, Anm. Guillot; Com. 3.6.1997, Bull. civ. IV, n°164.

458 Com. 20.6.2000, RD Bancaire et financier 2000, Nr. 158, Anm. F.-X. Lucas ; Com. 17.10.2000, Act.proc.col. 2000, Nr. 240 ; Com. 31.3.1998, Act.proc.cll. 1998, Nr. 10.

459 *Soinne*, Traité théorique et pratique des procédures collectives, Nr. 2183.

460 Vgl. oben Teil 2 A II 3 S.61 f.

461 Vgl. hierzu oben Teil 2 A IX S.77, Teil 2 B I 2 c (2) S.85, Teil 2 B II 2 a S.91, Teil 2 B III 4 S.98.

Der Gläubigervertreter ist verpflichtet, die Gläubiger über die Annahme oder Ablehnung ihrer Forderung zu informieren. Dabei ist er an keine Form gebunden. Die Mitteilung enthält gemäß Art. D. 78 Abs. 1 folgende Angaben:

- Art der Forderung,
- Höhe, in welcher die Forderung zugelassen wird,
- Datum der Hinterlegung der *relevés des salaires* beim *greffe*,
- Rechtsmittelbelehrung.

Gemäß Art. D. 79 Abs. 2 teilt der Gläubigervertreter den Arbeitnehmern und dem Arbeitnehmervertreter mit, wenn die „AGS“ die Zahlung einer in den *relevés des salaires* enthaltenen Forderungen, Art. L. 621-127 Abs. 1 i.V.m. Art. D. 79 Abs. 2.

b. Maßnahmen zur Vermögenssicherung

Das Vermögen des Gemeinschuldners ist Grundlage für eine Gläubigerbefriedigung. Es entspricht somit den Interessen der Gesamtgläubigerschaft, dieses Vermögen durch geeignete Maßnahmen zu sichern.

(1) Insolvenzanfechtung – ‚L'action en nullité'

Die Sicherung erfolgt zum einen durch Rückführung von Vermögenswerten im Wege der *action en nullité*, die dem einzelnen Gläubiger versperrt ist[462].

(2) Haftungsprozesse

Zum anderen erfolgt die Sicherung durch Realisierung von Ansprüchen, insbesondere im Wege folgender Haftungsprozesse:

- *L'action en comblement de passif* gemäß Art. L. 624-3[463],
- *L'action en extension de la procédure* gemäß Art. L. 621-5[464],

462 Vgl. zur „action en nullité“ oben Teil 2 A I 6 S.49 ff.

463 Dabei handelt es sich um ein Verfahren auf Ausfallhaftung der organschaftlichen oder faktischen Geschäftsführer (*dirigeant de droit ou de fait*) einer juristischen Person. Voraussetzung ist, dass ein Fehlverhalten der Geschäftführung zur Überschuldung des Unternehmens geführt hat. Im Übrigen vgl. Glossar S.145 ff.

464 Die *action en extension de la procédure* ist ein Verfahren mit dem Ziel, ein bereits eröffnetes Insolvenzverfahren auf das Vermögen anderer natürlicher oder juristi-

- *L'action en ouverture du redressement ou de la liquidation judiciaires à l'encontre des dirigeants* gemäß Art. L. 624-5[465].
- Schadensersatzansprüche gegen die einzelnen Gläubiger.

2. Antragsrechte des Gläubigervertreters

a. Anträge auf Aufhebung bestimmter Verfahrensabschnitte

Der Gemeinschuldner setzt während der Beobachtungsphase seine Unternehmenstätigkeit fort, Art. L. 621-26. Ist absehbar, dass den mit der Fortsetzung der Unternehmenstätigkeit verbundenen Kosten keine ausreichenden Einnahmen gegenüberstehen, sich damit die für die Gläubigerbefriedigung zur Verfügung stehende Masse verringert und eine Sanierung nicht (mehr) möglich erscheint[466], kann bzw. muss der Gläubigervertreter im Interesse der Gesamtgläubiger hiergegen einschreiten.

Der Gläubigervertreter kann zu diesem Zweck einen Antrag auf Beendigung der Beobachtungsphase und Eröffnung des Liquidationsverfahrens gemäß Art. L. 621-27 Abs. 1 stellen.

Erfüllt der Insolvenzverwalter seine aus der Fortsetzung eines laufenden Vertrags resultierenden Verpflichtungen[467] nicht, kann der Gläubigervertreter gemäß Art. L. 621-28 Abs. 3 die Einstellung der Beobachtungsphase beantragen.

Ebenso wie die Gläubiger kann der Gläubigervertreter die Aufhebung eines Veräußerungsplans gemäß Art. L. 621-91 Abs. 4 Satz 2 beantragen, wenn der Erwerber seinen Pflichten nicht nachkommt[468].

---

scher Personen auszudehnen. Voraussetzung ist eine Vermögensvermischung (*confusion de patrimoines*). Vgl hierzu Glossar S.145 ff.

465 Dabei handelt es sich um ein Verfahren gerichtet auf die Eröffnung eines Insolvenzverfahrens über das Vermögen des organschaftlichen oder faktischen Geschäftsführers (*dirigeant de droit ou de fait*) einer juristischen Person, über deren Vermögen bereits ein Verfahren eröffnet wurde. Die Gläubiger der juristischen Person werden zu Gläubigern des Betroffenen, so dass es sich faktisch um eine Ausdehnung des Verfahrens auf das Vermögen des Geschäftsleiters handelt. Voraussetzung ist ein eigennütziges Handeln zu Lasten der Gesellschaft oder ein betrügerisches Verhalten.

466 *Pérochon-Bonhomme*, Entreprises en difficulté, Rn. 299 .

467 Vgl. oben Teil 2 A III 2 S.65.

468 Vgl. hierzu oben Teil 2 B II 2 b S.93 u. Teil 3 B IV 2 S.112.

b. Antrag auf Absetzung eines ‚créancier contrôleur'

Gemäß Art. L. 621-13 Abs. 4 Satz 3 i.V.m. Art. D. 31-3 Abs. 2 kann der Gläubigervertreter einen Antrag auf Entlassung eines *créancier contrôleur* stellen[469].

c. Antrag auf Neufestsetzung des Datums der ‚cessation des paiements'

Gemäß Art. L. 621-7 Abs. 1 legt das Gericht im Eröffnungsurteil das Datum der Zahlungseinstellung fest. Anderenfalls gilt die Vermutung der Zahlungseinstellung am Tag der Urteilsverkündung, Art. L. 621-7 Abs. 1 Satz 2.

Der Gläubigervertreter kann einen Antrag auf Neufestsetzung des Datums der *cessation des paiements* stellen, Art. L. 621-7 Abs. 2 Satz 1.

Dies kann in Form einer *assignation* oder einer *requête* erfolgen[470]. Er ist gemäß Art. L. 621-7 Abs. 2 Satz 2 innerhalb von 15 Tagen nach Hinterlegung des *bilan économique et social* oder des *projet de plan* oder der Hinterlegung des *état des créances* im Falle einer Liquidationseröffnung zu stellen.

Gemäß Art. L. 621-7 Abs. 1 Satz 3 kann das Datum der *cessation des paiements* mehrfach bis zu 18 Monaten vor Verkündung des Eröffungsurteils verschoben werden.

Der Antrag auf Neufestsetzung des Datums der *cessation des paiements* ist für die *action en nullité* von Bedeutung, da die hierfür maßgebliche Frist die Zeit zwischen der Zahlungseinstellung und dem Eröffnungsurteil ist[471].

d. Antrag auf Zulassung einer Vorschusszahlung

Gemäß Art. L. 621-24 Abs. 1 kann der Gläubigervertreter beantragen, dass einem Gläubiger im Liquidationsverfahren ein Vorschuss auf seine zugelassene Forderung gezahlt wird[472].

3. Informationsrechte des Gläubigervertreters

Um seine Informationspflichten gegenüber den Gläubigern[473] erfüllen zu können, verfügt der Gläubigervertreter seinerseits über sehr weitgehende Informationsrechte.

---

469 Vgl. hierzu im einzelnen unten Teil 3 C III 2 S.128.

470 Com. 16.2.1999, D. aff. 2000, 478.

471 Zur *action en nullité* vgl. oben Teil 2 A I 6 a S.49.

472 Vgl. oben Teil 2 B III 2 a S.96.

473 Zu den Informationsrechten der Gläubiger vgl. oben Teil 3 A III 1 S.106.

a. Recht auf Übermittlung aller das Verfahren betreffenden Akten und Dokumente

Zunächst sind dem Gläubigervertreter folgende Dokumente zu übermitteln:

- Gemäß Art. L. 621-45 eine beglaubigte Gläubigerliste und eine Forderungsaufstellung durch den Schuldner. Nach Art. D. 69 enthält die Liste die genaue Bezeichnung der Gläubiger, ihres (Wohn-) Sitzes, Höhe und Art der Forderung, Fälligkeitsdatum und etwaige Sicherheiten. Dies ist für die Anmeldung und Überprüfung der Forderung von wesentlicher Bedeutung[474].
- Gemäß Art. D. 19 das Eröffnungsurteil durch den Urkundsbeamten der Gerichtskanzlei (*greffe*).
- Die Entscheidungen des *juge commissaire* über Zulassung oder Nichtzulassung von Insolvenzforderungen, Art. D.73 Abs. 3.

b. Rechte im Zuge der Erstellung des bilan économique et social durch den Insolvenzverwalter

Das Insolvenzgericht entscheidet über das Schicksal des Unternehmens. Grundlage dieser Entscheidung ist im Wesentlichen der *rapport* des Insolvenzverwalters, der einen *bilan économique et social* und einen auf dieser Grundlage beruhenden *projet de plan* enthält[475]. Damit kommt dem *bilan économique et social* eine erhebliche Bedeutung für das Schuldnerunternehmen und damit letztlich auch für die Gläubiger zu.

Aus diesem Grund hat der französische Gesetzgeber dem Vertreter der Gesamtgläubigerinteressen folgende Informations-, Anhörungs- und Stellungnahmerechte eingeräumt:

- Gemäß Art. L. 621-56 Abs. 3 hört der Insolvenzverwalter (unter anderem) den Gläubigervertreter an, um sich über die allgemeine Situation des Schuldnerunternehmens im Zeitpunkt der Verfahrenseröffnung, über die Erfolgsaussichten einer Sanierung und über die Modalitäten einer Gläubigerbefriedigung zu informieren. (Im vereinfachten Verfahren erfolgt die Anhörung gemäß Art. L. 621-39 Abs. 2 durch den Schuldner selbst).

---

474 Siehe oben Teil 2 A II S.52 ff.

475 Auch wenn das Gerichts nicht an den Vorschlag des Insolvenzverwalters gebunden ist (Com. 10.7.1990, Bull. civ. IV, Nr. 208; Com. 9.7.1998, Rev.trim.dr. com. 1998, 927, Anm. Sain-Alary-Houin; Com. 2.2.1993, Bull. civ. IV, Nr. 41; Com. 19.12.2000, RJDA 2001, Nr. 477; Com. 8.6.1999, RJDA 1999, Nr. 1105.), so folgen die Gerichte in der Praxis meistens dem Vorschlag des Insolvenzverwalters.

- Überdies informiert der Insolvenzverwalter den Gläubigervertreter gemäß Art. L. 621-56 Abs. 4 Satz 1 über den Gang der Erstellung des *bilan économique et social*.
- Der Insolvenzverwalter erstellt den Bericht auf Grundlage der von ihm gesammelten Informationen und der eingegangenen Angebote zum Erwerb des Unternehmens. Bevor der Insolvenzverwalter den Bericht verfasst und dem Gericht den Vorschlag zur Sanierung oder Liquidation unterbreitet, hört er den Gläubigervertreter zu den von ihm in Betracht gezogenen Maßnahmen an, Art. L. 621-56 Abs. 4 Satz 2.
- Übermittlung aller eingegangenen Angebote zum Erwerb des Unternehmens gemäß Art. L. 621-85 Abs. 1[476].
- Übermittlung der Vorschläge zur Gläubigerbefriedigung durch den Insolvenzverwalter gemäß Art. L.621-60 Abs. 1, 621-139.

4. Das Recht des Gläubigervertreters auf Anhörung und Stellungnahme vor allen wesentlichen das Verfahren betreffenden Entscheidungen

Auch wenn die Gläubiger keine wesentlichen das Verfahren betreffenden Entscheidungen fällen und auch nicht unmittelbar an dem Entscheidungsprozess beteiligt werden, sieht das französische Insolvenzrecht zur Wahrung der Gläubigerinteressen vor, dass der Gläubigervertreter vor den wesentlichen das Verfahren betreffenden Entscheidungen anzuhören oder zur Abgabe einer Stellungnahme befugt ist.

Der Gläubigervertreter ist vor der Entscheidung über einen Antrag gemäß Art. L. 621-27 Abs. 1 auf Beendigung der Beobachtungsphase und Einleitung der Unternehmensveräußerung oder Liquidation, gemäß Art. L. 621-27 Abs. 2 anzuhören[477].

Bevor der *juge commissaire* gemäß Art. L. 621-21 eine Vergütung für den Schuldner bzw. für die Führungskräfte des Schuldnerunternehmens festlegt, gibt der Gläubigervertreter eine Stellungnahme gemäß Art. D. 53 ab.

Vor einer Entscheidung des Gerichts über die Änderung der Aufgaben des Insolvenzverwalters im Sinne von Art. L. 621-22 Abs. 4 gibt der Gläubigerver-

---

476 Das Angebot enthält gemäß Art. L. 621-85 Abs.1 Satz 2 folgende zwingende Angaben: 1°Businessplan, 2°Kaufpreis und Zahlungsmodalitäten, 3°Veräußerungszeitpunkt, 4°Personalstruktur einschließlich einer Prognose zur Beschäftigungslage, 5° Angaben über Mittel zur Sicherung des Kaufpreises, 6° Angaben zu geplanten Veräußerungen von Vermögenswerten des Schuldnerunternehmens.

477 Zum Antrag gemäß Art. L. 621-27 Abs. 1, den auch der Gläubigervertreter stellen kann, siehe oben Teil 3 B IV 2 S.120.

treter gemäß Art. D. 54 Abs. 1 eine Stellungnahme ab, soweit er nicht selbst Antragsteller ist.

Soweit es für das Überleben des Schuldnerunternehmens erforderlich ist, kann das Insolvenzgericht auf Antrag gemäß Art. L. 621-59 die Feststellung eines Sanierungsplans von der Auswechslung eines oder mehrerer Geschäftsführer (*dirigeant*) abhängig machen. Auch vor dieser Entscheidung ist der Gläubigervertreter gemäß Art. D. 41 Abs. 2 anzuhören.

Nach Art. L. 621-6 Abs. 2 i.V.m. D. 20 Abs. 1 (bzw. im vereinfachten Verfahren gemäß Art. L. 621-136 Abs. 1 i.V.m. Art. D. 111 Abs. 1), kann die maximal sechsmonatige (bzw. im vereinfachten Verfahren viermonatige) andauernde Beobachtungsphase durch Entscheidung des Gerichts maximal zweimal auf zwanzig Monate bzw. (im vereinfachten Verfahren) auf acht Monate verlängert werden. Jede unnötige Fortsetzung der Unternehmenstätigkeit des insolventen Unternehmens erhöht das Risiko, dass eine Sanierung unmöglich wird, mit der Folge, dass die Chancen der Gläubiger auf eine Befriedigung sinken. Aus diesem Grund ist der Gläubigervertreter gemäß Art. D. 20 Abs. 3 vor der Entscheidung des Gerichts anzuhören.

Schließlich ist der Gläubigervertreter gemäß Art. L. 621-62 Abs. 1 vor Erlass des die Ausführungsphase einleitenden Urteils anzuhören. Der Gläubigervertreter hat hier die Gelegenheit sich zum *rapport* des Insolvenzverwalters, auf dessen Grundlage das Gericht seine Entscheidung fällt, zu äußern. Dies ist insbesondere deshalb von Bedeutung, da die Befriedigungsaussichten der Gläubiger je nach Entscheidung für eine Unternehmensfortführung, eine Unternehmensveräußerung oder eine Liquidation sehr unterschiedlich ausfallen. Gegenüber den Gläubigern stellt die Wahrnehmung dieses Rechts eine sich aus Art. L. 621-39 ergebende Pflicht dar, deren Verletzung Schadensersatzansprüche auslösen kann[478].

Der *juge commissaire* fällt die letzte Entscheidung über die Zulassung oder Nichtzulassung der angemeldeten Gläubigerforderungen[479]. Ebenso wie der betroffene Gläubiger selbst ist der Gläubigervertreter als Vertreter der Gesamtgläubigerinteressen vor einer endgültigen Entscheidung über die Zulassung oder Nichtzulassung einer angemeldeten Forderung im Sinne von Art. L. 621-43 Abs. 3 anzuhören, Art. D. 74 Abs. 1.

---

478 Paris, 12.10.1995, Rev.proc.coll. 1996, 407, Anm. Soinne.
479 Vgl. oben Teil 2 A II 2 b S.58.

C. Die *créanciers contrôleurs*

I. Einleitung

Die *créanciers contrôleurs* sind keine Interessenvertreter der Gläubiger. Nur der Gläubigervertreter ist gemäß Art. L. 621-39 Abs. 1 berechtigt, im Namen und im Interesse der Gläubiger tätig zu werden[480]. Die *créanciers contrôleurs* assistieren dem Gläubigervertreter und dem *juge commissaire*, Art. L. 621-13 Abs. 3 Satz 1. Ihnen ist es jedoch ausdrücklich verboten, die aufgrund ihrer umfangreichen Informationsrechte erlangten Kenntnisse an die übrigen Gläubiger weiter zu geben.

Damit könnte man zu dem Schluss gelangen, dass sie nur ihre eigenen Interessen vertreten[481]. Dieser Ansicht kann insoweit gefolgt werden, als sie sich auf eine Vertretung im juristischen Sinne beschränkt.

Bei näherer Betrachtung erscheinen die *créanciers contrôleurs* als Interessenvertreter im wirtschaftlichen Sinne[482]. Der *juge commissaire* ist, wenn er mehrere *créanciers contrôleurs* einsetzt, verpflichtet, darauf zu achten, dass die eingesetzten Gläubiger unterschiedlichen Gläubigergruppen angehören[483]. Damit bringt der Gesetzgeber zum Ausdruck, dass er die unterschiedlichen wirtschaftlichen Interessen der Insolvenzgläubiger im Verfahren vertreten sehen will. Auch wenn der einzelne *créancier contrôleur* durch bestimmte Anträge nur eigene Interessen wahrzunehmen scheint, kommen diese Anträge den Gläubigern zugute, die der Gläubigergruppe des jeweiligen *créancier contrôleur* angehören.

II. Die Einsetzung der créanciers contrôleurs

Seit der Reform vom 10.6.1994 ist die Einsetzung der *créanciers contrôleurs* auf Antrag eines Gläubigers zwingend[484]. Sie kann gemäß Art. D. 31-1 Abs. 2 frühestens zwanzig Tage nach Verkündung des Eröffnungsurteils erfolgen.

---

480 Vgl. bereits oben Teil 3 B IV S.116.

481 *Carpentier/Charveriat*, Les contrôleurs, S. 259.

482 *Frison-Roche*, Le contrôleur, S. 10 ; *Feugère*, débats, in : Le nouveau droit des défaillances d'entreprises, S. 245 ; *Calendini*, La revalorisation du rôle des contrôleurs, S. 70 ; *Martin*, Lamy Droit commercial, Nr. 2753.

483 Vgl. unten Teil 3 C II 2 S.126.

484 T.com. Nanterre 11.5.1999, Gaz. Pal. 12.-14.12.1999, 41.

1. Antrag eines Gläubigers

Gemäß Art. L. 621-13 Abs. 1 erfolgt die Einsetzung als *créancier contrôleur* auf Antrag eines Gläubigers, der gemäß Art. D. 31-1 Abs. 1 beim *greffe* zu stellen. Er kann schriftlich oder mündlich erfolgen[485]. Gemäß Art. D. 31-1 Abs. 1 Satz 2 muss der Gläubiger die Höhe seiner Forderung(en) und gegebenenfalls der Art der Sicherung seiner Forderung angeben. Die Forderung des Antragstellers darf nicht offensichtlich unbegründet sein[486].

Jeder Gläubiger ist berechtigt, einen Antrag auf Einsetzung eines *créancier contrôleur* zu stellen, ohne dass zwischen öffentlichrechtlichen und privaten, gesicherten oder ungesicherten oder Insolvenz- oder Massegläubigern unterschieden wird[487]. Der Antragsteller kann auch Ausländer sein[488].

Der Antrag kann jederzeit während des Verfahrens gestellt werden, ist also nicht an eine bestimmte Frist gebunden[489].

2. Einsetzung durch den ,juge commissaire'

Der *juge commissaire* entscheidet über die Einsetzung als *créancier contrôleur*, Art. L. 621-13 Abs. 1 bzw. L. 622-2 Abs. 3 (im Fall der Eröffnung des Liquidationsverfahrens ohne vorherige Beobachtungsphase). Er trifft diese Entscheidung gemäß Art. D. 31-2 Abs. 1 innerhalb von zehn Tagen seit der Hinterlegung des Antrags beim *greffe*.

Wird der *juge commissaire* nicht innerhalb der vorgenannten Frist tätig, entscheidet das Insolvenzgericht von Amts wegen oder auf Antrag des betroffenen Gläubigers, Art. D. 31-2 Abs. 2.

Gemäß Art. L. 621-13 Abs. 1 Satz 1 können maximal fünf *créanciers contrôleurs* eingesetzt werden.

Stellen mehr als fünf Gläubiger einen Antrag auf Einsetzung als *créancier contrôleur*, ist die Entscheidung über die Einsetzung in das Ermessen des *juge commissaire* gestellt[490]. Der *juge commissaire* ist in keiner Weise verpflichtet,

485 *Le Corre*, Pratique des procédures collectives, Rn. 623.

486 TGI Metz 26.3.1997, Gaz. Pal. 15.10.1998, somm. 26.

487 *Le Corre*, Pratique des procédures collectives, Rn. 623 ; *Frison-Roche*, Le contrôleur, in : Les petites affiches 14.6.1995, 8 ff. ; *Sorensen*, Les contrôleurs : Le toilettage d'une institution oubliée, in : Les petites affiches – 25.8.1995, 5 ff. ; *Jeantin/Le Cannu*, Entreprises en difficulté, *Rn. 1000.*

488 *J.-F. Martin*, Droit commercial, Rn. 2745.

489 *Le Corre*, Pratique des procédures collectives, Rn. 623.

490 *Soinne*, Traité théorique et pratique des procédures collectives, Rn.976-2.

die Meinung der anderen beteiligten Organe einzuholen. In der Praxis geschieht dies jedoch regelmäßig[491].

Setzt der *juge commissaire* mehrere *contrôleurs* ein, achtet er darauf, dass einer von ihnen ein ungesicherter und einer anderer von ihnen ein Sicherungsgläubiger ist, Art. L. 621-13 Abs. 1 Satz 2 (*obligation de collégialité*)[492].

Zwischen dem Schuldner bzw. dem Geschäftsführer des Schuldnerunternehmens auf der einen und dem *créancier contrôleur* auf der anderen Seite darf keinerlei Verwandtschaftsverhältnis bestehen, Art. L.621-13.

3. Rechtsmittel

Der *juge commissaire* entscheidet durch *ordonnance* (Beschluss).

Hiergegen kann jeder Gläubiger das Rechtsmittel der *opposition* (Beschwerde) einlegen, auch wenn er im Übrigen nicht berechtigt ist, einen Antrag auf Entlassung eines *créancier contrôleur* zu stellen[493].Ein entsprechendes Recht steht einem Gläubiger gegen seine Nichteinsetzung zu. Gleichzeitig kann er eine *tierce opposition* gegen die Entscheidung, einen anderen Gläubiger eingesetzt zu haben, innerhalb von acht Tagen seit Niederlegung der Entscheidung beim *greffe* einlegen.

Gegen die Entscheidung, die auf eine *opposition* hin ergeht, kann lediglich der *ministère publique* Rechtsmittel einlegen, Art. L. 623-4.

Entscheidet das Insolvenzgericht gemäß Art. D. 31-2 Abs. 2 anstelle des *juge commissaire* gibt es ebenfalls kein Rechtsmittel, Art. L. 623-6 Abs. 1 Nr. 1.

III. Rechtsstellung der ‚créanciers contrôleurs'

1. Pflicht zur Verschwiegenheit

Gemäß Art. L. 621-13 Abs. 3 Satz 3 sind die *créanciers contrôleurs* zur Verschwiegenheit verpflichtet. Dabei handelt es sich nach dem Wortlaut des Gesetzes um ein Berufsgeheimnis, dessen Verletzung gemäß Art. 226-13 Code pénal (Strafgesetzbuch) mit Freiheitsstrafe bis zu einem Jahr und / oder mit einer Geld-

---

491 *Dureuil,* Rev. Proc. Col., 1995, 110, Nr. 7.

492 Zur Beachtung der *Obligation de collégialité* in der Praxis siehe T.com. Paris 26.3.1996, Rev.proc.coll. 1996, 330, Nr. 10, Anm. B. Soinne.

493 T.com. Paris 7.11.1995, RJ com. 1996, 291, Anm. C. H. Gallet.

strafe von 100.000,00 FF bestraft werden kann. Diese Pflicht zur Verschwiegenheit gilt auch gegenüber den anderen Gläubigern[494].

Auch wenn der *créancier contrôleur* nicht berechtigt ist, die erlangten Kenntnisse an die Gläubiger oder außenstehende Dritte weiterzugeben, ist es ihm nicht verboten, seine Position für eigene Zwecke zu nutzen. So ist es ihm im Gegensatz zum Insolvenzverwalter, zum Gläubigervertreter, zum Liquidator, zum *commissaire a l'exécution du plan* oder sonst jeder anderen am Insolvenzverfahren beteiligten Person gestattet, das Schuldnerunternehmen oder Teile des selben zu erwerben, Art. L. 626-12 Abs. 2 Satz 1. Dies wird teilweise als Verletzung der Verschwiegenheitspflicht angesehen mit der Begründung, dass die umfangreichen Informations- und Stellungnahme- bzw. Anhörungsrechte der *créanciers contrôleurs* dazu dienen, den *juge commissaire* und das Gericht umfassend vor etwaigen Entscheidungen zu informieren, damit diese die unterschiedlichen Interessen in ihren Entscheidungen berücksichtigen können[495].

2. Beendigung der Tätigkeit als créancier contrôleur

Gemäß Art. D. 31-3 Abs. 1 Satz 1 endet die Tätigkeit im Fall der Unternehmensfortführung mit Rechtskraft des Fortsetzungsbeschlusses bzw. im Fall einer Unternehmensveräußerung oder Liquidation mit Rechtskraft des Schlussurteils.

Der *juge commissaire* kann im Einsetzungsbeschluss auch eine kürzere Dauer der Tätigkeit festlegen[496]. Dann endet die Tätigkeit mit Zeitablauf.

Im Übrigen kann ein *créanciers contrôleur* nur so lange im Amt bleiben, wie er Gläubiger ist. Erlischt die Forderung des Gläubigers, sei es durch Befriedigung oder infolge einer unterlassenen Anmeldung der Forderung zur Forderungstabelle, so verliert er die Stellung als Gläubiger, wird die Einsetzung als *créancier contrôleur* mithin unwirksam (*caducité de la nomination*)[497].

---

494 *Chaput*, Droit des entreprises en difficulté et faillite personnelle, Nr. 304 ; *Calendini*, La revalorisation du rôle des contrôleurs, 70; *Jockey*, Le nouveau personnage du contrôleur, 136 f. ; *Frison-Roche*, Le contrôleur, 14; *Carpentier/ Charveriat*, Les contrôleurs, 260.

495 *Frison-Roche*, Le contrôleur, 14 f. ; *Teboul*, Les contrôleurs : constat et perspectives, 695 f.

496 *Soinne*, Traité théorique et pratique des procédures collectives, Rn. 974.

497 *Le Corre*, Pratique des procédures collectives, Rn. 621 ; *Soinne*, Traité théorique et pratique des procédures collectives, Rn. 972. Beispielhaft wurde dies entschieden im Fall eines Arbeitnehmers, der zum *créancier contrôleur* benannt wurde und dessen Forderung in der Folge durch die AGS befriedigt wurde: T.com. Paris 7.6.1996, JCP éd. E 1996, Panor. 1081.

Gemäß Art. D. 31-3 Abs. 1 Satz 2 kann ein *créancier contrôleur* seine Tätigkeit auch durch Kündigung beenden. Die Kündigung darf jedoch nicht zur Unzeit erfolgen[498].

Schließlich kann ein *créancier contrôleur* auf Antrag des *juge commissaire*, des Gläubigervertreters, des Insolvenzverwalters, des Staatsanwalts oder des Liquidators durch das Insolvenzgericht abberufen werden, Art. L. 621-13 Abs. 4 Satz 3 i.V.m. Art. D. 31-3 Abs. 2. Das Gesetz nennt jedoch keine Gründe, die eine Abberufung rechtfertigen. Nach allgemeiner Ansicht in Literatur und Rechtsprechung setzt die Abberufung jedoch eine Pflichtverletzung des *créancier contrôleur* voraus[499].

3. Vergütung der Tätigkeit

Gemäß Art. L. 621-13 Abs. 4 Satz 1 wird die Tätigkeit als *créancier contrôleur* nicht vergütet.

4. Die Haftung der ‚créanciers contrôleurs'

Nach Art. L. 621-13 Abs. 4 Satz 3 haften *créanciers contrôleurs* nur im Fall einer *faute lourde*[500]. Eine Haftung des *contrôleur* dürfte damit der Ausnahmefall bleiben.

IV. Gegenstände der Mitwirkung der ‚créanciers contrôleurs'

Die Aufgaben der *créanciers contrôleurs* sind zunächst allgemein in Art. L. 621-13 Abs. 3 definiert. Danach unterstützen sie den Gläubigervertreter bei seinen Aufgaben und den *juge commissaire* bei der Überwachung der Verwaltung des Schuldnerunternehmens. Zu diesem Zweck können sie alle an den Insolvenzverwalter und an den Gläubigervertreter übermittelten Dokumente einsehen, Art. L. 621-13 Abs. 3 Satz 2. Im Übrigen werden ihnen zu diesem Zweck weitgehende Antrags-, Stellungnahme-, Anhörungs-, Informations- und Zustimmungsrechte eingeräumt.

Sie können dennoch keinen unmittelbaren Einfluss auf die das Verfahren gestaltenden Entscheidungen des Insolvenzgerichts und des *juge commissaire*

---

498 *Soinne*, Traité théorique et pratique des procédures collectives, Rn. 974.

499 T.com. Paris 7.10.1994, Rev.proc.coll. 1995, 292, Anm. Dureuil; *Soinne*, Traité théorique et pratique des procédures collectives, Rn. 976-2 ; *J.-F. Martin*, Droit commercial, Rn. 2748 ; *Carpentier/Charveriat*, Les contrôleur, S. 257.

500 Die *faute lourde* entspricht dem bedingten Vorsatz im deutschen Recht.

nehmen. Zudem bleibt die Wirksamkeit der Entscheidungen durch eine Nichtbeachtung der vorgenannten Rechte unberührt[501].

1. *Die allgemeine Unterstützungspflicht der ,créanciers contrôleurs' gegenüber Gläubigervertreter und ,juge commissaire'*

Die *créanciers contrôleurs* haben gemäß Art. L. 621-13 Abs. 3 Satz 1, 622-2 Abs. 3 eine Unterstützungspflicht gegenüber dem Gläubigervertreter und dem beauftragten Richter.

So assistieren die *créanciers contrôleurs* dem Gläubigervertreter gemäß Art. D. 72 Abs. 1 bei der Forderungsüberprüfung und teilen ihm gemäß Art. L. 621-39 Abs. 2 alle das Verfahren betreffenden Erkenntnisse mit.

Die Unterstützung des *juge commissaire* erfolgt im Rahmen seiner Aufgabe der Überwachung der Verwaltung des Schuldnerunternehmens. So kann der *juge commissaire* den *créancier contrôleur* beauftragen, den Insolvenzverwalter oder den Schuldner zu überwachen[502].

2. *Antragsrechte der ,créanciers contrôleurs'*

a. *Antrag auf Ersetzung des Insolvenzverwalters, des Gläubigervertreters und des Experten*

Gemäß Art. L. 621-10 Abs. 2 kann ein *créancier contrôleur* den *juge commissaire* beauftragen beim Insolvenzgericht einen Antrag auf Ersetzung des Insolvenzverwalters oder des Gläubigervertreters stellen.

Dieser Antrag darf nur abgelehnt werden, wenn er offensichtlich unbegründet ist[503]. Gegen die Entscheidung des *juge commissaire* steht dem *créancier contrôleur* das Rechtsmittel der *opposition* zur Verfügung[504].

Entscheidet der *juge commissaire* nicht innerhalb von drei Tagen seit Antragstellung, können die *créanciers contrôleurs* das Insolvenzgericht selbst im Wege der *assignation* anrufen, Art. D. 30 Abs. 1.

---

501 *Saint-Alary-Hoin/Blaquier-Cirelli,* L'amélioration des droits des créanciers antérieurs dans le redressement et la liquidation judiciaires des entreprises, S. 75 ; *Jockey,* Le nouveau personnage du contrôleur, S. 140 ; *Vallansan,* Redressement et liquidation judiciaires, 264; CA Paris 8.7,1987, D. 1987, IR. 205.

502 *Saint-Alary-Hoin/Blaquier-Cirelli,* L'amélioration des droits des créanciers antérieurs dans le redressement et la liquidation judiciaires des entreprises, 75.

503 *Soinne,* Traité théorique et pratique des procédures collectives, Rn. 578.

504 *Aubert,* Les délais et les voies de recours, 26; *Soinne,* Traité théorique et pratique des procédures collectives, Rn. 578.

b. Anträge auf Aufhebung bestimmter Verfahrensabschnitte

Wie der Gläubigervertreter können die auch *créanciers contrôleurs* folgende Aufhebungsanträge stellen:

- Gemäß Art. L. 621-27 Abs. 1 bzw. Art. L. 621-142 (im vereinfachten Verfahren) den Antrag auf Einstellung der Unternehmensaktivität und Eröffnung des Liquidationsverfahrens[505].
- Gemäß Art. L. 621-28 Abs. 3 die Einstellung der Beobachtungsphase, wenn der Insolvenzverwalter seine aus der Fortsetzung eines laufenden Vertrags resultierenden Verpflichtungen nicht erfüllt[506].

3. Stellungnahme- und Anhörungsrechte der ,créancierscontrôleurs'

a. Stellungnahme und Anhörung eines oder aller ,créanciers contrôleurs'

Nach dem Wortlaut des Gesetzes wird teilweise die Stellungnahme bzw. Anhörung eines *créancier contrôleur* vorgeschrieben.

Dies wird nach ganz herrschender Meinung als ein Redaktionsversehen des Gesetzgebers angesehen. Nur wenn der einzelne *créancier contrôleur* ein Vertreter der Interessen aller Gruppen von Insolvenzgläubigern wäre, sei die Anhörung eines *créancier contrôleur* allein angemessen. Nach allgemeiner Ansicht ist dies jedoch gerade nicht der Fall[507]. Er vertritt ausschließlich seine eigenen Interessen bzw. die Interessen der Gläubiger, die der gleichen Gläubigergruppe wie er selbst angehören.

Werden mehr als ein *créancier contrôleur* eingesetzt, so hat der *juge commissaire* darauf zu achten, dass Gläubiger der unterschiedlichen Gläubigergruppen eingesetzt werden, so dass möglichst viele unterschiedliche Interessen vertreten werden[508].

Dies unterstellt, stünde es im Widerspruch hierzu, wenn der Gesetzgeber es als ausreichend ansehe, wenn nur ein einzelner *créancier contrôleur* eine Stellungnahme abgeben würde[509].

Es sind daher alle eingesetzten *créanciers contrôleurs* in den gesetzlich vorgeschriebenen Fällen anzuhören.

---

505 Zu den Einzelheiten hierzu vgl. oben Teil 3 B IV 2 a S.120.
506 Vgl. oben Teil 2 A III S.62 ff.
507 Vgl. oben Teil 3 C I S.125.
508 Vgl. hierzu oben Teil 3 C II 2 S.126.
509 *Frison-Roche*, Le nouveau droit des défaillances d'entreprises, 13; *Jockey*, Le nouveau personnage du contrôleur, S.140.

b. Stellungnahme zum ‚rapport' des Insolvenzverwalters

Gemäß Art. L. 621-61 Abs. 1 (bzw. L. 621-139 Abs. 2 im vereinfachten Verfahren) i.V.m. Art. D. 44 Abs. 1 übermittelt der Insolvenzverwalter dem *créancier contrôleur* den von ihm erstellten (*rapport*) i.S.v. Art. L. 621-56 spätestens zehn Tage vor Ablauf der Beobachtungsphase durch Einschreiben mit Rückschein. Anschließend geben die *créanciers contrôleurs* eine Stellungnahme zum Bericht ab. Diese ist gemäß Art. D. 44 Abs. 3 beim *greffe* zur allgemeinen Kenntnisnahme, insbesondere durch die Gläubiger, zu hinterlegen.

c. Stellungnahme zu Erwerbsangeboten

Gemäß Art. L. 622-17 kann der *juge commissaire* die Veräußerung einzelner Teilbetriebe (*unités de production)* zulassen. In diesem Zusammenhang geben die *créanciers contrôleurs* gemäß Art. D. 139 Abs. 1 eine Stellungnahme zu den eingegangenen Angeboten gegenüber dem Liquidator ab[510].

d. Anhörung vor verfahrensrelevanten Entscheidungen

Die *créanciers contrôleurs* sind darüber hinaus vor folgenden Entscheidungen anzuhören:

- Vor einer Entscheidung des Insolvenzgerichts über eine Verlängerung der Beobachtungsphase, Art. D. 20 Abs. 3 [511].
- Nach Art. L. 621-27 Abs. 2 vor einer Entscheidung des Insolvenzgerichts über einen Antrag auf Beendigung der Beobachtungsphase und Einleitung der Unternehmensveräußerung oder Liquidation[512].
- Gemäß Art. L. 621-62 Abs. 1 vor Erlass des die Ausführungsphase einleitenden Urteils.
- Zum *rapport* des Insolvenzverwalters, auf dessen Grundlage das Insolvenzgericht seine Entscheidung fällt[513].

---

510 Außerdem sind die *créanciers contrôleurs* vor einer Entscheidung durch den *juge commissaire* von diesem anzuhören, siehe unten Teil 3 C IV 4 b S.133.

511 Vgl. hierzu die Ausführungen zum Anhörungsrecht des Gläubigervertreters in diesem Fall, Teil 3 B IV 4 S.123 f.

512 Zum Antrag gemäß Art. L.621-27 Abs. 1 siehe oben Teil 3 B IV 2 a S.120.

513 Siehe hierzu die Ausführungen beim Gläubigervertreter, der das gleiche Anhörungsrecht besitzt, Teil 3 B IV 4 S.123.

-Vor der Festlegung des Preises und der allgemeinen Bedingungen des Verkaufs unbeweglicher Sachen im Rahmen der Liquidation, Art. 622-16 Abs. 1 und 622-17.

4. *Informationsrechte der ,créanciers contrôleurs'*

Die nachstehenden Informationsrechte gewährleisten die Kontrolle der Insolvenzverwaltertätigkeit, Transparenz der Übernahmeangebote, Information über den Verlauf des Insolvenzverfahrens und über den möglichen Ausgang des Verfahrens. In Verbindung mit dem Recht der *créanciers contrôleurs*, jederzeit gegenüber dem Gläubigervertreter mögliche Kritik am Verlauf des Verfahrens zu äußern, die letzter an den *juge commissaire* und den *procureur de la république* weiterzugeben verpflichtet ist, wird eine Berücksichtigung der Interessen der unterschiedlichen Gläubigergruppen gewährleistet[514].

a. *Einsicht in alle an den Insolvenzverwalter und den Gläubigervertreter übermittelten Dokumente*

Die *créanciers contrôleurs* können gemäß Art. L. 621-13 Abs. 3 Satz 2 alle an den Gläubigervertreter und den Insolvenzverwalter übermittelten Dokumente einsehen. Dadurch Recht wird sichergestellt, dass die *créanciers contrôleurs* die Verwaltung des Schuldnerunternehmens durch den Insolvenzverwalter bzw. (im vereinfachten Verfahren) den Schuldner überwachen können.

b. *Informationsrechte gegenüber dem Insolvenzverwalter*

Gemäß Art. L. 621-60 Abs. 1 übermittelt der Insolvenzverwalter seine Vorschläge zur Gläubigerbefriedigung an die *créanciers contrôleurs*[515].

Zur Vorbereitung der Stellungnahme der *créanciers contrôleurs* übermittelt der Insolvenzverwalter diesen gemäß Art. L. 621-61 Abs. 1 i.V.m. Art. D. 44 Abs. 1 den *rapport* per Einschreiben mit Rückschein.

---

514 *Calendini*, Le revalorisation du rôle des contrôleurs, S. 70; *Sorensen*, Réforme des procédures collectives : Les contrôleurs: le toilettage d'une institution oubliée, S. 6; *Saint-Alary-Hoin/Blaquier-Cirelli*, L'amélioration des droits des créanciers antérieurs dans le redressement et la liquidation judiciaires des entreprises, S. 74, 75, 78.

515 Im vereinfachten Verfahren trifft diese Pflicht den Schuldner : Paris 10.7.1987, D. 1987, 546, Anm. Derrida; *Martin*, Lamy Droit commercial, Rn. 3038 ; *Soinne*, Traité théorique et pratique des procédures collectives, Rn. 1463.

Des Weiteren informiert der Insolvenzverwalter die *créanciers contrôleurs* über den Inhalt der eingegangenen Übernahmeangebote gemäß Art. L.621-85 Abs. 3. Auch den *projet de plan de redressement* hat der Insolvenzverwalter den *créanciers contrôleurs* zur Kenntnis zu bringen, Art. D. 116 Abs. 1 Satz 1.

Schließlich informiert der Insolvenzverwalter bzw. der Schuldner die *créanciers contrôleurs* über die Unternehmenstätigkeit, die während der Beobachtungsphase fortgesetzt wird. Der Insolvenzverwalter unterrichtet über die Unternehmensergebnisse und den Liquiditätsstand. Darüber hinaus gibt er eine Prognose ab über die Fähigkeit des Unternehmens, die seit dem Eröffnungsurteil entstandnen Masseforderungen zu bedienen.

D. Der Arbeitnehmervertreter (*le représentant des salariés*)

Ein wesentliches Ziel des französischen Insolvenzverfahrens ist die Rettung von Arbeitsplätzen. Dementsprechend genießen die Arbeitnehmer seit dem Gesetz vom 25.01.1985 eine herausragende Stellung im Insolvenzverfahren[516]. Sie gelten als die *citoyens de l'entreprise* (Bürger des Unternehmens)[517]. Durch die Reform vom 10. Juni 1994 wurde die Vertretung und die Information der Arbeitnehmer noch weiter verstärkt[518].

I. Einsetzung des Arbeitnehmervertreters

Gemäß Art. L. 621-8 Abs. 1 fordert das Gericht im Eröffnungsurteil das *comité d'entreprise* bzw. die *délégués du personnel*, oder, wenn auch diese nicht vorhanden sind, die Arbeitnehmer auf, aus ihrer Mitte einen Arbeitnehmervertreter zu wählen. Im vereinfachten Verfahren ergibt sich dies aus Art. L. 621-135 Abs. 1 Satz 2.

Die Wahl kann nicht vor Eröffnung des Insolvenzverfahrens erfolgen[519].

---

516 *Teyssié*, Les représentants des salariés dans les procédures de redressement et de liquidation judiciaires, JCP. éd. E. 1986, II, 14677 ; *Rozes*, Les droits collectifs des salariés dans les nouvelles procédures, Ann. Université des sciences sociales de Toulouse 1986, S. 111 ; *Monsérié/ Macorig*, La situation des partenaires, in : La réforme du droit des entreprises en difficulté, S. 88.

517 *Badinter*, J.O. déb. Sénat, Sitzung vom 5. Juni 1984, 1274.

518 *Arseguel*, Aspects sociaux de la loi Nr. 94-745 du 10.6.1994, 31.

519 CA Paris 4.7.1997, Rev.proc.coll., 1998, 76, Nr. 14, Anm. B. Soinne; Soc. 12.11.1996, Rev.proc.coll., 98, 76 Nr. 14, Anm. B. Soinne.

Innerhalb von zehn Tagen ab Verkündung des Eröffnungsurteils lädt der Schuldner gegebenenfalls gemeinsam mit dem Insolvenzverwalter (im vereinfachten Verfahren), bzw. der Insolvenzverwalter (im Standardverfahren) den *comité d'entreprise*, die *délégués du personnel* oder wenn diese nicht vorhanden sind, die Arbeitnehmer, zur Wahl des Arbeitnehmervertreters, Art. D. 15 Abs. 1. Die Wahl erfolgt gemäß Art. L. 621-18 Abs. 1 Satz 3 geheim und mit einfacher Mehrheit.

Zum Kreis der wählbaren Personen gehören ausschließlich Angestellte des Schuldnerunternehmens. Gemäß Art. L. 621-8 Abs. 3 darf grundsätzlich niemand, der mit dem Schuldner oder den Vertretungsorganen bis zum vierten Grad verwandt ist, zum Arbeitnehmervertreter bestellt werden. Etwas anderes gilt lediglich, wenn dies die Einsetzung eines Arbeitnehmervertreters unmöglich macht. Gemäß Art. L. 621-9 Abs. 1 muss der Kandidat 18 Jahre alt sein und darf keine Verurteilung im Sinne von Art. L. 5 und 6 des Code électoral[520] erfahren haben. Ein Wahlprotokoll bzw. im Fall einer ausgebliebenen Wahl eine entsprechende Benachrichtigung ist gemäß Art. D. 15 Abs. 2 i.V.m. Art. L. 621-8 Abs. 4 beim *greffe* zu hinterlegen. Im Fall eines unmittelbar eingeleiteten Liquidationsverfahrens gelten die vorgenannten Regelungen gemäß Art. L. 622-2 entsprechend.

Für etwaige Streitigkeiten über die Einsetzung des Arbeitnehmervertreters ist das *Tribunal d'instance* gemäß Art. L. 621-9 Abs. 2 i.V.m. Art. D. 16 Abs. 1 zuständig. Die Klage ist innerhalb von zwei Tagen seit Ernennung einzulegen, Art. D. 16 Abs. 2. Gemäß Art. D. 16 Abs. 5 i.V.m. Art. 999 ff. NCPC gibt es gegen ein die Klage abweisendes Urteil das Rechtsmittel der *cassation*[521], die innerhalb von fünf Tagen einzulegen ist.

II. Die Rechtsstellung des Arbeitnehmervertreters

1. Die Beendigung der Tätigkeit als Arbeitnehmervertreter

Zunächst kann die Beendigung der Tätigkeit des Arbeitnehmervertreters durch Abberufung erfolgen.

Dies erfolgt unter den gleichen Voraussetzungen wie seine Ernennung, Art. L. 621-10 Abs. 3. Anders als bei den anderen am Verfahren beteiligten Personen

520 „Wahlgesetz".

521 Das Rechtsmittel der *cassation* entspricht im Wesentlichen der Revision im deutschen Recht.

erfolgt die Abberufung also nicht durch das Insolvenzgericht, sondern durch die Arbeitnehmer bzw. deren Vertreter selbst.[522].

Auch die Abberufung bedarf eines Grundes. Dieser kann sein: das Verlassen des Schuldnerunternehmens, die persönliche Verhinderung, seine Aufgabe ordnungsgemäß zu erfüllen oder eine Pflichtverletzung[523].

Mit Verlust der Stellung als Arbeitnehmer beispielsweise durch Entlassung, verliert er zugleich – automatisch – seine Stellung als Arbeitnehmervertreter. Aus diesem Grund genießt der als Arbeitnehmervertreter eingesetzte Arbeitnehmer besonderen Kündigungsschutz. Eine Entlassung ist gemäß Art. D. 17 nur unter den sehr strengen Voraussetzungen der Art. R. 436-1 bis R. 436-8 und R. 436-10 des Code du travail und Art. L. 627-5 möglich[524].

Schließlich kann der Arbeitnehmervertreter seine Tätigkeit durch Kündigung beenden[525].

2. Verschwiegenheitspflicht des Arbeitnehmervertreters

Ebenso wie die *créanciers contrôleurs* unterliegt der Arbeitnehmervertreter gemäß Art. L. 621-36 Satz 4 i.V.m. Art. 432-7 Code du travail bzw. Art. L. 622-2 (im Falle einer sofortigen Liquidation) der Verschwiegenheitspflicht. Allerdings können sie im Fall einer Verletzung dieser Pflicht, anders als die *créanciers contrôleurs* nicht strafrechtlich belangt werden[526].

3. Vergütung der Tätigkeit

Die Tätigkeit wird als Arbeitszeit behandelt und ist von dem Schuldner, dem Insolvenzverwalter oder dem Liquidator zu vergüten, Art. L. 621-36 Satz 5 bzw. 622-2 Abs. 2 (im Fall einer sofortigen Liquidation).

III. Mitwirkungsrechte des Arbeitnehmervertreters

Die Mitwirkung des Arbeitnehmervertreters hängt entscheidend von der Größe des Schuldnerunternehmens ab. Die wesentlichen den Ablauf des Verfahrens

522 *Jeantin/ Le Cannu*, Entreprises en difficulté, Rn. 993 ; *Chaput*, Droit des entreprises en difficulté, Rn. 300.

523 *Jeantin/ Le Cannu*, Entreprises en difficulté, Rn. 993.

524 Vgl. hierzu unten *Le comité d'entreprise et les délégués du personnel* Teil 3 E S.139 ff.

525 *Martin*, Lamy droit commercial, Rn. 2655.

526 *Le Corre*, Pratique des procédures collectives, Rn. 252.

betreffenden Entscheidungen des Insolvenzgerichts werden nach Stellungnahme und Anhörung des *comité d'entreprise* oder der *délégués du personnel* getroffen. Nur in den Fällen, in denen weder ein *comité d'entreprise* noch *délégués du personnel* gewählt werden, nimmt der Arbeitnehmervertreter deren Aufgaben wahr.

In allen anderen Fällen beschränkt sich die Mitwirkung des Arbeitnehmervertreters auf die Überprüfung der Arbeitnehmerforderungen und die Vertretung und Assistenz von Arbeitnehmern vor Arbeitsgerichten sowie auf Unterrichtungs- und Informationsrechten.

In den Fällen, in denen ein *comité d'entreprise* oder die *délégués du personnel* gewählt wurden, wird in der Literatur die Aufgabe des Arbeitnehmervertreters als die eines *salarié contrôleur* angesehen, mit der Folge, dass sich in diesen Fällen seine Hauptaufgabe auf die Überwachung der Stellung der Arbeitnehmerforderungsliste bzw. die Überprüfung der Arbeitnehmerforderungen durch den Gläubigervertreter bzw. den Liquidator beschränkt[527].

1. Allgemeine Mitwirkungsrechte

a. Informationsrechte des Arbeitnehmervertreters

Lehnt die „AGS" die Erfüllung einer Arbeitnehmerforderung, die in den *relevés des créances résultants d'un contrat de travail* [528] aufgeführt ist, ab, informieren sie darüber den Gläubigervertreter, der seinerseits den Arbeitnehmervertreter unterrichtet.

Daneben übermittelt der Insolvenzverwalter dem Arbeitnehmervertreter gemäß Art. L. 621-85 Abs. 1 Satz 1 etwaige Übernahmeangebote und gemäß Art. D. 116 Abs. 1 Satz 1 den Sanierungsplanentwurf.

Die vorgenannten Informationsrechte sind jedoch nur von untergeordneter Bedeutung, da er aufgrund seiner Verschwiegenheitsverpflichtung seine Erkenntnisse nicht an die übrigen Arbeitnehmer weitergeben darf und er nicht vor den wesentlichen, den Ablauf des Verfahrens betreffenden Entscheidungen anzuhören ist.

527 *Guyon*, Entreprises en difficulté, Rn.177; *Le Corre*, Pratique des procédures collectives, Rn. 252.

528 Arbeitnehmerforderungstabelle.

b. Überprüfung der ‚relevés des salaires'

Die Überprüfung und Zulassung der Arbeitnehmerforderungen obliegt dem Gläubigervertreter[529]. Der Arbeitnehmervertreter hat in diesem Zusammenhang lediglich die Aufgabe eines Assistenten[530].

Das Ergebnis seiner Zulassungsentscheidung hält der Gläubigervertreter in den sog. *relevés des salaires* fest. Diese übermittelt der Gläubigervertreter zur Kontrolle an den Arbeitnehmervertreter, Art. L. 621-36 Satz 1, 621-125 Abs. 1 Satz 2. Gemäß Art. D. 76 Abs. 2 Satz 1 werden ihm zu diesem Zweck alle nützlichen Dokumente und Informationen weitergegeben. Dazu zählt gemäß Art. D. 76 insbesondere das *livre de paye* (Lohnbuch) und das *registre du personnel* (Verzeichnis der Angestellten). In schwierigen Fällen kann der Arbeitnehmervertreter die Hilfe des Insolvenzverwalters oder des *juge commissaire* gemäß Art. L. 621-36 Satz 3, 622-2 Abs. 2 in Anspruch nehmen. Nach Abschluss der Überprüfung unterzeichnet der Arbeitnehmervertreter die *relevés des salaires* mit der Möglichkeit, Vorbehalte und Anmerkungen anzubringen, Art. D. 76 Abs. 2 Satz 2.

c. Vertretung und Assistenz der Arbeitnehmer in Rechtsstreitigkeiten

Der Arbeitnehmer kann sich in folgenden Fällen vor dem *conseil des prud'hommes* assistieren und vertreten lassen:

- Wenn ein Arbeitnehmer, dessen Forderung ganz oder teilweise nicht zugelassen wurde gemäß Art. L. 621-125 Abs. 2 Satz 2[531].
- Gemäß Art. L. 621-127 Abs. 2 Satz 1, wenn die „AGS" die Erfüllung einer im *relevé* aufgenommene Forderung des Arbeitnehmers ablehnt.

---

529 Vgl. oben Teil 2 A II 3 S.56.

530 *Derrida/Godé/Sortais*, Redressement et liquidation judiciaire des entre prises, Nr. 119 ; *J. Vallansan*, Redressement et liquidation judiciaires, 2000, 190; *Le Corre*, Pratique des procédures collectives, Rn. 831 ; *Saint-Alary-Houin*, Droit des entreprises en difficulté, Rn. 427.

531 Vgl. oben Teil 2 A II 3 S.61.

2. *Mitwirkungsrechte in Schuldnerunternehmen, in denenweder ein ‚comité d'entreprise' noch ‚délégués du personnel' gewählt wurden*

Existieren in dem Unternehmen weder *comité d'entreprise* noch *délégués du personnel*, so übernimmt der Arbeitnehmervertreter deren Funktion[532].

E. Das *comité d'entreprise* und die *délégués du personnel*

Von größerer Bedeutung für die Wahrnehmung der Arbeitnehmerinteressen als der Arbeitnehmervertreter sind das *comité d'entreprise* bzw. die *délégués du personnel*[533]. Im Gegensatz zum Arbeitnehmervertreter sind dem *comité d'entreprise* bzw. den *délégués du personnel* sehr weitgehende Stellungnahme-, Anhörungs- und Informationsrechte eingeräumt. Außerdem sind sie - anders als der Arbeitnehmervertreter oder auch die *créanciers contrôleurs* - in vielen Fällen rechtsmittelbefugt.

Die Rechte des *comité d'entreprise* bzw. der *délégués du personnel* werden durch einen Vertreter wahrgenommen, der vor Erlass des Eröffnungsurteils gemäß Art. D. 12 i.V.m. Art. L. 623-10 i.V.m. Art. D. 159 zu wählen ist. Das Insolvenzgericht fordert den Schuldner bzw. das oder die Vertretungsorgane des Schuldnerunternehmens auf, eine entsprechende Wahl abzuhalten. Tut er dies nicht, macht er sich eines *délit d'entrave* strafbar[534].

I. Wahl und Ersetzung des Arbeitnehmervertreters

Soweit vorhanden, wählen das *comité d'entreprise* oder die *délégués du personnel* gemäß Art. L. 621-8 Abs. 1, 621-135 Abs. 1, 622-2 Abs. 2, Art. D. 15 einen Arbeitnehmer zum Arbeitnehmervertreter[535].

Die Ersetzung des Arbeitnehmervertreters erfolgt ebenfalls durch das *comité d'entreprise* oder die *délégués du personnel*, Art. L. 621-10, 622-2.

---

532 Gemäß Art. L. 621-8 Abs. 5 im Standardverfahren, gemäß Art. L. 621-135 Abs. 2 im vereinfachtes Verfahren und gemäß Art. L. 622-2 Abs. 2 im Fall der unmittelbaren Liquidation, im Übrigen vgl. unten Teil 3 E S.139 ff.

533 Die *délégués du personnel* sind von der Belegschaft eines Unternehmens gewählte Vertreter. Sie müssen im Unternehmen gewählt werden, die mehr als 11 Arbeitnehmer beschäftigen.

534 *Chaput*, Droit des entreprises en difficulté, *Rn. 279.*

535 Siehe oben Teil 3 D I S.134.

II. Stellungnahme- und Anhörungsrechte des ‚comité d'entreprise' bzw. der ‚délégués du personnel'

Das *comité d'entreprise* bzw. die *délégués du personnel* haben sehr weitgehende Stellungnahme- und Anhörungsrechte. Insbesondere wird ihnen vor allen wesentlichen, den Ablauf des Verfahrens betreffende Entscheidungen des Insolvenzgerichts und vor Entscheidungen über die Entlassung von Arbeitnehmern Stellungnahme- und Anhörungsrechts gewährt.

1. Stellungnahme und Anhörung vor wichtigenEntscheidungen

Gemäß Art. L. 621-4 Abs. 1 sind das *comité d'entreprise* bzw. die vor der Entscheidung über die Eröffnung des Insolvenzverfahrens anzuhören. Diese Vorschrift ist entsprechend anzuwenden, wenn weder *délégués du personnelcomité d'entreprise* noch *délégués du personnel* gewählt wurden. In diesem Fall sind die Arbeitnehmer anzuhören[536].

Spätestens zehn Tage vor Ende der Beobachtungsphase sind das *comité d'entreprise* oder die *délégués du personnel* vom Insolvenzverwalter bzw. (im vereinfachten Verfahren) vom Schuldner zum Sanierungsplanentwurf gemäß Art. D. 116 Abs. 1 Satz 2 anzuhören. Ihre Stellungnahme wird gemeinsam mit dem Planentwurf gemäß Art. D. 116 Abs. 2 beim *greffe* hinterlegt, wo jeder Interessierter Einsicht nehmen kann.

Auch vor Erlass des die Ausführungsphase einleitenden Urteils, also des Planfeststellungsurteils oder des Liquidationseröffnungsurteils sind das *comité d'entreprise* bzw. die *délégués du personnel* gemäß Art. L. 621-62 Abs. 1 anzuhören.

Nach Art. L. 621-69 Abs. 1 kann das Gericht auf Antrag über substanzielle Modifikationen des Fortsetzungs- oder Veräußerungsplans im Hinblick auf Ziel und Mittel entscheiden. Dies ist nur unter sehr engen Voraussetzungen zulässig, kann aber dazu führen, dass entgegen dem ursprünglichen Sanierungsplan weiteren Arbeitnehmern gekündigt werden soll[537]. Aber auch in anderen Fällen können sich substanzielle Modifikationen des Sanierungsplans auf die Situation der Arbeitnehmer auswirken. Dementsprechend sind auch vor dieser Entscheidung das *comité d'entreprise* bzw. die *délégués du personnel* gemäß Art. L. 621-69 Abs. 2 i.V.m. Art. D. 95 Abs. 2 anzuhören.

---

536 Versailles, 26.11.1986, Gaz. Pal. 1987, 1. 332, Anm. De Guillen-Schmidt, D. 1987, 249, Anm. Derrida.

537 Nancy 3.4.1996, JCP éd. E 1998, Nr. 78, 250.

2. *Stellungnahme und Anhörung im Zusammenhang mit der Entlassung von Arbeitnehmern*

Durch eine Kündigung werden die Arbeitnehmer unmittelbar getroffen. Aus diesem Grund sieht der französische Gesetzgeber für diese Fälle ein Stellungnahme- und Anhörungsrecht des comité d'entreprise bzw. der *délégués du personnel* in folgenden Fällen vor:

Gemäß Art. L. 621-37 bzw. Art. L. 621 137 Abs. 2 kann der Insolvenzverwalter bzw. der Schuldner während der Beobachtungsphase beim *juge commissaire* einen Antrag auf Genehmigung betriebsbedingter Kündigungen stellen[538]. Zuvor ist die Stellungnahme des *comité d'entreprise* oder der *délégués du personnel* gemäß Art. L. 621-37 Satz 2 i.V.m. Art. L. 321-9 Code du travail einholen und dem Antrag beifügen.

Ist im Sanierungsplanentwurf der Abbau von Arbeitsplätzen vorgesehen, holt der Insolvenzverwalter bzw. (im vereinfachten Verfahren) der Schuldner gemäß Art. L. 621-64 i.V.m. Art. L. 321-8 und 321–9 Code du travail die Stellungnahme des *comité d'entreprise* bzw. der *délégués du personnel* ein und fügt diese dem Entwurf bei, bevor dieser dem Gericht zur Entscheidung vorgelegt wird.[539].

Ist eine Kündigung des zum Arbeitnehmervertreters bestellten Arbeitnehmers beabsichtigt, ist auch vor einer solchen Entscheidung gemäß Art. L. 627-5 die Stellungnahme des *comité d'entreprise* oder der *délégués du personnel* einzuholen.

3. *Sonstige Stellungnahme- und Anhörungsrechte*

Außer in den vorgenannten Fällen werden dem *comité d'entreprise* bzw. den *délégués du personnel* Stellungnahme- und Anhörungsrechte in allen Fällen gewährt, in denen es unmittelbar oder mittelbar um den Bestand des Schuldnerunternehmens und damit letztlich auch um die Belange der Arbeitnehmer geht.

So kann gemäß Art. L. 621-59 das Insolvenzgericht, wenn es für das Überleben des Unternehmens erforderlich ist, den Erlass eines Sanierungsplans vom Austausch einer oder mehrer Personen der Geschäftsleitung abhängig machen. Unter der gleichen Voraussetzung kann das Insolvenzgericht die Unveräußerlichkeit von Geschäftsanteilen, die Ausübung des Stimmrechts von Gesellschaftern durch einen *mandataire de justice*[540] oder auch die Veräußerung von

538 Zur Kündigung während der Beobachtungsphase siehe oben Teil 2 A IX 2 S.79.

539 Zur Kündigung im Zuge eines Fortführungs- oder Veräußerungsplans siehe oben Teil 2 B I 1 b S.82 und II 1 a (2) S.89.

540 Zum *mandataire de justice* siehe Glossar S.145.

Geschäftsanteilen anordnen. Gemäß Art. L. 621-59 Abs. 3 i.V.m. Art. D. 41 sind der *comité d'entreprise* bzw. die *délégués du personnel* vor der Entscheidung anzuhören. Eine Anhörung des *comité d'entreprise* bzw. der *délégués du personnel* findet auch vor einer Veräußerung von Unternehmensteilen im Zuge der Liquidation gemäß Art. L. 622-17 Abs. 5 i.V.m. Art. D. 139 Abs. 1 statt.

Dem Erwerber ist es im Fall eines Veräußerungsplans bis zur vollständigen Kaufpreiszahlung nicht gestattet, sanierungserhebliche Unternehmensgegenstände zu veräußern oder mit Rechten Dritter zu belasten[541]. Das Insolvenzgericht kann jedoch auf Grundlage eines Berichts des *commissaire à l'exécution du plan* Ausnahmen zulassen. Vor der Entscheidung des Gerichts ist der *commissaire à l'exécution du plan* jedoch gemäß Art. L. 621-91 Abs. 2 verpflichtet, das *comité d'entreprise* bzw. die *délégués du personnel* zur Frage einer Ausnahmegenehmigung anzuhören. Auch wenn letztlich die Entscheidung beim Gericht bleibt, ist so sichergestellt, dass die Belange der Arbeitnehmer ausreichend Berücksichtigung finden.

Grundlage für die Entscheidung des Gerichts über die Einleitung eines Sanierungsverfahrens oder eines Liquidationsverfahrens ist der *rapport* des Insolvenzverwalters, in dem dieser ein entsprechendes Konzept vorstellt. Damit ist der *rapport* für die Belange des Unternehmens und so auch für die der Arbeitnehmer von sehr großer Bedeutung. Dementsprechend ist der Insolvenzverwalter verpflichtet, das *comité d'entreprise* bzw. die *délégués du personnel* gemäß Art. L. 621-56 Abs. 4 Satz 2 vor Erstellung des Berichts zu den Vorschlägen, die er im Hinblick auf die Information und Angebote zu machen gedenkt, anzuhören. Nach Erstellung des Berichts übermittelt er diesen an den *comité d'entreprise* bzw. die *délégués du personnel* und holt ihre Stellungnahme ein, Art. L. 621-61 Abs. 1 i.V.m. Art. D. 44 Abs. 1.

III. Informationsrechte des ‚comité d'entreprise' bzw. der ‚délégués du personnel'

1. Informationsrechte gegenüber dem Insolvenzverwalter

Im Rahmen seiner Hauptaufgabe, der Erstellung des *rapport* holt der Insolvenzverwalter eine größtmögliche Zahl von Informationen über die finanzielle Situation, Perspektiven einer Sanierung des Unternehmens, Modalitäten der Gläubigerbefriedigung und über die sozialen Voraussetzungen im Fall einer Fortsetzung der Unternehmenstätigkeit ein. Gemäß Art. L. 621-57 Abs. 4 Satz 1 infor-

541 Vgl. oben Teil 2 B II 1 a S.89 f.

miert der Insolvenzverwalter das *comité d'entreprise* bzw. die *délégués du personnel* über den Fortschritt seiner Tätigkeit. Allerdings schreibt das Gesetz nicht vor, wann und wie oft eine solche Information zu erfolgen hat[542]. Entsprechend informiert er das *comité d'entreprise* bzw. die *délégués du personnel* über die Vorschläge, die er im Hinblick auf die Information und Angebote in seinem *rapport* zu machen gedenkt, Art. L. 621-56 Abs. 4 Satz 2. Auch übermittelt er ihnen seine Vorschläge zur Gläubigerbefriedigung, Art. L. 621-60 Abs. 1. Und schließlich übermittelt er ihnen auch den *rapport* gemäß Art. L. 621-61 i.V.m. Art. D. 44 Abs. 1 Satz 1.

2. Information im Zusammenhang mit der Entlassung von Arbeitnehmern

Eine Wahrnehmung der Stellungnahme- und Anhörungsrechte ist nur möglich, wenn das *comité d'entreprise* bzw. die *délégués du personnel* über entsprechende Informationen verfügen.

So sind sie gemäß Art. L. 621-64 Abs. 1 beim Fortsetzungs- oder Veräußerungsplan über vorgesehene Kündigungen zu informieren.

Gemäß Art. L. 621-37 Satz 2 i.V.m. Art. L. 321-8, 9 Code du travail i.V.m. Art. D. 63 Abs. 2 übermittelt der *juge commissaire* seine Entscheidung, mit der er betriebsbedingte Kündigungen während der Beobachtungsphase genehmigt.

3. Sonstige Informationsrechte

Gemäß Art. L. 621-68 wacht der *commissaire à l'exécution du plan* über die Einhaltung des Fortführungs- und Veräußerungsplans. Erfüllt der Schuldner im Falle eines Fortführungsplans bzw. der Erwerber im Falle eines Veräußerungsplans seine Verpflichtung nicht, informiert der *commissaire à l'exécution du plan* das *comité d'entreprise* bzw. die *délégués du personnel* gemäß Art. L. 621-68 Abs. 4. Diese können die Gläubiger hierüber in Kenntnis setzen, damit diese sodann von ihrem Recht Gebrauch machen können, die Aufhebung des Fortführungs- bzw. Veräußerungsplans zu beantragen[543].

Gemäß Art. D. 13 kann das Insolvenzgericht vor einer Entscheidung über die Eröffnung eines Insolvenzverfahrens einen sog *juge-commis* damit beauftragen, Informationen über die finanzielle, ökonomische und soziale Situation des Unternehmens, die Anzahl der Arbeitnehmer und die Höhe der Unternehmensumsätze einzuholen. Dieser fertigt sodann einen Bericht an, auf dessen Grundlage das Gericht dann eine Entscheidung über die Eröffnung des Verfahrens fällt.

---

542 *Vallansan*, Redressement et liquidation judiciaires, S. 41.

543 Vgl. hierzu die Ausführungen zum Gläubigervertreter oben Teil 3 B IV 2 a S.120.

Gemäß Art. D. 13 Abs. 2 können der *comité d'entreprise* bzw. die *délégués du personnel* den Bericht einsehen, um gegebenenfalls bei ihrer Anhörung vor der Entscheidung über die Eröffnung des Insolvenzverfahrens sich zu den Feststellungen des *juge-commis* zu äußern.

F. Zwischenergebnis

Das französische Insolvenzrecht sieht ein System der obrigkeitsstaatlichen Verfahrensabwicklung vor. Dementsprechend hat der französische Gesetzgeber alle wesentlichen Entscheidungen über den Verfahrensablauf und die Verfahrensgestaltung dem Insolvenzgericht und den vom Gericht bestellten Verfahrensorganen übertragen. Eine Beteiligung der Gläubiger bzw. ihrer Interessenvertreter im Sinne einer Mitbestimmung sieht das französische Insolvenzrecht nicht vor. Es räumt ihnen lediglich Anhörungs- und Informationsrechte, sowie die Möglichkeit ein, bestimmte Anträge zu stellen.

Teil 4 – Ergebnis

Das französische Insolvenzrecht verfolgt vorrangig die Rettung insolventer Unternehmen. In zweiter Linie soll das Insolvenzverfahren die Aufrechterhaltung von Geschäftstätigkeit und Beschäftigung ermöglichen und erst dann die Gläubigerbefriedigung[544]. Die Unterordnung der Gläubigerinteressen unter die strukturpolitischen Aufgaben des französischen Insolvenzrechts bestimmt maßgeblich die Rechtsstellung und die Beteiligung der Gläubiger im französischen Insolvenzverfahren.

Die nachrangige Gewichtung der Gläubigerinteressen wird in der Beobachtungsphase besonders deutlich. In dieser bis zu 20 Monaten dauernden Phase wird der Betrieb des insolventen Unternehmens fortgeführt. Daraus entstehende Masseforderungen werden gegenüber den Insolvenzforderungen bevorzugt behandelt und befriedigt. So müssen Massegläubiger ihre Forderungen nicht anmelden, sie erhalten Zinsen und werden bei Fälligkeit gezahlt. Die Insolvenzgläubiger müssen dagegen starke Einschränkungen ihrer Rechte hinnehmen. Auf Insolvenzforderungen darf während der Beobachtungsphase grundsätzlich nicht gezahlt werden, der Lauf von Zinsen ist grundsätzlich gestoppt, die Möglichkeit einer Rechtsverfolgung ist erheblich eingeschränkt und eintragungsbedürftige Rechte können nicht mehr eingetragen werden. Ihnen bleibt nur die Forderungsanmeldung, deren Vorschriften von dem Bestreben geprägt sind, sich verspätende Gläubiger auszuschließen[545]. Hinzu kommt das Risiko, dass sich die den Insolvenzgläubigern zur Verfügung stehende Masse bei ungünstigem Verlauf der Beobachtungsphase erheblich verringert.

Die Vernachlässigung der Gläubigerinteressen zeigt sich auch im weiteren Verlauf des Verfahrens. Haben die Gläubiger bei Erlass eines Fortführungsplans eine höhere Befriedigungsquote zu erwarten als bei Erlass eines Veräußerungsplans, bietet die Übernahme durch einen Dritten aber die besseren Chancen für einen dauerhaften Fortbestand des Unternehmens, wird das Gericht den Veräußerungsplan erlassen. Dass der Erlös zur Befriedigung der Insolvenzgläubiger ausreicht, ist für den Erlass eines Veräußerungsplans keine Bedingung. Auch ein Fortführungsplan beschneidet die Rechte der Insolvenzgläubiger. In diesem Fall

544 Vgl. Einleitung S.17 ff.

545 *Aderhold,* Auslandskonkurs im Inland, S. 189.

sind sie Zahlungsfristen bis zu zehn Jahren ausgesetzt. Damit kann das Insolvenzgericht wirtschaftlich das Ergebnis einer Forderungskürzung erreichen.

Selbst im Falle der Liquidation, bei der die Gläubigerbefriedigung zum primären Ziel des Verfahrens avanciert, gehen die Insolvenzgläubiger aufgrund ihres schlechten Ranges zumeist leer aus.

Vorstehendes gilt für Insolvenzgläubiger mit bestimmten Sicherungsrechten, insbesondere Eigentümer, Inhaber von Besitzpfandrechten und zur Zurückbehaltung Berechtigte, nur eingeschränkt. Sie genießen in allen Verfahrensphasen, vor allem im Falle der Liquidation, abhängig vom jeweiligen Sicherungsrecht, eine privilegierte Rechtsstellung.

Arbeitnehmer schließlich haben eine herausragende Stellung im französischen Insolvenzverfahren. Sie werden sowohl hinsichtlich der Befriedigung ihrer Insolvenz- und Masseforderungen, als auch hinsichtlich der Erhaltung ihrer Arbeitsplätze besonders geschützt.

Der Vorrang der Sanierung eines insolventen Unternehmens vor einer Befriedigung der Gläubiger bestimmt auch die Einflussmöglichkeiten der Gläubiger auf einzelne Verfahrensgegenstände. So sieht das französische Insolvenzrecht ein System der obrigkeitsstaatlichen Verfahrensabwicklung vor. Dementsprechend hat der französische Gesetzgeber alle wesentlichen Entscheidungen über den Verfahrensablauf und die Verfahrensgestaltung dem Insolvenzgericht und den vom Gericht bestellten Verfahrensorganen übertragen. Selbst die Möglichkeit, Rechtsmittel gegen verfahrensrelevante Entscheidungen einzulegen ist ihnen verwehrt. Sie können lediglich über die Wahrnehmung der ihnen teilweise eingeräumten Anhörungs-, Stellungnahme-, Informations- und Antragsrechte Einfluss auf die zu treffenden Entscheidungen nehmen.

Im Übrigen hat das Gesetz die Wahrnehmung ihrer Interessen einem Organ der Rechtspflege, dem Gläubigervertreter (*représentant des créanciers*) übertragen. Auf die Auswahl dieses Verfahrensorgans haben die Gläubiger indes keinen Einfluss. Weder werden sie vor seiner Ernennung angehört noch können sie den vom Gericht ernannten Gläubigervertreter abwählen. Die Ersetzung ist nur durch das Gericht möglich. Der *représentant des créanciers* ist verpflichtet im Namen und Interesse der Gesamtgläubigerschaft zu handeln. Ihm ist es untersagt, nur die Interessen eines einzelnen Gläubigers oder einer bestimmten Gläubigergruppe zu vertreten. Das Interesse der Gesamtgläubigerschaft deckt sich jedoch nicht notwendigerweise mit dem Interesse des einzelnen Gläubigers. Dies wird insbesondere bei der Wahrnehmung der Hauptaufgabe des Gläubigervertreters, der Überprüfung der Insolvenzforderungen, deutlich. Es entspricht dem Gesamtgläubigerinteresse an einer möglichst umfassenden Befriedigung, wenn der *représentant des créanciers* eine größtmögliche Anzahl von Forderungen nicht bzw. nicht in voller Höhe anerkennt.

Daneben werden die Gläubigerinteressen durch die *créanciers contrôleurs* wahrgenommen. Jedoch nicht im juristischen, sondern nur im wirtschaftlichen Sinne. So kontrollieren sie insbesondere den Gläubigervertreter bei der Überprüfung der Forderungen. Ihnen ist es aber ausdrücklich untersagt, die aufgrund ihrer umfangreichen Informationsrechte erlangten Kenntnisse, an die einzelnen Gläubiger weiter zu geben. Allerdings müssen die als *créancier contrôleur* eingesetzten Gläubiger unterschiedlichen Gläubigergruppen angehören[546]. Damit bringt der Gesetzgeber zum Ausdruck, dass er zumindest die unterschiedlichen wirtschaftlichen Interessen der Insolvenzgläubiger im Verfahren vertreten sehen will. Auch wenn der einzelne *créancier contrôleur* durch Ausübung seiner Rechte primär seine eigenen Interessen wahrzunehmen scheint, entspricht dies zumeist den Interessen der Gläubiger, die der Gläubigergruppe des jeweiligen *créancier contrôleur* angehören.

Neben der Sanierung insolventer Unternehmen ist der Erhalt von Arbeitsplätzen ein wesentliches Ziel des französischen Insolvenzrechts. Die Arbeitnehmer gelten als die „Bürger des Unternehmens" (*citoyens de l'entreprise*). Dementsprechend werden sie, anders als die übrigen Gläubiger, aktiv am Verfahren beteiligt. Der Betriebsrat (*comité d'entreprise*) bzw. die Belegschaftsvertreter (*délégués du personnel*) verfügen über sehr weitgehende Stellungnahme-, Anhörungs- und Informationsrechte. So sind sie insbesondere vor allen wesentlichen, den Ablauf des Verfahrens betreffenden Entscheidungen und vor Entscheidungen über die Entlassung von Arbeitnehmern anzuhören bzw. zur Stellungnahme berechtigt. Zudem sind sie in vielen Fällen rechtsmittelbefugt. Sind weder Betriebsrat noch Belegschaftsvertreter vorhanden, übernimmt der Arbeitnehmervertreter (*représentant des salariés*) neben der Prüfung der Arbeitnehmerforderungsaufstellung deren Aufgaben. Dieser wird anders als der Gläubigervertreter nicht vom Gericht eingesetzt, sondern vom Betriebsrat bzw. den Belegschaftsvertretern, oder wenn diese nicht vorhanden sind, von den Arbeitnehmern aus ihrer Mitte gewählt und auch ersetzt.

546 Vgl. unten Teil 3 C II 2 S.126.

Teil 5 - Glossar

Administrateur judiciaire (Insolvenzverwalter)

Der Insolvenzverwalter ist ein Organ der Rechtspflege.

Er wird durch Beschluss des Insolvenzgerichts bestellt und abberufen. Im Standardverfahren ist seine Bestellung zwingend, im vereinfachten Verfahren hingegen in das Ermessen des Gerichts gestellt.

Die Insolvenzverwalter bilden einen eigenen Berufsstand, der durch Art. L. 811-1 ff. C.com. geregelt wird. Grundsätzlich ist der Insolvenzverwalter aus der bei der zuständigen Cour d'appel geführten Liste der administrateurs judiciaires zu wählen. Im vereinfachten Verfahren kann das Gericht auch sonst jede Person als Insolvenzverwalter bestellen, die hierfür qualifiziert erscheint.

Der Insolvenzverwalter hat zwei Aufgaben :

- Während der Beobachtungsphase führt er das Schuldnerunternehmen, wobei das Gericht den konkreten Aufgabenbereich und die Befugnisse des Insolvenzverwalters jeweils festlegt.
  Für das Standardverfahren sieht das Insolvenzgesetz folgende Möglichkeiten vor : 1. Eigenverwaltung unter Aufsicht des Insolvenzverwalters, 2. Eigenverwaltung mit Assistenz bei allen unter bestimmten Geschäftsführungsmaßnahmen und 3. Ersetzung des Schuldners durch den Insolvenzverwalter.
  Im vereinfachten Verfahren erfolgt die Führung des Unternehmens grundsätzlich im Wege der uneingeschränkten Eigenverwaltung. Nur ausnahmsweise wird die Assistenz oder die Ersetzung des Schuldners angeordnet.
- Der Insolvenzverwalter bereitet die Entscheidung des Insolvenzgerichts über eine Sanierung oder die Liquidation des Schuldnerunternehmens vor.
  Mit Hilfe des Schuldners und gegebenenfalls eines oder mehrerer Sachverständiger (*expert*) fertigt er einen Bericht über die wirtschaftliche und soziale Lage des Unternehmens *(bilan économique et social)* an. Auf Grundlage des *bilan économique et social* formuliert er einen Vorschlag zur Sanierung (*projet de plan*) oder zur Liquidation, den er dem Insolvenzgericht zur Entscheidung vorlegt.
  Der Insolvenzverwalter haftet insbesondere gegenüber den Vertragspartnern des Gemeinschuldners, wenn er die Fortführung von laufenden Verträgen

fordert, hierfür aber nicht die entsprechende Gegenleistung zu erbringen im Stande ist.

Für die Ausübung über seine Tätigkeit erhält der Insolvenzverwalter zunächst eine Gebühr von 2.287,00 EUR für jedes Verfahren, im vereinfachten Verfahren ist diese Gebühr jedoch auf ein Drittel reduziert. Hinzukommt eine Basisgebühr für die Erstellung des *bilan économique et social* sowie eine wertabhängige Gebühr, die sich am Umsatz des Gemeinschuldners während der Beobachtungsphase ausrichtet. Er erhält eine weitere Gebühr, wenn das Verfahren mit einer Sanierung durch Veräußerung des Unternehmens endet. Nach oben ist die Vergütung auf 38.112,00 EUR begrenzt. Darüber hinaus bestimmt der Präsident des zuständigen Gerichts auf Vorschlag des *juge commissaire* die Vergütung.

AGS

Die AGS (*association pour la gestion du régime d'assurance des créances des* salariés) ist eine Pflichtversicherung der Arbeitgeber. Damit sichern sich diese gegen das in Folge einer Insolvenz eingetretene Unvermögen, Arbeitnehmerforderungen befriedigen zu können, ab.

Die AGS garantiert die Zahlung sämtlicher Insolvenzforderungen sowie die Befriedigung aller Zahlungsansprüche aus einer während des Insolvenzverfahrens ausgesprochenen Kündigung.

Beobachtungsphase

Die Beobachtungsphase beginnt grundsätzlich mit Verkündung des Eröffnungsurteils.

Ihre Dauer hängt davon ab, ob das Standardverfahren oder das vereinfachte Verfahren zur Anwendung kommt. Im Standardverfahren dauert sie bis zu 6 Monaten. Eine Verlängerung ist bis zur Grenze von 20 Monaten in Ausnahmefällen jedoch möglich. Im vereinfachten Verfahren ist die Dauer auf 4 Monate festgelegt kann aber einmal um 4 weitere Monate verlängert werden.

Die Beobachtungsphase dient zum einen der Analyse der wirtschaftlichen und sozialen Verhältnisse des Gemeinschuldners, zum anderen der Verhandlung mit den Gläubigern, Investoren und potentiellen Erwerbern als Voraussetzung für die angestrebte Sanierung des Schuldnerunternehmens.

Während dieser Zeit werden die Geschäfte des Gemeinschuldners fortgeführt. Dies geschieht im Wege einer einzelfallbezogenen beschränkten Eigenverwaltung. Um eine Fortführung der Geschäfte gewährleisten zu können, wird der Gemeinschuldner den Maßnahmen seiner Gläubiger entzogen.

Am Ende der Beobachtungsphase fertigt der Insolvenzverwalter bzw. der Schuldner einen Bericht (*rapport*) an, den er dem Insolvenzgericht zur Entscheidung vorlegt. Dieser enthält zum einen die wirtschaftliche und soziale Bilanz (*bilan économique et social*) und zum anderen einen Sanierungsplanentwurf (*projet de plan*) oder den Vorschlag, das Liquidationsverfahren zu eröffnen.

Bilan économique et social (wirtschaftliche und soziale Bilanz)

Die wirtschaftliche und soziale Bilanz erläutert Ursprung, Art und Umfang der Schwierigkeiten des Schuldnerunternehmens und untersucht ihre Auswirkung auf die Insolvenz. Die Untersuchung erfolgt unter wirtschaftlichen, sozialen und rechtlichen Gesichtspunkten.

Die in der wirtschaftlichen und sozialen Bilanz enthaltenen Angaben bilden die Grundlage für die sich anschließende Untersuchung der Sanierungsaussichten des Schuldnerunternehmens.

Der *bilan économique et social* wird vom Insolvenzverwalter aufgestellt. Ist ein solcher nicht bestellt worden, übernimmt der Schuldner diese Aufgabe. Sind hierfür besondere Sachkenntnisse erforderlich, können der Insolvenzverwalter bzw. der Schuldner auf Antrag beim Insolvenzgericht Sachverständige (*expert*) hinzuziehen.

Zudem räumt ihnen das Insolvenzgesetz weitreichende Informationsrechte ein. Darüber hinaus unterrichtet der *juge commissaire* den Insolvenzverwalter bzw. den Schuldner laufend über alle für die Aufstellung der wirtschaftlichen und sozialen Bilanz relevanten Tatsachen.

Cessation des paiements (Zahlungseinstellung)

Die *cessation des paiements* ist der Haupteröffnungsgrund des französischen Insolvenzverfahrens.

Die Zahlungseinstellung wird definiert als das Unvermögen des Schuldners, mit den verfügbaren Vermögenswerten die fälligen Verbindlichkeiten auszugleichen.

Verfügbar sind danach nur solche Vermögenswerte, die sofort mobilisiert werden können. Ausreichend ist demnach für eine Verfahrenseröffnung eine Liquiditätskrise des Schuldnerunternehmens, eine Überschuldung unter Einbeziehung der Liquidationswerte ist nicht erforderlich.

Comblement du passif (Ausfallhaftung)

Die *Action en comblement du passif* ist ein Verfahren auf Ausfallhaftung der organschaftlichen oder „faktischen Geschäftsleiter" (*dirigeant de fait*) einer juristischen Person.

Voraussetzung ist, dass ein konkretes Fehlverhalten der Geschäftsleitung kausal für die Insolvenz des Unternehmens war. Dabei muss das Verschulden von einer gewissen Schwere sein. In der Praxis werden ein mangelhaftes Rechnungswesen und Verstöße gegen die Grundsätze der ordnungsgemäßen Buchführung als Indizien für gravierende Fehler der Geschäftsleitung angesehen.

Ein solches Verfahren kann auf Antrag des Insolvenzverwalters, des Gläubigervertreters[547], des *commissaire à l'exécution du plan,* des Liquidators oder der Staatsanwaltschaft sowie von Amts wegen eröffnet werden.

Der Anspruch verjährt innerhalb von 3 Jahren ab Verkündung des Sanierungsplans oder Eröffnung des Liquidationsverfahrens.

Der betroffene Geschäftsleiter kann zum Ersatz des gesamten oder von Teilen des Schadens der Insolvenzgläubiger verurteilt werden. Der Schadenersatz fließt in das Gesellschaftsvermögen und wird im Rahmen des Sanierungsplans oder entsprechend den Vorschriften über die Liquidation an die Insolvenzgläubiger verteilt.

Erfüllt der verurteilte Geschäftsleiter seine Schadenersatzverpflichtung nicht, so kann gegen ihn persönlich ein Insolvenzverfahren eröffnet werden (*extension de la procédure*), die *faillite personnelle* festgestellt werden oder eine Beschränkung der Berufsausübung verhängt werden.

Comité d'entreprise (Betriebsrat)

Ein Betriebsrat ist in einem Unternehmen mit mehr als 50 Beschäftigten zu wählen. Die Arbeitnehmer gelten als die „Bürger des Unternehmens". Dementsprechend werden dem Betriebsrat sehr weitgehende Beteiligungsrechte im französischen Insolvenzverfahren eingeräumt[548].

Commissaire à l'exécution du plan (Planausführungsbeauftragter)

Mit dem Erlass eines Sanierungsplans setzt das Insolvenzgericht den *commissaire à l'exécution du plan* zur Überwachung der Planerfüllung ein. Dies ist regelmäßig der Gläubigervertreter, sonst der Insolvenzverwalter. Neben der Überwa-

---

547 Vgl. zum Antrag des Gläubigervertreters oben Teil 3 B IV 1 b S.119.

548 Zu den Beteiligungsrechten des comité d'entreprise vgl. oben Teil 3 E S.139.

chung der Planerfüllung führt er die vom Insolvenzverwalter oder Gläubigervertreter vor Erlass des Sanierungsplans eingeleitete Gerichtsverfahren fort.

Stellt der *commissaire à l'exécution du plan* fest, dass der Gemeinschuldner bzw. der Erwerber die im Plan festgelegten Pflichten nicht ordnungsgemäß erfüllt, kann er bei Gericht eine Planänderung oder die Aufhebung des Sanierungsplans beantragen.

Créanciers contrôleurs

Durch die Reform des französischen Insolvenzrechts von 1994 wurden die Rechte der Gläubiger verstärkt und in diesem Rahmen die Rolle der *créanciers contrôleurs* aufgewertet.

Sie werden auf Antrag eines Gläubigers durch den *juge commissaire* eingesetzt.

Die *créanciers contrôleurs* assistieren dem Gläubigervertreter und dem *juge commissaire.* Daneben überwachen sie die Geschäftsführung des Verwalters bzw. die des Schuldners. Zu diesem Zweck werden ihnen Antrags-, Stellungnahme-, Anhörungs- und Informationsrechte eingeräumt. Sie sind jedoch zum einen zur Verschwiegenheit verpflichtet. Zum anderen können sie auf die das Verfahren gestaltenden Entscheidungen unmittelbar keinen Einfluss nehmen[549].

Délégués du personnel (Belegschaftsvertreter)

Belegschaftsvertreter können in Unternehmen mit weniger als 50 Beschäftigten gewählt werden. Im Rahmen des französischen Insolvenzverfahrens kommen ihnen die gleichen Rechte wie dem *comité d'entreprise* zu[550].

Dépôt de bilan

Der *dépôt de bilan* ist der Antrag des Schuldners auf Eröffnung des Insolvenzverfahrens.

Hierzu ist er spätestens 15 Tage nach Eintritt der *cessation des paiements* verpflichtet. Kommt er dieser Verpflichtung nicht rechtzeitig nach, sieht das französische Insolvenzgesetz die Möglichkeit vor, die *faillite personnelle* über den säumigen Antragsteller zu verhängen, was in der Praxis jedoch äußerst selten passiert.

---

549 Zur Beteiligung der créanciers contrôleurs im französischen Insolvenzverfahren vergleiche oben Teil 3 C S.125.

550 Zum *comité d'entreprise* vgl. oben S.152.

Expert (Sachverständige)

Im Rahmen der Erstellung der wirtschaftlichen und sozialen Bilanz (*bilan économique et social*) haben der Insolvenzverwalter bzw. der Schuldner die Möglichkeit Sachverständige hinzuzuziehen. Dabei handelt es sich zumeist um sogenannte *expert en diagnostic d'entreprise* („Wirtschaftsprüfer"). Diese werden auf Antrag vom *juge commissaire* bestellt, was in der Praxis jedoch eher die Ausnahme bildet.

Bei den *Cour d'appel* werden Listen mit Personen geführt, die den Qualifikationsanforderungen eines *expert en diagnostic d'entreprise* genügen. Der *juge commissaire* kann jedoch auch auf andere gleichwertig qualifizierte Person zurückgreifen.

Die Aufgabe der Sachverständigen besteht regelmäßig darin, Gutachten über die wirtschaftliche und finanzielle Situation des betroffenen Unternehmens zu erstellen. Sie können darüber hinaus den Insolvenzverwalter bzw. den Schuldner bei der Erstellung eines Fortführungsplans unterstützen.

Die Vergütung erfolgt nach den allgemeinen Regeln der Sachverständigenvergütung des N.C.P.C.

Extension de la procédure (Ausdehnung des Verfahrens) / Confusion de patrimoine (Vermögensvermischung)

Das französische Insolvenzrecht sieht zwei Möglichkeiten zur *extension de la procédure* vor. Das Verfahren kann auf weitere Unternehmen und auf die Geschäftsleitung selbst ausgedehnt werden.

Die *extension de la procédure* auf andere Unternehmen ist insbesondere bei Gruppen von Gesellschaften von Bedeutung, wenn sich herausstellt, dass die Trennung in unterschiedliche Gesellschaften lediglich fiktiv ist und eine *confusion de patrimoine* (Vermischung der Vermögensmassen) konstatiert wird. Dies geschieht im Wege einer Gesamtbetrachtung aller Umstände des Einzelfalls. Indizien, die für eine *confusion de patrimoine* verschiedener Gesellschaften sprechen, sind : Identität oder Teilidentität der Geschäftsleitung, Identität des Gesetzes, gleiche oder überwiegend gleiche Gesellschafter oder das Bestehen einer wirtschaftlichen Einheit zwischen verschiedenen Gesellschaften.

Das gegen eine juristische Person eröffnete Insolvenzverfahren kann auch auf den organschaftlichen oder faktischen Geschäftsleiter (*dirigeant de fait*) ausgedehnt werden. Diese Sanktion kann in folgenden Fällen verhängt werden:

- Der zur Ausfallhaftung (*comblement du passif*) verurteilte Geschäftsleiter kommt seiner Verpflichtung nicht nach;

- dem Geschäftsleiter kann eigennütziges Handeln zu Lasten der Gesellschaft oder betrügerisches Verhalten vorgeworfen werden.

Rechtsfolge ist ein einheitliches Verfahren über zwei Vermögensmassen.

Faillite personelle

Die *faillite personnelle* ist eine Sanktion mit öffentlich rechtlichem Charakter. Sie kann gegenüber natürlichen Personen als Geschäftsinhaber und gegen die Geschäftsleitung einer juristischen Person in folgenden Fällen ausgesprochen werden:

- Der zur Ausfallhaftung (*comblement du passif*) verurteilte Geschäftsleiter kommt seiner Verpflichtung nicht nach;
- dem Geschäftsleiter kann eigennütziges Handeln zu Lasten der Gesellschaft oder betrügerisches Verhalten vorgeworfen werden;
- der Schuldner legt vorsätzlich die Gläubigerliste nicht innerhalb von acht Tagen seit Verfahrenseröffnung vor.

Wird die *faillite personnelle* ausgesprochen, so hat dies vor allem ein zeitlich beschränktes, aber umfassendes Berufsverbot zur Folge. Dem Betroffenen ist untersagt, ein kaufmännisches, handwerkliches oder landwirtschaftliches Unternehmen oder eine juristische Person zu leiten oder zu überwachen.

Juge commissaire

Der *juge commissaire* ist der verfahrensleitende Richter.

Er wird mit Verkündung des Eröffnungsurteils ernannt und ist unter den Richtern des für das Insolvenzverfahren zuständige Handelsgerichts zu wählen.

Der *juge commissaire* hat über die zügige Durchführung des Verfahrens und die Wahrung der Interessen aller Beteiligten im Insolvenzverfahren zu wachen.

Daneben verfügt der *juge commissaire* auch über eigene richterliche Entscheidungsbefugnisse in wirtschaftlicher und rechtlicher Hinsicht. Insbesondere entscheidet er erstinstanzlich über die Zulassung der angemeldeten Insolvenzforderungen. Zudem wirkt der *juge commissaire* bei der Erstellung der wirtschaftlichen und sozialen Bilanz (*bilan économique et social*) durch den Insolvenzverwalter bzw. durch den Schuldner mit.

Er ist in seinen Entscheidungen vom Insolvenzgericht unabhängig. Gegen die Entscheidungen des *juge commissaire,* die grundsätzlich im Wege der *ordonnance* nach Anhörung der Beteiligten ergehen, steht der Rechtsbehelf der *appel* zur Verfügung. Dabei handelt es sich trotz seiner Bezeichnung als appel („Berufung“) mangels Devolutiveffekts um einen Einspruch. Nur in besonderen Fällen, wie etwa der Entscheidung über die Zulassung einer Forderung zur Forderungstabelle, gibt es das Rechtsmittel der Berufung.

Liquidateur judiciaire (Liquidator)

Beschließt das Insolvenzgericht die Liquidation des Schuldnerunternehmens, wird regelmäßig der Gläubigervertreter zum Liquidator bestellt. In dieser Funktion realisiert er die Aktiva des Unternehmens mit dem Ziel, die anerkannten Forderungen der Gläubiger entsprechend der unter ihn bestehenden Rangfolge zu befriedigen.

Der Liquidator ist in gerichtlichen Verfahren aktiv- und passivlegitimiert. Er tritt insoweit in die Rolle des Insolvenzverwalters oder des Gläubigervertreters ein.

Die Haftung und die Vergütung entspricht der des Gläubigervertreters.

Période suspecte (Sperrfrist)

Das französische Insolvenzgesetz sieht die Nichtigkeit bestimmter Rechtshandlungen vor, die der Schuldner innerhalb der *période suspecte* vorgenommen hat[551].

Die *période suspecte* ist die Zeit zwischen der *cessation des paiements* und der Eröffnung des Insolvenzverfahrens. Ist im Eröffnungsurteil der Zeitpunkt der *cessation des paiements* nicht festgelegt, wird vermutet die cessation des paiements im Zeitpunkt der Verkündung des Eröffnungsurteils eingetreten ist.

Projet de plan (Sanierungsplanentwurf)

Auf Grundlage des *bilan économique et social* entwickelt der Insolvenzverwalter bzw. der Schuldner bei hinreichender Sanierungsaussicht einen Sanierungsplanentwurf. Dieser zeigt Lösungsmöglichkeiten für die in der wirtschaftlichen und sozialen Bilanz aufgezeigten Krisenursachen und Folgen.

Der *projet de plan* enthält entweder den Vorschlag einer Fortführung oder einer Veräußerung des Unternehmens an einen Dritten. Der Veräußerungsplanentwurf gründet auf Erwerbsangeboten, die Ditte ab Eröffnung des Insolvenzverfahrens gegenüber dem Verwalter abgegeben haben. Bestehen keine Sanie-

551 Vergleiche hierzu oben Teil 2 A I 6 S.49.

rungschancen, schlägt der Verwalter die Eröffnung des Liquidationsverfahrens vor.

Inhaltlich enthält der Sanierungsplanentwurf drei Fassetten:

1. Vorschläge zur Finanzierung des Sanierungsvorhabens.
2. Beschreibung der wirtschaftlichen Aussichten einer Sanierung.
3. Prognose zur Entwicklung der Beschäftigungslage.

Im Rahmen der Aufstellung des Entwurfs haben der Insolvenzverwalter bzw. der Schuldner weitgehende Informations-, Anhörungs- und Stellungnahmerechte der übrigen Beteiligten zu beachten.

Représentant des créanciers (Gläubigervertreter)

Während der Beobachtungsphase und gegebenenfalls in der Ausführungsphase nimmt der Gläubigervertreter die Forderungsanmeldung entgegen, prüft diese, erstellt die Forderungsliste und unterbreitet sie dem Aufsichtsrichter zur Entscheidung. Über die Zulassung der Arbeitnehmerforderungen entscheidet er hingegen selbst. Darüber hinaus nimmt er im Interesse der Gesamtgläubigerschaft Maßnahmen zur Vermögenssicherung, wie die Insolvenzanfechtung und die Durchführung von Haftungsprozessen vor. Zur Erfüllung dieser Pflichten werden ihm eine Vielzahl von Antrags-, Anhörungs-, Informations- und Stellungnahmerechte eingeräumt[552].

Représentant des salariés (Arbeitnehmervertreter)

Der Arbeitnehmervertreter unterstützt im Wesentlichen den Gläubigervertreter bei der Überprüfunf der Arbeitnehmerforderungen. Wurden im Unternehmen weder Betriebsrat noch Belegschaftsvertreter gewählt, übernimmt der *représentant des salariés* deren Aufgaben im Insolvenzverfahren[553].

Der *représentant des salariés* wird in geheimer Wahl durch den Betriebsrat, die Belegschaftsvertreter oder durch die Belegschaft selbst gewählt.

---

552 Vgl. ausführlich zum Gläubigervertreter oben Teil 3 B S.111.
553 Vgl. ausführlich zum Arbeitnehmervertreter oben Teil 3 D S.134.

Literaturverzeichnis

Aderhold, E.: Auslandskonkurs im Inland – Entwicklung und System des deutschen Rechts mit praktischen Beispielen unter besonderer Berücksichtigung des Konkursrechts der Vereinigten Staaten von Amerika, Englands, Frankreichs sowie der Schweiz, 1992

Alix, V.: Les poursuites individuelles non suspendues par l'ouverture d'une procédure de redressement judiciaire, in : Gaz.pal. 1996, I, doct. 412.

Amiot, M.C.: Le nantissement sur matériel de la loi du 18 janvier 1951 et le gage sur véhicule du décret du 30 septembre 1953 satisfont-ils encore les établissements de crédit?, in: Revue de droit bancaire et de la bourse 1989, 191 ff.

Armand-Prevost, M.: Le juge-commissaire, in: Le nouveau droit des défaillances d'entreprises, 1995

Arseguel, A.: Aspects sociaux de la loi N° 94-475 du 10 juin 1994, in: Les Petites affiches 14.9.1994, 31 ff.

Aubert, F.: Les délais et les voies de recours, in: Les Petites affiches 14.6.1995, 26

Bac, V.A.: De la notion de contrat en cours et de ses grandes conséquences, notamment pour les cautions, in : JCP 2000 E I, 22 ff.

Badinter, R.J.O.: déb. Sénat, Sitzung vom 5.6.1984, 1274.

Baron, F.: La date de naissance des créances contractuelles à l'épreuve du droit des procédures collectives, in: Rev.trim.dr.com. 2001, 1 ff.

Barthélémy, Cab.: Le sort des contrats de travail et des créances de salaires dans les entreprises redressement et liquidation judiciaires, in : JCP 1992 E I, 198.

Bazin, E.: Le sort des contrats à l'ouverture de la procédure collective du débiteur sous loi n° 94-475 du 10. juin 1994, in : Rev. Huissiers de justice 1994, S. 1313

Becker, Ch.: Insolvenz in der Europäischen Union – Zur Verordnung des Rates über Insolvenzverfahren, in: ZeuP 2002, 287 (zitiert: Becker, Insolvenz in der Europäischen Union)

Bigot, J.L.: La pratique des revendications et demandes en restitution de biens consécutive à l'application de la loi du 10 juin 1994 et du décret du 21 octobre 1994, in: Gaz.pal. 1994, 5.

Böckenhoff, J.Reform des französischen Insolvenzrechts, in: RIW 1994, 1053

Boizard, V.: Les intérêts bancaires débiteurs et la procédure de redressement judiciaire ou de liquidation judiciaire, in : JCP, éd. E, 1988, Nr. 18, 26;

Bolard, G.: La déontologie des mandataires de justice dans la faillite, in: D. 1988, Chron., 261 ff.

Brandeau, J.: La demande d'admission de créances fiscales au passif de la procédure collective ne permet plus leur admission à titre provisionnel (Anm. zu Com. 11.12.2001), in: Les Petites affiches 1.3.2002, 16 ff.

Brunetti-Pons, C.: La spécificité du régime des contrats en cours dans les procédures collectives, in : Rev.trim.dr.com 2000, 1001

Cabrillac, M. / Petel, Ph.: Juin 1994, le printemps des sûretés réelles?, in: Les Petites affiches 14.9.1994, 59 ff

Calendini, J.-M.: La situation des créanciers titulaires des sûretés réelles spéciales après la loi de 10 juin 1994, in : Rev.proc.coll. 1994, 497, n° 7.

–: Le principe de proportionnalité en droit des procédures collectives, in : Les Petites affiches 30.9.1998, n°117, 50 ff., spéc. N°6.

–: La revalorisation du rôle des contrôleurs, in: Les Petites affiches 14.9.1994, 67 ff

–: L´attribution du gage dans la loi du 25 janvier 1985 sur le redressement et la liquidation judiciaires des entreprises, in: Les Petites affiches 20.6.1986, 24 ff.

–: La modification de L'article 53 de la loi du 25. janvier 1985 le régime de l'absence de déclaration consécutive à on défaut d'information du créancier titulaire d'une sûreté publiée, in : Les Petites affiches, 31.1.1996, Nr. 14, S. 15

Campana, M.J.: Les revendications après la réforme du 10 juin 1994, in: Le nouveau droit des défaillances d´entreprises, 1995

–: Anm. zu Com. 19.12.1995, in: D. 1996, 146 ff.

Campana, M.-J./Legeais, D.: Le nouveau article 40 de la loi du 25 janvier 1985, in: Les Petites affiches 14.9.1994, 49 ff

Campe, M. von: Insolvenzanfechtung in Deutschland und Frankreich: das neue Sach- und Kollisionsrecht (InsO und Loi n° 85-98), 1996

Canet P.: Les voies d'exécution issues de la loi du 9.7.1991 relative au redressement et à la liquidation judiciaire, in : Rev.proc.coll. 1995, 265

Carpentier, J.-B.: Charveriat, A.Les contrôleurs, in: Gaz.Pal. 4.3.1995, 259

Chaput, Y.: Le redressement et la liquidation judiciaire des entreprises – les solutions du redressement judiciaire, in: JCP E 1986, II, 261 ff.

–: Droit des entreprises en difficultés et faillite personnelle, 1996 (zitiert: Chaput, Droit des entreprises en difficulté)

–: L'échec des plans de continuation et de cession, in: Les Petites affiches 26.7.1991, 19 ff.

Chavaux, M.: L´administrateur judiciaire en période d´observation, in: Le nouveau droit des défaillances d´entreprises, 1995

Chazal J.P. / Vincente S.: Le transfert de propriété par l'effet des obligations dans le Code civil, in : Rev.trim.dr.civ. 2000, 493.

Chotin, R.: Le sort des créances fiscales dans les procédures de redressement et de liquidation judiciaires, in: Les Petites affiches 14.9.1994, 86 ff

Coudert, P.: L'application des procédures collectives aux entreprises publiques, in: Les Petites affiches 14.9.1994, 26 ff

Courtier, J.-L.: Point de départ du délai de forclusion de l'article 53 de la loi de 1985 à l'égard des créanciers titulaires d'une sûreté publiée (Anm. zu Com. 14.3.2000), in: Les Petites affiches 14.9.1994, 26 ff

Crédot, F.-J.: Procédures collectives: La cession d'entreprise et le droit de rétention – a propos d'une ordonnance du juge-commissaire, in: Les Petites affiches 8.6.1987, 12 f.

–: Les grandes lignes de la réforme du droit des entreprises en difficulté, in : Les Petites affiches 14.9.1994, 12

Crocq, P.: La clause de réserve de propriété et le nouvel article 153-4 de la loi du 25 janvier 1985: la porte ouverte a la fraude, in: Les Petites affiches 14.9.1994, 91 f.

Dagot, M.: Les sûretés judiciaires provisoires: inscriptions d'hypothèques, nantissements sur fonds de commerce et autres, 1994

Dammann R.: Das neue französische Insolvenzrecht, in: ZIP 1996, 300

Darrousez, V.P.: La poursuite des contrats en cours, L'option de l'administrateur judiciaire, in : Rev.jurisp.com. 1992, n° spéc., S. 20

Deipenbrock, G.: Das neue europäische Internationale Insolvenzrecht – von der „quantité négligeable« zu einer „quantité indispensable«, in: EWS 2001, 113 (zitiert: Deipenbrock, Das neue europäische Internationale Insolvenzrecht)

Deleneuville, J.-M.: Les limites de la compétence du juge-commissaire en matière d'admission des créances, in: Rev.proc.coll. 1995, 391

Derrida, F.: La notion de contrat en cours à l'ouverture de la procédure de redressement judiciaire, in : RJDA 1993, 399

Derrida, F./Sortais, J.-P.: Philosophie de la réforme – Observations critiques, in: Les Petites affiches – 14.9.1994, 6 ff.

Derrida F./ Godé P./ Sortais J.-P. /Honorat, A.: Redressement et liquidation judiciaires des entreprises, cinq années d'application de la loi du 25.1.1985, 3. Auflage, 1991 (zitiert : Derrida/Godé/Sortais, Redressement et liquidation judiciaire des entreprises)

Devèze, J.: Les créanciers titulaires d'un gage, d'un nantissement ou d'un droit de rétention, in: Rev.proc.coll. 1992-2, 119 ff.

Ducouloux-Favard, C./Kopp, S. / Pernazza, F.: La clause de réserve de propriété dans les systèmes de droit allemand, français et italien, in: Les Petites affiches 14.9.1994, 99

Dureuil, B.: Simples remarques d'un praticien sur la place du mandataire liquidateur dans la loi du 25.1.1985, in: Rev.proc.coll. 1986-2, S. 11
–: Organes – contrôleur, in: Rev.proc.coll. 1995-2, 105 ff.
Feugère, B.: Débats, in : Le nouveau droit des défaillances d'entreprises, 25, 1995
Frank, S.: Neuere Entwicklungen im französischen GmbH-Recht, in: RIW 2002, 11
Fremeaux, S.: Remises de dettes et plans de règlement, in: Les Petites affiches, 19.12.1997, 4
Frison-Roche, M.-A.: Le nouveau droit des défaillances d'entreprises, 1995
–: Le contrôleur, in: Les Petites affiches 14.6.1995, 8 ff.
Frison-Roche, M.-A./Guillot, J.-L.: La réforme des voies de recours par la loi du 10 juin 1994, in: Les Petites affiches 14.9.1994, 113 ff.
Gavalda, C.: Les établissements de crédit et la modification des lois du premier mars 1984 et 25 janvier 1985 par la loi N° 94-475 du 10 juin 1994, in: Les Petites affiches 14.9.1994, 18 ff.
Goaziou-Huret, I.: Anm. zu CA Lyon 17.2.2000, in: Gaz.Pal. 4.-6.8.2002, 11 ff.
Guyon, Y.: Droit des affaires, Band 2, Entreprises en difficulté, Redressement judiciaire, Faillite, 8. Auflage, 2001 (zitiert : Guyon, Entreprises en difficulté)
Haehl, J.-Ph.: Le rôle des auxiliaires de justice, in: CRAJEFE, 1991, S. 41
–: La réforme mesurée du droit des sanctions, in: Les Petites affiches 14.9.1994, 22 ff.
Jacquemont, A.: Droit des entreprises en difficulté – Les procédures collectives de redressement et liquidation judiciaires, 2002
Jeantin,M. / Le Cannu, P.: Droit commercial, Instruments de paiement et de crédit, Entreprises en difficulté, 5. Auflage, 1999 (zitiert: Jeantin/Le Cannu, Entreprises en difficulté)
Jenselme, G.: Clause de réserve de propriété et logiciel, in: Les Petites affiches 14.9.1994, 98
Jockey, M.: Le nouveau personnage du contrôleur, in: Le nouveau droit des défaillances d'entreprises, 1995
Kerckhove, E.: Traité de droit commercial, Band 6, Procédures collectives de paiement, 3. Auflage, 1998, (zitiert : Kerckhove : Procédures collectives)
Kornmann, A.: Intérêts garantis et procédures collectives, in : Gaz.pal. 1990, 1, Doc., 332
Kremer, T.: Unternehmenssanierung in Frankreich, 1994
Larroumet, Chr.: Le Vendeur bénéficiaire d'une clause de réserve de propriété peut-il revendiquer sans avoir déclaré sa créance à la procédure collective de l'acheteur ?, in : D. aff., 1996, Nr. 20, 603

Le Cannu, P./Lucheux J.-M./Pitron M./Sénéchal, J.-P.: Entreprises en difficulté, prévention, redressement et liquidation judiciaire, 1995 (zitiert : Le Cannu/Lucheux/Pitron/Sénéchal, Entreprises en difficulté)

Le Corre, P. M..: Effets de la transmission de la charge de la sûreté en plan de cession, in: Les Petites affiches 14.9.1994, 93 ff.

–: Pratique des procédures collectives, 2001

–: Les créanciers gagistes face au redressement judiciaire et à la règle du concours, in: Rev.proc.coll 1990, 21

–: Le créancier face au redressement et à la liquidation judiciaires des entreprises, 2000

–: Le gage avec droit de rétention face au plan de cession (Rien ne sert de concourir, il faut à point retenir), in: Les Petites affiches 22.10.1997, 5 ff.

–: L'inopposabilité de la forclusion issue de la loi du 10. juin 1994 réformant la loi du 25. janvier 1985, in : Les Petites affiches 1998, Nr. 90, S. 8.

–: Du créancier connu au créancier que ne doit pas ignorer le représentant des créanciers, in: banque et droit 1998, 20 ff.

Le Corre-Broly, E.: Droit des entreprises en difficulté, 2001

Legras de Grandcourt, B. : Les intérêts des créances bancaires et les procédures de redressement ou liquidation judiciaire, in: Rev.proc.coll. 1990, N°1, 45 ff.

Leguevaques, C.: L'égalité des créanciers dans les procédures collectives : flux et reflux, in: Gaz.pal. 4.-6.8.2002, 2 ff.

Le Maigat, V.B.: L'efficacité du droit de rétention du créancier gagiste dans les procédures collectives, in : Les Petites affiches, 6.12.1999, N°242

Lemistre, B./Mercier, J.-L.: Le nouveau régime de la continuation des contrats, in: Les Petites affiches 14.9.1994, 55 ff.

Lienhard, A.: L'interdiction des inscriptions postérieures au jugement d'ouverture est sanctionnée par l'inopposabilité à la procédure (Anm. zu Com. 22.1.2002), in: D. 2002, 722 ff.

Mallet, B.: Apurement, cession et... Justice, in: Gaz. Pal. 1988, 1, 177 f.

Marchi, J.-P.: Anm. zu T.com. Paris 2.3.1987, in: Gaz. Pal. 1987, 2, S.482

–: Une année d'application de la loi du 25 janvier 1985, in: Gaz. Pal. 1987, doctr., 306 ff.

Martin, D.: La survie du gage à la cession de l'entreprise en redressement judiciaire, in: Rev.jurisp.com. 1987, 81 ff.

–: La sécurité contractuelle à l'épreuve du redressement judiciaire, in : JCP N 1986, 1, 180, Nr. 11

Martin, D. R.: Des sûretés mobilières spéciales dans le nouvel article 40 de la loi du 25 janvier 1985, in: Les Petites affiches 14.9.1994, 53 ff

–: De la rétention d'actifs en cas de cession de l'entreprise, in: Gaz. Pal. 1988, I, doctr. 161

Martin, J.-F.: Lamy, Droit commercial, Stand : 2000 (zitiert : Martin, Droit commercial)
–: Redressement et liquidation judiciaires – Prévention, règlement amiable, faillite personnelle, banqueroute, 7. Auflage, 1999
–: Premières impressions de la pratique sur la loi nouvelle, in: Le nouveau droit des défaillances d'entreprises, 1995
Martin, L.M.: Le représentant des créanciers et l'article 46 de la loi du 25 janvier 1985, in: Rev.dr.banc. 1990, 64 ff.
Martin, P.: La répartition du préjudice individuel des créanciers dans les procédures collectives, in: Les Petites affiches 18.9.2001, 4 ff.
Martin-Serf, A.: Revendications et restitutions: Questions procédurales, in: Les Petites affiches 28.10.1998, 23 ff.
–: Les contrats en cours avant option de l'administrateur, in : Rev.jurisp.com, n° spéc., 11.1992, S.9
Mascala, C.: La liquidation judiciaire, in: La réforme du droit des entreprises en difficulté, 1995
Mattout, J.-P.: Le créancier titulaire de sûreté réelle, in: Le nouveau droit des défaillances d'entreprises, 1995
Medjaoui, K.: L'exception de compensation dans le cadre d'une procédure collective, in: Les Petites affiches 22.1.1996, 7 ff.
Menez, J.: Le plan de cession, in: Le nouveau droit des défaillances d'entreprises, 1995
Merle, Ph.: Droit commercial, 8. Auflage, 2001
–: Le plan de continuation, in: Le nouveau droit des défaillances d'entreprises, 1995
Monsérié, M.-H. /Macorig, F.: La situation des partenaires, in: Les réformes du droit de l'entreprise, 76 ff., Hrsg.: Centre de droit des affaires de l'Université de sciences sociale de Toulouse I, 1998
Monsérié, M.H.: Les contrats dans le redressement et liquidation judiciaires des entreprises, in: Bibl. Droit de l'entreprise Nr. 33, S. 104, 1994
–: La continuation des contrats, in: La réforme du droit des entreprises en difficulté – Commentaire de la loi n°94-475 du 10 juin 1994 relative à la prévention et au traitement des difficultés des entreprises et de son décret d'application n°94-910 du 21 octobre 1994, S. 56 ff., 1995 (zitiert : Monsérié, La continuation des contrats, in La réforme du droit des entreprises en difficulté)
Mouly, C.: La situation des créanciers antérieurs, in: Rev.jurisp.com. 1987, numéro spécial, 139 ff
Narayan-Fourment, H.: Le droit de rétention dans le gage: L'arme absolue du créancier (Anm. zu Com. 4.7.2000), in: Les Petites affiches 8.6.2001

Niggemann, F.: Das französische Unternehmenssanierungsgesetz vom 25.1.1985 nach der Reform vom 10.6.1994 - BfAI (Hrsg.), 1995

Nsie, E.: Les remises de dettes consenties aux débiteurs en difficulté, in : Rev.proc.coll. 1998, 138.

Obadia, E. / Sexer, Y.: La responsabilité des dirigeants sociaux et l'article 180 de la loi du 25 janvier 1985, in: Bull. Joly 1994, 617

Pape, G.: Gläubigerbeteiligung im Insolvenzverfahren, 2000

Pariente, M.: L'action sociale en responsabilité civile exercée ut singuli, in: Bull. Joly 1994, 402

–: L'imbrication des patrimoines et l'extension des procédures collectives, in: Bull. Joly 1994, 317

Perdriau, A.: La responsabilité civile des mandataires de justice dans les procédures collectives, in: JCP E 1989, II, 437 ff.

Pernaud, Ph.: Quelques modifications touchant le représentant des créanciers et le liquidateur dans la loi du 10 juin 1994, in: Le nouveau droit des défaillances d'entreprises, 1995

Pérochon, F.: La revendication de biens fongibles par le vendeur, in: Les Petites affiches 14.9.1994, 82 ff.

–: Revendications et restitutions selon le décret du 21.10.1994, in: Les Petites affiches 14.6.1995, 32 ff.

–: Le vendeur de meubles, propriétaire, in: La situation des créanciers d'une entreprise en difficulté, S. 77, 1994

–: Revendications: Dernières évolutions jurisprudentielles, in: Les Petites affiches 13.2.2002, 13 ff.

Pérochon F./Bonhomme R.: Les créanciers et la clause de réserve de propriété, in: Les Petites affiches, 1991, Nr. 88, 32 und 10

–: Entreprises en difficulté, instruments de crédit et de paiement, 5. Auflage 2001 (zitiert : Pérochon-Bonhomme, Entreprises en difficulté)

Perrot, A. / Stéphan, P.: Plan de cession - matériel nanti – transfert de l'obligation y attachée – article 93 al. 2 loi du 25 janvier 1985 – TGI de Guingamp, chambre commerciale, 3 octobre 1990, in: banque et droit, 1991, 28

Pétel, Ph.: Procédures collectives, 3. Auflage, 2001

Pizzio-Delaporte, C.: L'action paulienne dans les procédures collectives, in: Rev.trim.dr.com. 1995

Pourquier, C.: Faculté de rétention et procédures collectives, in : D. aff. 1998, 936 ff.

Reifegerste, S.: La connexité de créances contractuelles: Pour une approche juridique d'une condition originale de la compensation, in : Les Petites affiches 4.4.2000, 6 ff.

Remery, Ph.: Anm. zu Com. 20.5.1997, in: Rev.jurisp.com. 1997, 308
Rémy-Corlay, P.: Nature et effet du droit de rétention dans la liquidation judiciaire, in : Les Petites affiches 1.6.1998, 8 ff.
Ripert, G. / Roblot, R.: Traité élémentaire du droit commercial, Band II: Valeurs mobilières, Effets de commerce, Opérations de banque et de bourse, Contrats commerciaux, Procédure collectives de redressement et de liquidation, 15. Auflage, 1996 (zitiert : Ripert/Roblot, Procédures collectives de redressement et de liquidation)
Roussel Galle, P.: Nouvel épisode relatif à la légalité à éclipses – de l'article 173 du décret du 27 décembre 1985 devenu article L. 627-1 nouveau du Code de commerce, in: Rev.proc.coll. 2002, 155
Rouger, C.: La procédure de vérification des créances (les rôles respectifs du représentant des créanciers et du juge-commissaire et la rectification d'erreurs ou d'ommission, in : Rev.proc.coll. 2001, 183
Rozes, L.: Les droits collectifs des salariés dans les nouvelles procédures, in : Ann. Université des sciences sociales de Toulouse 1986, 111
Sabathier, V.S.: Le droit des obligations à l'épreuve des procédures collectives, 2000
Saint-Alary-Houin, C.: Droits des entreprises en difficulté, 4. Auflage, 2001
–: La réforme des plans de redressement, in: Les petites affiches 14.9.1994, 107 ff
–: La Situation des créanciers d'une entreprise en difficulté, Hrsg.: Centre de droit des affaires de l'Université de sciences sociale de Toulouse I, 1998
–: Guide de l'entreprise en difficulté, 1997
–: La répartition des pouvoirs au cours de la période d'observation, in : Rev.proc.coll. 1990, S. 1
–: Créanciers postérieurs – Sommes déposées à la caisse des dépôts et consignations – Valeur de l'article L. 627-1 nouveau du Code de commerce, in : Rev.proc.coll. 2002, 103
Saint-Alary-Houin, C./Blaquier-Cirelli, Ph.: L'amélioration des droits des créanciers antérieurs dans le redressement et la liquidation judiciaires des entreprises, in: Les réformes du droit de l'entreprise Hrsg.: Centre de droit des affaires de l'Université de sciences sociale de Toulouse I, 1998
Sénéchal, J.P.: La vente des immeubles et la distribution de leur prix, in : Les Petites affiches 28.10.1998 n° 129
–: Procédures civiles d'exécution et procédures collectives, in : Les Petites affiches 22.12.1999 n°254
Smid, S. (Hrsg.): Insolvenzordnung (InsO) mit insolvenzrechtlicher Vergütungsverordnung – Kommentar, 1999 (zitiert: Autor, Insolvenzordnung)

Soinne, B.: Le financement du matériel d'équipement et la loi du 25 janvier 1985, in: Rev.proc.coll. 1986-1, 42 ff
–: Traité théorique et pratique des procédures collectives: commentaire et formules, Stand : 1997
–: La responsabilité des dirigeants d'une personne morale en cas de redressement ou de liquidation judiciaire: une évolution jurisprudentielle préoccupante, in: Rev.proc.coll. 1995-3, 249 ff.
–: Le nouveau droit de la revendication issu de la loi du 10 juin 1994, in: Les Petites affiches 14.9.1994, 75 ff.
–: Le financement du matériel d'équipement et la loi du 25.1.1985 sur le redressement et la liquidation judiciaire, in: Rev.proc.coll. 1981-1, 35 ff.
Sonnenberger, H. J./Schweinberger, E.: Einführung in das französische Recht, 2. Auflage, 1996
Sorensen, A.: Réforme des procédures collectives. Les contrôleurs: le toilettage d'une institution oubliée, in: Les Petites affiches 25.8.1995, 5
Statistisches Bundesamt (Hrsg.): Statistisches Jahrbuch der Bundesrepublik Deutschland, 2002
Taquet, F.: Les nouvelles règles relatives à l'opposabilité des décisions de justice à l'AGS, in: Rev.proc.coll. 2001, 244
Teboul, G.: Les contrôleurs: constat et perspectives, in: Gaz.Pal. 1999, 695
–: Les nullités facultatives de la période suspecte: décisions récentes, in: Gaz.Pal. 2001, 2050
Teyssié, B.: Les représentants des salariés dans les procédures de redressement et de liquidation judiciaires, in : JCP E 1986, II, 14677
Valbray, J.-F.: deLe cautionnement des dirigeants et la faillite de l'entreprise, in: Les Petites affiches 14.9.1994, 73 ff
Vallansan J.: Redressement et liquidation judiciaires, 2000
Vallens, J.-L.: Les aspects procéduraux de la réforme, in: Les Petites affiches 14.9.1994, 120 ff
Les Délais: in: Le nouveau droit des défaillances d'entreprises, 1995
–: L'information des créanciers, in: Les Petites affiches 14.6.1995, 16 ff.
–: L'éffacement des dettes du débiteur en liquidation judiciaire, in: Les Petites affiches 19.9.1997, 4 ff.
Vallens, V.: La résolution du plan redressement, in : JCP 1987, E, II, 14979.
Vasseur, M.: Droit des affaires, Band II, Fasc. 3 und 4, Le traitement des entreprises en difficulté, 1990
Vogel, L.: Répertoire de droit commercial, Tome III, Stand: Feb. 2002
Zierau, B.: Die Stellung der Gläubiger im französischen Insolvenzverfahren im Hinblick auf die Entwicklung des deutschen Insolvenzrechts, 1991

STUDIEN ZUM VERGLEICHENDEN UND INTERNATIONALEN RECHT

Herausgeber: Bernd von Hoffmann, Erik Jayme und Heinz-Peter Mansel

Band 1 Ferdinand Henke: Die Datenschutzkonvention des Europarates. 1986.

Band 2 Peter Czermak: Der express trust im internationalen Privatrecht. 1986.

Band 3 Peter Kindler: Der Ausgleichsanspruch des Handelsvertreters im deutsch-italienischen Warenverkehr. Eine rechtsvergleichende und kollisionsrechtliche Untersuchung. 1987.

Band 4 Wilhelm Denzer: Stellung und Bedeutung des Engineers in den FIDIC-Bauvertragsbedingungen. 1988.

Band 5 Marijan-Maximilian Lederer: Die internationale Enteignung von Mitgliedschaftsrechten unter besonderer Berücksichtigung der französischen Enteignungen 1982. 1989.

Band 6 Rainer Esser: Klagen gegen ausländische Staaten. 1990.

Band 7 Chang Jae-Ok: Auf dem Weg zu einer Materialisierung des Immateriellen ? Personen-, Persönlichkeitsschutz und Geldersatz des immateriellen Schadens in rechtsvergleichender Hinsicht am Beispiel des koreanischen und japanischen Zivilrechts unter besonderer Berücksichtigung des deutschen Rechts. 1990.

Band 8 Paul-Frank Weise: Lex mercatoria. Materielles Recht vor der internationalen Handelsschiedsgerichtbarkeit.1990.

Band 9 Werner Born: Der Auftrittsvertrag für Musikgruppen im Bereich der Rock- und Popmusik. 1990.

Band 10 Ralf Erich Jürgens: IPR und Verfassung in Italien und in der Bundesrepublik Deutschland. 1990.

Band 11 Rainer Gildeggen: Internationale Schieds- und Schiedsverfahrensvereinbarungen in Allgemeinen Geschäftsbedingungen vor deutschen Gerichten. 1991.

Band 12 Klaus Grabinski: Die kollisionsrechtliche Behandlung des Durchgriffs bei rechtlich verselbständigten Unternehmen in privater oder öffentlicher Hand. 1991.

Band 13 Dieter Stummel: Konkurs und Integration. Konventionsrechtliche Wege zur Bewältigung grenzüberschreitender Insolvenzverfahren. 1991.

Band 14 Joachim Güntzer: Die Rechtsstellung des Geschäftsführers im spanischen Aktienrecht. Die Neuregelung des spanischen Aktienrechts nach dem Beitritt Spaniens zur EG. 1991.

Band 15 Sabine Isenburg-Epple: Die Berücksichtigung ausländischer Rechtshängigkeit nach dem Europäischen Gerichtsstands- und Vollstreckungsübereinkommen vom 27.9.1968. Untersuchungen zum Anwendungsbereich von Art. 21 EuGVÜ unter schwerpunktmäßiger Behandlung der Frage nach der Bestimmung eines europäischen Streitgegenstandsbegriffs. 1992.

Band 16 Ulrich Nickl: Die Qualifikation der culpa in contrahendo im Internationalen Privatrecht. 1992.

Band 17 Theo Rauh: Leistungserschwerungen im Schuldvertrag. Eine rechtsvergleichende Untersuchung des englischen, US-amerikanischen, französischen und deutschen Rechts unter besonderer Berücksichtigung der gerichtlichen Praxis. 1992.

Band 18 Bernadette Chaussade-Klein: Vorvertragliche "obligation de renseignements" im französichen Recht. 1992.

Band 19 Josef Sievers: Verbraucherschutz gegen unlautere Vertragsbedingungen im französischen Recht. Vom Code civil zum "Code de la consommation" – die Entstehung eines Sonderprivatrechts für Verbraucher. 1993.

Band 20 Achim Schäfer: Grenzüberschreitende Kreditsicherung an Grundstücken, unter besonderer Berücksichtigung des deutschen und italienischen Rechts. 1993.

Band 21 Eugenio Hernández-Breton: Internationale Gerichtsstandsklauseln in Allgemeinen Geschäftsbedingungen. Unter besonderer Berücksichtigung des deutsch-südamerikanischen Rechtsverkehrs (dargestellt am Beispiel Argentinien, Brasilien und Venezuela). 1993.

Band 22 Ingo Reng: Unterhaltsansprüche aufgrund nichtehelicher Lebensgemeinschaft – Internationales Privatrecht und ausländisches materielles Recht. 1994.

Band 23 Stefanie Roloff: Die Geltendmachung ausländischer öffentlicher Ansprüche im Inland. 1994.

Band 24 Katharina Ludwig: Der Vertragsschluß nach UN-Kaufrecht im Spannungsverhältnis von Common Law und Civil Law. Dargestellt auf der Grundlage der Rechtsordnungen Englands und Deutschlands. 1994.

Band 25 Malte Diesselhorst: Mehrparteienschiedsverfahren. Internationale Schiedsverfahren unter Beteiligung von mehr als zwei Parteien. 1994.

Band 26 Manfred Kost: Konsensprobleme im internationalen Schuldvertragsrecht. 1995.

Band 27 Wolff-Heinrich Fleischer: Das italienische Wettbewerbsrecht und die Probleme des selektiven Parfümvertriebs unter Berücksichtigung der Rechtslage in Frankreich und Deutschland. 1995.

Band 28 Angelika Fuchs: Lateinamerikanische Devisenkontrollen in der internationalen Schuldenkrise und Art. VIII Abschn. 2 b) IWF-Abkommen. 1995.

Band 29 Jacques Matthias Aull: Der Geltungsanspruch des EuGVÜ: "Binnensachverhalte" und Internationales Zivilverfahrensrecht in der Europäischen Union. Zur Auslegung von Art. 17 Abs. 1 S. 1 EuGVÜ. 1996.

Band 30 Hartmut Ost: EVÜ und fact doctrine. Konflikte zwischen europäischer IPR-Vereinheitlichung und der Stellung ausländischen Rechts im angelsächsischen Zivilprozeß. 1996.

Band 31 Stefan Wagner: Die Testierfähigkeit im Internationalen Privatrecht. 1996.

Band 32 Wolfgang Jakob Hau: Positive Kompetenzkonflikte im Internationalen Zivilprozeßrecht. Überlegungen zur Bewältigung von *multi-fora disputes*. 1996.

Band 33 Markus Schütz: UN-Kaufrecht und *Culpa in contrahendo*. 1996.

Band 34 Volker Geyrhalter: Das Lösungsrecht des gutgläubigen Erwerbers. Ein "vergessener" Kompromiß und die Auswirkungen auf das heutige deutsche Recht unter besonderer Berücksichtigung des internationalen Sachenrechts. 1996.

Band 35 Andreas Kramer: Abwicklungsstörungen bei Kaufverträgen. Die Lieferung vertragswidriger Sachen im deutschen und italienischen Recht. 1996.

Band 36 Petra Krings: Erfüllungsmodalitäten im internationalen Schuldvertragsrecht. 1997.

Band 37 Tonja Gaibler: Der rechtsgeschäftliche Irrtum im französischen Recht. 1997.

Band 38 Dirk Otto: Rechtsspaltung im indischen Erbrecht. Bedeutung und Auswirkungen auf deutsch-indische Nachlaßfälle. 1997.

Band 39 Gregor W. Decku: Zwischen Vertrag und Delikt. Grenzfälle vertraglicher und deliktischer Haftung dargestellt am Beispiel der Berufs- und Expertenhaftung zum Schutze des Vermögens Dritter im deutschen und englischen Recht. 1997.

Band 40 Ulrike Höpping: Auswirkungen der Warenverkehrsfreiheit auf das IPR unter besonderer Berücksichtigung des Internationalen Produkthaftungsrechts und des Internationalen Vertragsrechts. 1997.

Band 41 Andreas Bartosch: Die vermögensrechtlichen Beziehungen der Ehegatten bei bestehender Ehe im englischen Recht – Eigentum, Besitz, Schuldvertrag. 1997.

Band 42 Helene Boriths Müller: Die Umsetzung der europäischen Übereinkommen von Rom und Brüssel in das Recht der Mitgliedstaaten. Dargestellt am Beispiel Deutschlands und Dänemarks. 1997.

Band 43 Bernd von Hoffmann / Myong-Chang Hwang (eds.): The Public Concept of Land Ownership. Reports and Discussions of a German-Korean Symposium held in Seoul on October 7-9, 1996. 1997.

Band 44 Oliver Heeder: Fraus legis. Eine rechtsvergleichende Untersuchung über den Vorbehalt der Gesetzesumgehung in Deutschland, Österreich, der Schweiz, Frankreich und Belgien unter besonderer Berücksichtigung des Internationalen Privatrechts. 1998.

Band 45 Heinrich Schütt: Deliktstyp und Internationales Privatrecht. Dargestellt an grenzüberschreitenden Problemen der Arzthaftung. 1998.

Band 46 Axel Steiner: Die stillschweigende Rechtswahl im Prozeß im System der subjektiven Anknüpfungen im deutschen Internationalen Privatrecht. 1998.

Band 47 Martina Schulz: Der Eigentumsvorbehalt in europäischen Rechtsordnungen. Rechtsvergleichende Untersuchung des deutschen, englischen und französischen Rechts unter besonderer Berücksichtigung von Erweiterungen und Verlängerungen. 1998.

Band 48 Karin Dreher: Die Rechtswahl im internationalen Erbrecht. Unter besonderer Berücksichtigung des italienischen IPR-Reformgesetzes N. 218 vom 31. Mai 1995. 1999.

Band 49 Giuliano Gabrielli: Das Verhältnis zwischen der Anfechtung wegen Eigenschaftsirrtums und den Gewährleistungsansprüchen im deutschen, österreichischen und italienischen Recht. 1999.

Band 50 Bernd von Hoffmann / Myong-Chan Hwang (eds.): Developments in Land Law. Reports and Discussions of a German-Korean Symposium held in Berlin and Trier on July 21-24, 1997. 1999.

Band 51 Volker Heidbüchel: Das UNCITRAL-Übereinkommen über unabhängige Garantien und Standby Letters of Credit. Vergleiche mit den Richtlinien der Internationalen Handelskammer, dem deutschen, englischen und US-amerikanischen Recht. 1999.

Band 52 Jan Christoph Nordmeyer: Pflichtteilsansprüche und Wiedervereinigung. Eine systematische Analyse der Ausgleichsansprüche nach BGB-Pflichtteilsrecht unter besonderer Berücksichtigung der durch den Wiedervereinigungsprozeß eingetretenen Wertveränderungen. 1999.

Band 53 Bettina Linder: Vertragsabschluß beim grenzüberschreitenden Verbraucherleasing. 1999.

Band 54 Almontasser Fetih: Die zivilrechtliche Haftung bei Vertragsverhandlungen. Eine rechtsvergleichende Studie zum deutschen, französischen, ägyptischen und islamischen Recht. 2000.

Band 55 Sona Rajani: Die Geltung und Anwendung des Gemeinschaftsrechts im Vereinigten Königreich von Großbritannien und Nordirland. Der Grundsatz der Parlamentssouveränität im Wandel. 2000.

Band 56 Joachim Kayser: Gegenmaßnahmen im Außenwirtschaftsrecht und das System des europäischen Kollisionsrechts. Eine Analyse der EU-Abwehrverordnung gegen die Auswirkungen extraterritorialer Rechtserstreckung eines Drittlandes. 2001.

Band 57 Albrecht Conrad: Qualifikationsfragen des Trust im Europäischen Zivilprozeßrecht. 2001.

Band 58 Bernd Borgmann: Die Entsendung von Arbeitnehmern in der Europäischen Gemeinschaft. Wechselwirkungen zwischen Kollisionsrecht, Grundfreiheiten und Spezialgesetzen. 2001.

Band 59 Aleksandar Jaksic: Arbitration and Human Rights. 2002.

Band 60 Islamisches und arabisches Recht als Problem der Rechtsanwendung. Symposium zu Ehren von Professor Emeritus Dr. iur. Omaia Elwan. Veranstaltet vom Institut für ausländisches und internationales Privat- und Wirtschaftsrecht der Universität Heidelberg und der Gesellschaft für Arabisches und Islamisches Recht e.V. Herausgegeben von Herbert Kronke, Gert Reinhart und Nika Witteborg. 2001.

Band 61 Patrick Fiedler: Stabilisierungsklauseln und materielle Verweisung im internationalen Vertragsrecht. 2001.

Band 62 Werner Mangold: Die Abtretung im Europäischen Kollisionsrecht. Unter besonderer Berücksichtigung des spanischen Rechts. 2001.

Band 63 Eike Dirk Eschenfelder: Beweiserhebung im Ausland und ihre Verwertung im inländischen Zivilprozess. Zur Bedeutung des US-amerikanischen discovery-Verfahrens für das deutsche Erkenntnisverfahren. 2002.

Band 64 Bernd Ehle: Wege zu einer Kohärenz der Rechtsquellen im Europäischen Kollisionsrecht der Verbraucherverträge. 2002.

Band 65 Heiko Lehmkuhl: Das Nacherfüllungsrecht des Verkäufers im UN-Kaufrecht. 2002.

Band 66 Jochen Nikolaus Schlotter: Erbrechtliche Probleme in der Société Privée Européenne. IPR-Harmonisierung im einheitlichen Europäischen Rechtsraum. 2002.

Band 67 Konrad Ost: Doppelrelevante Tatsachen im Internationalen Zivilverfahrensrecht. Zur Prüfung der internationalen Zuständigkeit bei den Gerichtsständen des Erfüllungsortes und der unerlaubten Handlung. 2002.

Band 68 Tobias Bosch: Die Durchbrechungen des Gesamtstatuts im internationalen Ehegüterrecht. Unter besonderer Berücksichtigung deutsch-französischer Rechtsfälle. 2002.

Band 69 Ursula Philipp: Form im amerikanischen Erbrecht. Zwischen Formalismus und harmless error. 2002.

Band 70 Christian Stefan Wolf: Der Begriff der wesentlich engeren Verbindung im Internationalen Sachenrecht. 2002.

Band 71 André Fomferek: Der Schutz des Vermögens Minderjähriger. Ein Vergleich des deutschen und des englischen Rechts unter Berücksichtigung des schottischen und irischen Rechts. 2002.

Band 72 Nicolas Blanchard: Die prozessualen Schranken der Formfreiheit. Beweismittel und Beweiskraft im EG-Schuldvertragsübereinkommen in deutsch-französischen Vertragsfällen. 2002.

Band 73 Markus Dreißigacker: Sprachenfreiheit im Verbrauchervertragsrecht. Der Verbraucher im Spannungsfeld zwischen kultureller Identität und Privatautonomie. 2002.

Band 74 Vassiliki Myller-Igknay: Auskunftsansprüche im griechischen Zivilrecht. Auswirkungen im deutsch-griechischen Rechtsverkehr sowie im deutschen internationalen Privat- und Verfahrensrecht. 2003

Band 75 Stefan Bruinier: Der Einfluss der Grundfreiheiten auf das Internationale Privatrecht. 2003.

Band 76 Nika Witteborg: Das gemeinsame Sorgerecht nichtverheirateter Eltern. Eine Untersuchung im soziologischen, rechtsgeschichtlichen, verfassungsrechtlichen, rechtsvergleichenden und internationalen Kontext. 2003.

Band 77 Peter Stankewitsch: Entscheidungsnormen im IPR als Wirksamkeitsvoraussetzungen der Rechtswahl. 2003.

Band 78 Jan Wilhelm Ritter: Euro-Einführung und IPR unter besonderer Berücksichtigung nachehelicher Unterhaltsverträge. Eine Untersuchung mit Blick auf das deutsche, französische und schweizerische Recht. 2003.

Band 79 Wolf Richard Herkner: Die Grenzen der Rechtswahl im internationalen Deliktsrecht. 2003.

Band 80 Ira Ditandy: Internationale Zuständigkeit. Neuregelung durch die LOPJ 1985. Vergleich mit dem europäischen Vorbild und Auswirkungen auf das spanische internationale Zivilverfahrensrecht. 2003.

Band 81 Andrea Verena Schefold: Werbung im Internet und das deutsche Internationale Privatrecht. 2004.

Band 82 Klaus Herkenrath: Die Umsetzung der Richtlinie 93/13/EWG über missbräuliche Klauseln in Verbraucherverträgen in Deutschland, dem Vereinigten Königreich, Frankreich und Italien. Auswirkungen nationaler Umsetzungstechniken auf dem Harmonisierungserfolg. 2003.

Band 83 Alexander Thünken: Das kollisionsrechtliche Herkunftslandprinzip. 2003.

Band 84 Barbara v. Daumiller: Die Rechtswahl im italienischen internationalen Erbrecht: und ihre Auswirkungen im deutsch-italienischen Rechtsverkehr. 2003.

Band 85 Robert Mödl: Macht, Verantwortlichkeit und Zurechnung im Konzern. Eine rechtsvergleichende Untersuchung auf der Grundlage des deutschen, spanischen und US-amerikanischen Rechts. 2003.

Band 86 Ursula Kerpen: Das Internationale Privatrecht der Persönlichkeitsrechtsverletzungen. Eine Untersuchung auf rechtsvergleichender Grundlage. 2003.

Band 87 Barbara Ploeckl: Umgangsrechtsstreitigkeiten im deutsch-französischen Rechtsverkehr. Bestehende internationale und nationale Regelungen und der geplante *europäische Besuchstitel*. 2003.

Band 88 Katrin Wannemacher: Die Außenkompetenzen der EG im Bereich des Internationalen Zivilverfahrensrechts. Der räumliche Anwendungsbereich des Art. 65 EGV am Beispiel der EuGVO und der EheVO. 2003.

Band 89 Maren B. Eilinghoff: Das Kollisionsrecht der ungerechtfertigten Bereicherung nach dem IPR-Reformgesetz von 1999. 2004.

Band 90 Patrick Niehr: Die zivilprozessuale Dokumentenvorlegung im deutsch-englischen Rechtshilfeverkehr nach der deutschen und der englischen Prozessrechtsreform. 2004.

Band 91 Anna Christina Gördes: Internationale Zuständigkeit, Anerkennung und Vollstreckung von Entscheidungen über die elterliche Verantwortung. Die VO(EG) Nr. 1347/2000, ihre geplanten Änderungen und das Verhältnis beider zum Minderjährigen- und Kinderschutzabkommen. 2004.

Band 92 Martin Rädler: Rechtsbehelfe des Käufers eines Unternehmens oder einer unternehmerischen Beteiligung gegen den Verkäufer im deutschen und französischen Recht. 2004.

Band 93 Marc-Yngve Dietrich: Rechtsstellung und Beteiligung der Gläubiger im französischen Insolvenzverfahren. 2004.

Band 94 Katia Niemann: Die rechtsgeschäftliche und organschaftliche Stellvertretung und deren kollisionsrechtliche Einordnung. Deutschland und England im Vergleich. 2004.

Band 95 Daniel Ludwig: Neuregelungen des deutschen Internationalen Insolvenzverfahrensrechts. Eine Untersuchung unter vergleichender Heranziehung der Europäischen Insolvenzverordnung. 2004.

Band 96 Cordelia Faulenbach: Der gemeinschaftsrechtliche Vorbehalt im europäischen Wettbewerbsrecht. Die Herkunftslandanknüpfung der E-Commerce-Richtlinie unter dem Einfluss der Grundfreiheiten. 2004.

Band 97 Ulf Dörner: Der Vertragsgerichtsstand nach dem Protokoll von Buenos Aires. 2004.

Band 98 Martin Schmidhuber: Verhaltenskodizes im nationalen und grenzüberschreitenden elektronischen Geschäftsverkehr. Zur Frage der Integration der Selbstregulierung durch Private in die staatliche Rechtsordnung. 2004.

Band 99 Florian Kienle: Die fehlerhafte Banküberweisung im internationalen Rechtsverkehr. Unter besonderer Berücksichtigung des Artikels 4A US Uniform Commercial Code. 2004.

www.peterlang.de

Stefan Dangel

Geldkreditsicherheiten an Mobilien im italienischen Recht

Eine rechtsvergleichende Untersuchung vor dem Hintergrund der Neuregelung der italienischen gewerblichen Vorzugsrechte und der deutschen Insolvenzrechtsreform

Frankfurt am Main, Berlin, Bern, Bruxelles, New York, Oxford, Wien, 2003. 263 S. Europäische Hochschulschriften: Reihe 2, Rechtswissenschaft. Bd. 3692 ISBN 3-631-50565-5 · br. € 45.50*

Die rechtsvergleichende Untersuchung beschäftigt sich mit den Mobiliarkreditsicherheiten im italienischen Recht, wobei sich das besondere Interesse auf die besitzlosen Sicherungsrechte richtet. So wird das durch das italienische einheitliche Bank- und Kreditgesetz vom 01.04.1994 in Art. 46 eingeführte besitzlose Vorzugsrecht ebenso wie die verschiedenen Formen der Pfandrechte mit wechselndem Warenbestand untersucht. Weiterhin klärt die Arbeit die sich insbesondere dem deutschen Juristen aufdrängende Frage der Anerkennung einer Sicherungsübereignung in der italienischen Rechtsordnung. Schließlich wird auch die dem deutschen Recht nicht bekannte Mobiliarhypothek dargestellt. Hierzu rechtsvergleichend wird die Frage einer Veränderung der bestehenden Rechtslage der Mobiliarkreditsicherheiten im deutschen Recht durch die Insolvenzrechtsreform gestellt. Im Ergebnis wird festgestellt, dass sich die beiden untersuchten Rechtsordnungen durch die Reformen nicht angenähert haben und eine Harmonisierung in diesem Bereich noch in weiter Ferne liegt. Es wird für die Schaffung eines einheitlichen grenzüberschreitenden Sicherungsrechtes plädiert.

Kolibri 360 GmbH
Ferdinand-Jühlke-Straße 7
99095 Erfurt, Deutschland
produktsicherheit@kolibri360.de

Druck:
CPI Druckdienstleistungen GmbH
im Auftrag der
Kolibri 360 GmbH
Ferdinand-Jühlke-Str. 7
99095 Erfurt